ソーシャルブレインズ

自己と他者を認知する脳

開 一夫／長谷川寿一［編］

東京大学出版会

Social Brains: Cognition of Self and Other
Kazuo HIRAKI and Toshikazu HASEGAWA, Editors
University of Tokyo Press, 2009
ISBN 978-4-13-013303-6

はしがき

長谷川寿一

　本書は、ソーシャルブレイン（社会脳）に関する日本では初めての包括的な研究成果を紹介する教養書である。一般には、ソーシャルブレインはまだまだなじみが薄い学術語であり、日本語で社会脳と言った場合には、実用的な社会適応能力を高める脳の働き、くらいに思われる方が多いことだろう。しかし、1990年代以降の認知脳科学、比較認知科学、進化人類学などの分野では、ソーシャルブレインについての関心が高まり、この領域の研究が大きな潮流を形成している。具体的には、自己認識、他者認知、視線、表情、意図の検知、共感、模倣、心の理論、ミラーニューロンといったテーマに関して多様なアプローチからの研究が発展を続けている。本書では、これらのテーマに関する12章に加えて、コンパクトにまとめられたトピックとキーワード、用語解説を通して、ソーシャルブレイン研究の現状をわかりやすく解説した。

　本書の導入として、背景にある研究史を簡単に説明しておこう。

　1985年に分離脳研究で有名なガザニガ（Gazzaniga, 1985）が、*The social brain: Discovering the networks of the mind* を著した時には、ソーシャルブレインは、今日的な意味とは違い、脳内のネットワークの比喩として用いられた。しかし、1990年にブラザーズ（Brothers, 1990）が、社会認知にかかわる脳内領域（主に扁桃体、眼窩前頭野、側頭葉を主要素とする領域）をソーシャルブレインと名付けて以降、社会認知に関する脳科学研究が一気に進展した（最近の総説としては、Frith, 2007）。なお、このブラザーズによる脳科学からの総説が書かれた背景には、1980年代半ばから始まったバロン-コーエンら（Baron-Cohen *et al.*, 1985）に代表される自閉症児を対象とした「心の理論」についての一連の実験心理学的研究の成果があることはよく知られている。

　他方、進化人類学者のダンバーは、霊長類の脳の比較解剖学的研究から、新皮質の相対重量が社会集団サイズと相関することを示し、大きな社会での複雑

な社会生活が霊長類の脳の進化の最大の選択圧であると主張した。これがダンバーの「社会脳仮説」である（Dunbar, 1998）。この社会脳仮説に先立ち、霊長類の知性の進化は、集団内の他者の内的状態を先読みし、相手を操作する能力によって促されたと主張したのが、バーンとホワイトゥンによる「マキャベリ的知性仮説」である（Byrne & Whiten, 1988）。彼らは霊長類の野外研究で記録された「戦略的欺き」の逸話を体系的に収集し、サルや類人猿が同種の他個体を操作する証拠とした。なお、社会的文脈で知性が進化したことを論じたさらに先駆的な論考としては、ハンフリーによる『内なる目』があげられる（Humphrey, 1976）。ハンフリーは、ここで、自己意識の適応的意義は、集団生活において他者の内的状態をモニタできることにあると論じている。

さて、日本におけるソーシャルブレイン研究は、この十年ほど、長い伝統をもつ霊長類研究と新興の脳認知科学、さらに自閉症研究や発達心理学研究、そしてロボティクス研究などの潮が入り交じる、栄養分に富んだ学際領域で急成長した。かつては社会心理学の枠組みの中だけで研究されてきた社会認知研究が、一躍、学際的認知科学の主要舞台に躍り出たといっても過言ではない。

とりわけ編者らが推進した、21世紀COEプログラム「心とことば——進化認知科学的展開」（東京大学、2003–2007年度）においては、遺伝学的には一介の類人猿にすぎないヒトが、なぜ特別な類人猿に進化したのかを考察する上で、最も重要なポイントがソーシャルブレインの進化であると位置づけ、比較認知科学、発達科学、自閉症研究、認知脳科学を専門とする若手研究者たちが、ソーシャルブレインの解明に精力的に取り組んだ。直接、間接にこのCOEプログラムにかかわったメンバーが本書でも大きな役割を果たしてくれている。

「進化の隣人」と呼ばれるチンパンジーは、「文化」「道具利用」「言語（シンボル操作）」「政治」「心の理論」などに関して、他のどんな動物よりもヒトに近い能力を示す。しかし、それらはいずれも萌芽的段階にとどまり、決してヒトの高みにまで達することはなかった。なにが欠けていたかと言えば、それこそがソーシャルブレインだった、と言っても過言ではない。たとえば、ソーシャルブレインに深くかかわる「共感」と「教育」については、野生、飼育を問わずチンパンジーからの証拠はほとんどないと言ってよい。チンパンジーやゴリラだけではなく、ロボットにおいてもきわめて困難だ。「共感」や「教育」なくし

ては、複雑な社会組織も、言語によるコミュニケーションも決して進化しなかっただろう。では、そもそもなぜヒトだけがソーシャルブレインという「超能力」を手に入れることができたのだろうか。この魅力的な問いには対する明確な回答はまだ定まっていないのが実情だが、本書の中にはそれを考えるヒントが満載されている。

本書は、心理学や認知科学、脳科学を志す若い研究者にはもちろん、「人間とはなにか」という永遠のテーマに関心を寄せるすべての方々にぜひ手に取っていただきたい。そして、ソーシャルブレイン研究の発展をこれからも長く見守っていただければ幸いである。

Baron-Cohen, S., Leslie, A. M., & Frith, U. (1985). Does the autistic child have a 'theory of mind'? *Cognition*, **21**(1), 37–46.

Brothers, L. (1990). The social brain: A project for integrating primate behavior and neurophysiology in a new domain. *Concepts in Neuroscience*, **1**, 27–51.

Byrne, R. W., & Whiten, A. (Eds.) (1988). *Machiavellian intelligence*. Clarendon Press. (藤田和生・山下博志・友永雅己（監訳）(2004). マキャベリ的知性と心の理論の進化論 1 ――ヒトはなぜ賢くなったか　ナカニシヤ出版.)

Dunbar, R. I. M. (1998). The social brain hypothesis. *Evolutionary Anthropology*, **6**(5), 178–190.

Frith, C. D. (2007). The social brain? Philosophical Transactions of the Royal Society of London. Ser. B, *Biological Sciences*, **362**(1480), 671–678.

Gazzaniga, M. (1985). *The social brain: Discovering the networks of the mind*. Basic Books.

Humphrey, N. (1976). The social function of intellect. In P. P. G. Bateson, & R. A. Hinde (Eds.), *Growing Points in Ethology*. Cambridge University Press, pp. 303–317.

道案内

ソーシャルブレイン"ズ"の歩き方

開 一夫

社会の中の脳

　20世紀末におけるイメージング技術の発展は、脳の構造と各部位の機能を明らかにしてきた。脳の中では、異なる「場所」で、視覚や聴覚、運動などそれぞれ特定の仕事が担われて「脳の中の社会」を形成・維持している。一方、ヒトを含む多くの霊長類や一部の動物では、それぞれの種に固有な社会を形成・維持するため、各個体が社会の構成員としての役割を果たしている。21世紀に入って、認知科学・神経科学における最も大きな潮流を一つ挙げるとするならば、こうした社会を形成・維持するため個々の脳がどう働いているのか——ソーシャルブレイン＝社会脳——への様々な挑戦であろう。このことは、"social"を冠した新たな国際誌[1)2)]の発刊や、多くの有力誌での特集[3)～6)]からもうかがい知ることができる。

　「社会」(の構造)はわれわれの脳の中にどのように反映されているのか。「社会」を形成・維持するための特別な社会性モジュール(あるいは社会のための特別な「場所」)が脳の中に存在するのか——。問題を難しくしているのは、われわれが暮らす社会があまりにも複雑なことだ。現代の人間社会は、日々めまぐるしく変化している。そして、少なからず社会と個の間で不協和が生じているように思う。こうした不協和に端を発する問題を解決する上でも、いままさに「社会の中の脳」に関する研究が必要である。

　そもそも社会とは一体なんなのか。社会は、「光」や「音」とは違って、直接見たり聴いたりすることができない。社会の構成要素である個は、社会の変化に追従すべく適応する。逆に、個の変化は社会全体を変容させる。ソーシャルブレインの研究は、出口のない迷宮を彷徨い歩くことと同じなのか。

　現段階でわれわれができることは単純である。まずは、歩き出すこと。異なる分野の研究者がいろいろな視点からソーシャルブレインの地図(アトラース)

を作ることから始めよう。本書のタイトル『ソーシャルブレイン"ズ"』はこうしたスローガンを表している。

ソーシャルブレインズ・アトラス !?

本書では、日本を代表する気鋭の研究者 14 人が、自らの研究成果を踏まえてソーシャルブレインについての議論を展開している。特に、社会を形成する基本的構成要素である「自己」と「他者」に焦点をあて、4 部、全 12 章で構成されている。

まず、第 I 部(「自己」の発見)では、自己認知・自己意識に関連した研究が紹介されている。われわれは「いつ」から自分自身を自分と認めることができるのか。「自己」は、社会を構成する最も基本的な要素でありながら、科学的方法によってアプローチすることが困難な対象であった。三つの章では、共通して自己「像」認知を切り口にしており、「いつ」という問に含まれた二つの時間軸——進化・比較認知科学的時間軸(第 1, 2 章)と発達心理学的時間軸(第 3 章)——から自己認知に迫っている。

続く第 II 部(「自己」と「他者」の境界)では、「自己」と「他者」をつなぐ(あるいは区別する)ための神経機序についての議論が展開されている。二つの章で共通して取り上げられているのが、最近の電気生理学上の発見として世間に最も知れわたっている、ミラーニューロン(あるいはミラーニューロンシステム)である。ミラーニューロンは、社会脳研究の火付け役といってもよい。リツォラッティらの論文は、神経科学だけでなく心理学・社会学など多数の異分野の研究者にも引用されている。しかしながら、ミラーニューロンは「自己」と「他者」を認知・弁別する上で万能なのだろうか。第 4 章と第 5 章では、電気生理学・脳機能イメージングの最近の話題を取り混ぜつつ、ソーシャルブレインの基盤メカニズムについて議論を展開している。

第 III 部(「他者」と出会う)では、「他者」の意図や感情を認知・理解するための具体的な手がかりと、それらに特化した脳内機構について述べられている。第 6 章では、バイオロジカルモーション知覚の神経機序とその発達的変遷について、第 7 章では、視線認知について比較認知科学的視座に基づいた議論が展開されている。第 8 章では、脳の損傷事例とイメージング研究から、ソーシャ

ルブレインの「役割分担」について知ることができる。

　第IV部（「他者」の心を読む）では、目には見えない「他者」の心を探る能力について、様々なアプローチに基づく研究が紹介されている。第9章では、事象関連電位を使って「共感」のメカニズム解明にアプローチしている。第10〜12章では、近年の発達心理学や発達臨床の中心的話題である「心の理論」「メンタライジング」について、誤信念課題（第10章）、ロボット（第11章）、自閉症（第12章）を中心に議論が展開されている。

ようこそ！　ソーシャルブレインズのラビリンスへ

　さて、ここまで本書の概要を紹介してきたが、実はどの章から読み始めてもまったく問題はない。重要なのは社会脳という迷宮で一歩を踏み出す冒険心だ。本書の随所にちりばめられた"topic"と"keyword"は冒険を助けるランドマークとなることであろう。これらだけを読んでも現時点での社会脳について概観することができるはずである。「＊」のついている語句については、巻末の「用語解説」を参考にされたい。

　さぁ、私たちと一緒にソーシャルブレインズの旅に出かけよう。

参考文献
1) *Social Cognitive & Affective Neuroscience*
2) *Social Neuroscience*
3) *Neuropsychologia* (2003). **41**(**12**).
4) *Journal of Cognitive Neuroscience* (2004). **16**(**10**).
5) *NeuroImage* (2005). Special Section: Social Cognitive Neuroscience, **28**(**4**).
6) *Brain Research* (2006). **1079**(**1**).

目　次

はしがき（長谷川寿一）i
道案内　ソーシャルブレイン"ズ"の歩き方（開 一夫）iv

I 「自己」の発見——自己像認知の進化と発達

第1章　動物の自己意識——異種感覚マッチングとしての出発（渡辺 茂）…… 3

1　内部環境の認知としての自己意識　3
2　異種感覚マッチングとしての自己鏡像認知　6
3　過去の自分を見分ける——エピソード記憶　11
4　未来の自分を見分ける——道具作成と朝食の準備　13

keyword 1　マークテスト（平田 聡）18

第2章　自己像を理解するチンパンジー——自己認知の進化（平田 聡）…… 19

1　鏡の前のチンパンジー　19
2　発達・時間・個体差　23
3　鏡以外の自己理解　26
4　自己の理解と時間軸　30
5　自己認知の進化的理解に向けて　34

keyword 2　ナイサーの五つの自己（平田 聡）38

第3章　自己像認知の発達——「いま・ここ」にいる私（宮﨑美智子・開 一夫）… 39

1　自己像認知と自己の理解　39
2　子どもは時間遅れの自己映像をどう理解するか　42
3　自己映像認知の手がかり　46
4　自己像の種類とその理解　48

keyword 3　自己受容感覚（宮﨑美智子）56

II 「自己」と「他者」の境界──身体感覚のメカニズム

第4章　自己と他者を区別する脳のメカニズム（嶋田総太郎）………… 59

1　自己身体認識の脳メカニズム　59
2　自己と他者が共有する脳内表現　64
3　脳内身体表現のダイナミクス　70

keyword 4　身体保持感とラバーハンド錯覚（嶋田総太郎）　75

keyword 5　運動主体感（嶋田総太郎）　76

第5章　脳の中にある身体（村田 哲）………… 79

1　自己と他者の共存　79
2　自己と他者の身体の区別──身体意識にかかわる頭頂葉　86
3　誰の手か──身体保持感　87
4　誰が動かす手か──運動主体感　92

keyword 6　頭頂葉と運動前野を結ぶ感覚運動制御のネットワーク（村田 哲）　106

keyword 7　内部モデルと遠心性コピー（村田 哲）　107

III 「他者」と出会う──動き・視線・意図の認知

第6章　動きに敏感な脳──バイオロジカルモーション知覚の発達（平井真洋）… 111

1　他者の情報の検出　111
2　バイオロジカルモーション知覚の処理と発達　113
3　生物らしさの鍵となる見かけと動き　119
4　社会的知覚の基盤としてのバイオロジカルモーション　122

keyword 8　身体意識にかかわる症状（村田 哲）　128

第7章　目はこころの窓──視線認知の比較認知発達（友永雅己）………… 131

1　はじめに　131
2　目はどこにあるか──顔の認識　134

3　見つめあう目　139
　　　4　分かちあう目　145

　　keyword 9　マキャベリ的知性仮説（友永雅己）　159

　第8章　ソーシャルブレインのありか
　　　　　──扁桃体・上側頭溝領域・前頭前野（加藤元一郎・梅田　聡）………　161

　　　1　扁桃体の機能　162
　　　2　上側頭溝領域と視線・意図認知　169
　　　3　前頭葉眼窩部と社会性　173
　　　4　前頭葉内側部と「心の理論」　175
　　　5　統合失調症と視線認知　180

　　keyword 10　ソーシャルブレインマップ（梅田　聡）　187

Ⅳ　「他者」の心を読む──共感のメカニズム・心の理論の発達

　第9章　他人の損失は自分の損失？──共感の神経的基盤を探る（福島宏器）…　191

　　　1　「共感」とはなにか　191
　　　2　共感する脳──一つの研究例　195
　　　3　共感の神経科学の展望　206

　　keyword 11　ポジティブ経験に対する共感（福島宏器）　214

　第10章　知識の呪縛からの解放──言語による意図理解の発達（松井智子）…　217

　　　1　知識の呪縛とはなにか　218
　　　2　言語を媒介とした他者理解　225
　　　3　社会的な関係性と自発的な他者理解　231

　　keyword 12　心の理論（梅田　聡）　243

　第11章　ロボットに心は宿るか──他者に心を見出す過程（板倉昭二）……　245

　　　1　メンタライジングの発達　246
　　　2　子どもはロボットをどう見ているか　251
　　　3　ディヴェロップメンタル・サイバネティクス構築に向けて　261

第 12 章　自閉症児は心が読めない？
——マインドブラインドネス仮説再考（千住 淳）……………… 265

1　ソーシャルブレインの非定型発達　265
2　誤信念課題が解けない？　267
3　模倣ができない？　269
4　視線が読めない？　272
5　自閉症研究から見えてきたこと　275

keyword 13　自閉症スペクトラム障害（千住 淳）　282

あとがき——ソーシャルブレインの探究　285

topic
1　ゾウの自己鏡像認知（入江尚子）　7　/　2　朝食の準備をするカケス（渡辺 茂）　15　/　3　チンパンジーの脳波計測（上野有理）　21　/　4　フードシェアリング（上野有理）　22　/　5　鏡像誤認（宮﨑美智子）　39　/　6　霊長類の新生児模倣 1：チンパンジー（明和政子）　67　/　7　体外離脱体験（村田 哲）　87　/　8　自分でくすぐるとくすぐったくないのはなぜ？（村田 哲）　94　/　9　アンドロイド（石黒 浩）　120　/　10　ほほえみ革命と9ヶ月の奇跡（友永雅己）　132　/　11　顔検出の優位性（菊池由葵子）　138　/　12　げっ歯類の母子関係（菊水健史）　148　/　13　サバン症候群（伊藤 匡）　176　/　14　共感化—システム化理論（若林明雄）　205　/　15　'like me' 仮説（宮﨑美智子）　219　/　16　霊長類の新生児模倣 2：その系統発生的起源（友永雅己）　247　/　17　表情の伝染（田村 亮）　272

用語解説　287

人名索引　291

事項索引　293

I
「自己」の発見
──自己像認知の進化と発達──

第1章

動物の自己意識——異種感覚マッチングとしての出発

渡辺 茂

1 内部環境の認知としての自己意識

　細胞は細胞膜によって、自分の内部世界と外の世界を分けている。免疫系は主要組織適合性によって、個体としての自己と他者を区別している。生物は様々なレベルで自己とそれ以外を区別している。実験心理学的には、自己認知は自己が弁別刺激として機能することを指す。個体は自分の外部環境を、視覚、聴覚、嗅覚、その他の感覚器を介して知ることができる。しかし、もちろん、外部環境のすべてを感覚として知ることはできない。たとえば、ヒトは紫外線も赤外線も光として感じることはできない。

▶ 薬物が引き起こす中枢状態の認知

　個体は外部環境と同じように、内部環境の認知も行う。細胞レベルでのエネルギーの枯渇は、空腹として感じられ、個体の摂食行動を誘う。つまり、内部環境も弁別*刺激として機能しているのである。お酒を飲んだり、タバコをすったり、大麻をすったりすれば、その結果として生ずる中枢状態を認知することができる。このような意味では、中枢作用薬の効果を弁別させる薬物弁別実験は、自己認知の基本的な実験と考えることができる。
　薬物弁別実験には条件性弁別といわれる手続きを使う。たとえば、ラットを二つのレバーのある実験箱(オペラント*箱またはスキナー箱)に入れ、アンフェタミン(ヒロポン)を注射された後では左レバーを押せば餌が与えられ、生理食塩水の注射の後では右レバーで餌が与えられるようにする。もし、アンフェタミンの起こす中枢状態(興奮や多幸)と、生理食塩水の起こす状態(注射の際の痛み以外は通常なにも起こさない)が弁別できるなら、アンフェタミンを注射された時は

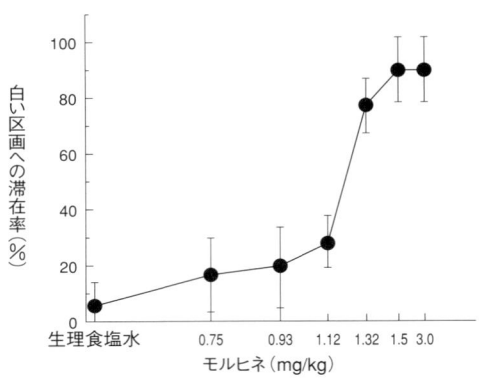

図 1–1　マウスへの累積投与
(Borlongan & Watanabe, 1997)

左レバーを押し、生理食塩水の時は右レバーを押すようになるはずである。レバーの選択をする時には、外部刺激としての弁別刺激はなく、弁別の手がかりは自分の中枢状態だけで、それが手がかり（条件性刺激）となって左右のレバーが選択されるわけである。

薬物によっては注射部位の痛みや血圧変化など末梢効果をもつものがあり、動物はそれらを手がかりにしている可能性がある。薬物が中枢に達して中枢効果を発現するためには、脳—血液関門を突破しなくてはならない。脳への物質の補給はもちろん血流が担っているわけだが、血管の内壁細胞とグリア細胞（毛細血管と神経細胞の仲介をする細胞）が脳—血液関門という関所をつくっており、やたらに物質が神経細胞に届かないようになっている。類似した物質で、この関門を通過する薬物とそうでない薬物の効果を比較すれば、中枢効果が弁別刺激効果をもつことを明らかにすることができる。たとえば、関門を突破するアンフェタミンと突破しない水酸化アンフェタミンの弁別刺激効果を比較すると、明らかに後者では弁別が形成されない。

もう一つ弁別刺激効果を明らかにする方法は般化勾配を測定する方法である。もし、薬物の効果が弁別刺激効果をもつなら、その効果は投与用量に依存して変化するはずである。この様に訓練に用いた刺激から離れるにしたがって反応が低下することを般化勾配があるという。図 1–1 はマウスを用いて、モルヒネを投与した後には白い区画に入れば電撃を回避でき、生理食塩水投与後には黒い部屋で電撃を回避できるように訓練した後、少しずつモルヒネの量を増やしていった結果である（累積投与法という）。明らかに、用量に依存してマウスは白い区画に長く滞在するようになる。つまり、薬物によって誘導された中枢状態の変化に応じた行動をしているのである。

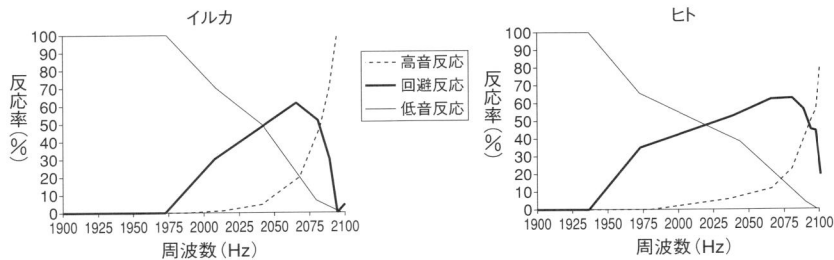

図 1–2　3件法による周波数の高低の判断（Smith *et al.*, 2003）

▶ メタ認知の可能性

　もう少し自然な状態での自己の状態の弁別もある。感覚心理学における閾値（どこまで感じることができるかという値。たとえば、視力検査がそうである）の測定では被験者に求められる反応は 2 件法（見えたか、見えなかったか）か、3 件法（見えた、見えない、わからない）である。3 件法は「わからない」という自分の状態を弁別刺激とした反応と考えることができる。

　イルカに高い周波数が聞こえた場合には水中の二つのパドルのうち一方を、低い周波数の場合には他方を選択するように訓練する（Smith *et al.*, 2003）。さらに、イルカには第三のパドルが与えられる。この第三のパドルを選択すると問題をスキップでき、遅延時間の後に、より判断がやさしい音が提示される。第三のパドル選択は直接餌にむすびつかないが、音の判断が難しい場合にはイルカが高頻度で第三のパドルを選択することがわかった（図 1–2）。このことはイルカが自分自身の判断を弁別しているとも解釈できる。

　「忘れた」という状態の弁別も可能である（Hampton, 2001）。サルに遅延見本あわせを訓練する。最初に、見本の刺激が見せられ、それが消えて一定時間（遅延時間）後に二つの刺激が現れる。見本と同じものを選べば正解である。この実験では、遅延時間後に二つの選択肢が与えられる。一つは「記憶テスト」で、これを選択すると、通常の遅延見本あわせが行われ、正解すればサルが好きな南京豆が与えられる。他方の選択肢は「パス」で、これを選択すると見本合わせをしなくてよいが、南京豆ではなく普通のペレットが与えられる。サルが自分で「記憶テスト」を選べる場合はそうでない場合より成績がよい。サルは自己の記憶の状態を弁別刺激とした反応ができるようだ。これらの実験は、薬物

によって誘導される中枢状態ではなく、自然に起きている自己の認知状態も弁別刺激として機能する、認知心理学の言葉でいえばメタ認知ができることを示唆する。

2　異種感覚マッチングとしての自己鏡像認知

▶ 霊長類の自己鏡像認知

　自己認知の実験として最もよく知られているのは、なんといってもギャラップが開発したマークテストまたはルージュテストといわれるものだろう (key-word 1 参照)。原法はチンパンジーに全身麻酔をかけ、麻酔が利いている間に顔に印 (口紅) をつけ、麻酔からさめた後で鏡を見せるというものである。様々な類人猿で追試が行われ、大型類人猿がこのテストをパスすることが確認されている。ところが、ゴリラがテストをパスしないのである (Suarez & Gallup, 1981)。系統分岐分析から考えれば、ゴリラは本来類人猿がもっていたこの能力を二次的に失ったことになる。さらに問題を複雑にしているのは、すべてのゴリラがマークテストをパスしないのではなく、手話を獲得したゴリラとして知られているココがこのテストをパスしていることである (Patterson & Cohen, 1994)。

　マークテストはわかりやすいテストではあるが、様々な要因でデータが変化し、個体差も大きい。ギャラップの実験 (Gallup, 1970) ではチンパンジー 4 個体がすべてマークテストにパスしているが、105 個体をテストした例 (Povinelli et al., 1993) では合格率は 20% である。また、個体による発達の違いもある。おもしろいことに、老齢チンパンジーでは自己指向行動を示さなくなる傾向がある。また、チンパンジーでも 1 個体だけで社会的に孤立して育てられた個体ではマークテストをパスしないことが知られており、ヒトとの生活によるある種の文化化がマークテストをパスするのに必要なのかもしれない。

　一方、類人猿以外の霊長類ではマークテストはまず成功しない。鏡に対する反応は他者に向けた社会行動であって自己に向かった行動 (自己指向行動) ではない。サルに鏡に対する馴化を徹底的に行っても、5 日間鏡を外しただけで、鏡は社会行動を誘発してしまう (Gallup & Suarez, 1991)。しかし、南米にすむ小

型のサルのタマリンで、鏡と写真やビデオ録画を比較すると、鏡に対する注視のほうが多かったし(Neiworth, 2001)、麻酔下でたてがみに色をつけると鏡の注視時間が長くなったという。

▶ 霊長類以外の自己鏡像認知

霊長類以外では自己鏡像認知はできないのだろうか。現在、その可能性が認められているのは、イルカとゾウである。イルカの場合、類人猿が手を使うように印をつけた場所を直接さし示すことはできないが、鏡以外では見ることができない体の部位を調べる行動が知られている(Reiss & Marion, 2001)。アジアゾウはこれまで鏡を使って食物を発見することはできても、鏡の前での自己の体をさわったりする自己指向行動はなく、マークテストも合格しないとされてきた(Povinelli, 1989)。この研究では鏡が小さく、かつ、ゾウの下方に斜めに置かれている。ゾウの全身が映る大きな鏡を用意した最近の研究では自己指向行動が知られている(topic 1 参照；Plotnik et al., 2006)。しかし、このような行動を明確に示さなかった個体もある。実験者たちは、類人猿が身づくろいをよく行うのに、ゾウはあまり身づくろいをしないことに原因があると考えている。つまり、自己指向行動そのものがゾウではあまり見られないことに原因があるとしている。オウムの場合もマークテストの結果はあいまいであるが、これも身づくろい自体のその種にとっての重要性が関係しているかもしれない。マークテストは自己指向行動である身づくろい行動が出現することを前提としており、これはこのテストの自己認知テストとしての限界である。

ゾウの自己鏡像認知　　　topic 1

われわれヒトは、鏡を見てそこに人が映っていたら、「それは自分である」と理解することができる。この能力は「自己鏡像認知能力」と呼ばれ、ヒトのほか、チンパンジー、ボノボ、オランウータンそしてイルカのみが有するとされてきた(Povinelli, 2003)。

しかし、2005年にアメリカの研究チームにより、アジアゾウも自己鏡像認知能力を有する可能性が示された(Plotnik et al., 2006)。彼らはゾウの顔に塗料で落書きをし、ゾウが鏡像を見てその落書きに気づくかをテストした(keyword 1 参照)。その結果、ゾウは見事にこのテストに合格し——鏡の前で自分の顔の落書きを拭き取ろうとするしぐさを見せ——自己鏡像認知能力を有する動物リストの仲間入りを果たしたのである。

さらに、ゾウの鏡の理解が他種と比べても優れていることが示された（Irie *et al.*, 2005）。2005年、タイで飼育されている2歳の赤ちゃんゾウ・ナンペーに、鏡を用いておもちゃを探すという課題を与えた。ナンペーに、さわると「ピンポン」と音が鳴るおもちゃに鼻でさわることを教えたところ、これをほんの2分ほどで覚え、喜んでおもちゃにさわるようになった。そして今度は鏡越しにこのおもちゃを見せたところ、ナンペーは迷わず自分の後ろに提示されたおもちゃに鼻を伸ばした。つまり、ナンペーは鏡像を正しく理解し、自分に対するおもちゃの提示位置を正しく把握できたのである。このように鏡像を利用することを、訓練なしで、それも2歳という若さで理解できることは驚異的なことである。

鏡に映った姿を「自分である」と認識できることは、その動物が「自分」という存在を意識して生きていることを示す。これは、動物の豊かな心の一側面を象徴する能力であるといえよう。アジアゾウは、現地の人々に"神秘的な"動物であると伝えられてきた。今後の研究により、その神秘的な能力の科学的解明が期待されている。[入江尚子]

では、マークテストを合格した、大型類人猿、海獣、ゾウの間にはなにか特別な関係があるだろうか。現在のところ、特別の生物学的類縁関係は認められていない。したがって、自己鏡映像認知は様々な進化の過程で独立に発生した現象と考えられる。

様々な議論の対象になるのがエプシュタインによるハトの実験である（Epstein *et al.*, 1981）。ある種の動物は自己鏡像認知ができ、別のものではできない、ということは自己鏡像認知の系統発生の問題である。エプシュタインたちの試みは個体の経験（個体発生的随伴性*）による進化（系統発生的随伴性）の模倣である。つまり、進化の過程で獲得されたとされる行動も十分にプログラムされた訓練によって学習できるとするものである。これはハトの学名コロンバにちなんでコロンバン・シミュレーションと名づけられた。

エプシュタインたちはまず、ハトの身体につけた点をつつくことを訓練した。ついで壁に点を提示し、これをつつくことを訓練した。いずれもハトは正しくつつくことによって餌を得ることができる。そこまで訓練した後、ハトにエリザベスカラーをつけ、体についた点が直接見えないようにする。そして鏡を見せるわけである。果たしてハトは直接みることのできない点をつつこうとしたのである（図1–3）。これは順序を踏んで訓練すれば系統発生的にできないと考えられていた自己鏡像認知が可能になることを示す実験であった。しかしながら、この実験は他の研究者による追試に成功していない。その意味で、このエプシュタインの実験は十分に確認されたものとはいえないのである。

図 1–3　エプシュタインのコロンバン・シミュレーション

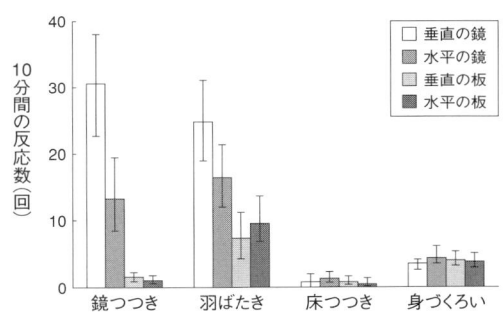

図 1–4　カラスが鏡に対して示す行動（Kusayama & Watanabe, 2000）

　他の鳥で自己鏡像認知に成功した例はない。ブンチョウに、鏡と鏡の前に曇りガラスをおいたものを提示すると、圧倒的に鏡の前にいる（Watanabe, 2002）。しかし、鏡と実際の同種他個体を提示すれば、今度は圧倒的に実際の鳥の前にいる。つまり、鏡映像は他個体と認知されていた可能性がある。カラスを使って鏡の前の行動を分析した結果では、鏡の前で示される行動はほぼ社会行動に限られる（図 1–4：Kusayama & Watanabe, 2000）。これ以外にも多くの鏡提示実験が鳥類で行われているが、自己指向行動はみられない。

▶ 動きの情報の利用

　ここで鏡像に対する反応を少し分析しよう。最初に、そして多くの動物で見られる行動は、① 社会行動である。自己鏡像は同種他個体として認知されている。次に、鏡像は他個体としては社会的反応がおかしいわけだから、② 鏡の裏を見るなどの探索行動が見られる。やがて、③ 鏡に対して社会行動を示さなくなる。つまり、鏡像は他個体ではないことが認知され、興味を失う。最後の段階が、④ 鏡像を自己像として認知する段階である。

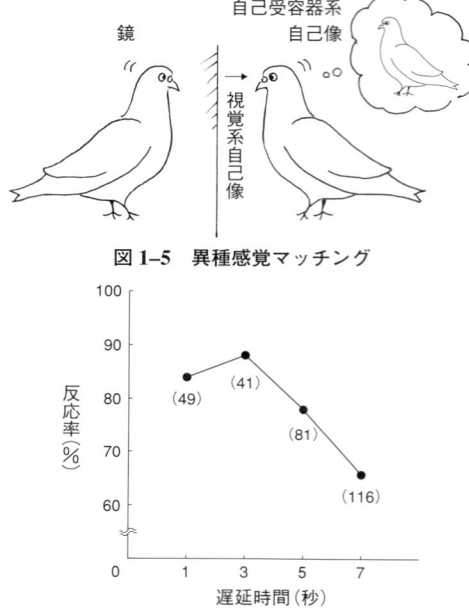

図1-5 異種感覚マッチング

図1-6 ハトの自己映像弁別(Toda & Watanabe, 2008)

町中にテレビモニタが設置されていることがあるが、自分かな、と思った時にヒトが行う行動は手を振る、首を傾ける、といった行動である。つまり、自分の運動とモニタ画面の像の運動は一致しているかどうかを確かめる。自分の運動は間接と筋肉の自己受容器からの内部感覚で把握できる。目をつぶっていても、自分の体や手足の位置がわかり、手で自分の鼻をつまめるのもこの感覚のおかげである。一方モニタ画面や鏡の像は視覚刺激である。自己鏡像認知とは、この二つの異種感覚間のマッチングに他ならない(図1-5)。異種感覚マッチングとはわれわれがボールを眼で見ても、手でさわってもボールだとわかるような、同じ対象が異なる感覚でも同じものとわかることを指す。マークテストはつまり、自己受容器系と視覚系でマッチングをテストしているのである。

先ほど自己像であることを確認するのに運動を利用するという話をしたが、運動のマッチングは時間軸での対応であるから、異種の感覚情報が同期していることが重要である。兎田ら(Toda & Watanabe, 2008)は、ハトにモニタ上の自己像の弁別を訓練した。

まず、ハトにモニタ上のあらかじめ録画しておいた映像と現在の映像を弁別させると、正しく弁別できるようになる。そこで、遅延映像によるテストをする。録画画像と1秒から7秒までの遅延映像で弁別をテストすると、5秒まではなんとか弁別できるが、7秒になると録画映像と遅延映像の区別ができなくなる(図1-6)。このテストには記憶が関係している。専門的にはこれは遅延異種感覚マッチングなのである。ハトは自己受容器系に基づく自分の運動像を保持

し、これと画面上の遅れた映像のマッチングを行わなくてはならない。しかも、運動は絶えず行われているので、記憶の保持と更新を絶えず行わなくてはならない。自分でやってみるとかなり違和感のある課題である。ハトの視覚的な短期記憶は 8–12 秒程度であるから、この遅延異種感覚マッチングの時間的限界は、ほぼハトの短期記憶を反映したものと考えられる。そして、ハトはこのような異種感覚マッチングとしての自己認知をしていると考えられるのである。

3 過去の自分を見分ける──エピソード記憶

これまで述べてきた自己意識はいわばその場かぎりの自己意識である。ヒトの自己意識を考えると、このような今自分がなにをしているのかという内部状態の認知とは別に、持続している自己という感覚がある。これには自己の行動についての長期記憶が関係している。持続的な自己認知のためには、長期にわたる自己の記憶が前提になる。また、この記憶は、なにかを長期に憶えているだけでは不十分である。記憶の中に時間情報が組み込まれていなければならない。子ども時代の自分、学生時代の自分、それらを一貫した持続する自己として認知するためには、いつの自分であるかということがコードされていなくてはならない。認知心理学では、いつ、どこで、なにを、という情報がコードされた記憶をエピソード記憶とよんでいる。そして、しばらく前までは、この記憶はヒト固有なものと考えられていたのである。

鳥の中には、貯食といって餌を隠す習性のあるものがある。よく知られているのは冬に備えて秋にたくさんの餌を隠す習性だが、もっと短期的に餌を隠す鳥もいる。アメリカカケスもそのような鳥である。英国のケンブリッジ大学ではこのカケスを使った様々な実験が行われているが、その一つにエピソード記憶の実験がある (図 1–7: Clayton & Dickinson, 1998)。餌として使うのはナッツとワームである。カケスは食べ物に好みがあり、この 2 種類の餌ではワームのほうがずっと好きである。カケスにこれらの餌を与えると、もちろんその場で食べもするが、貯食も行う。貯食を調べるために冷蔵庫の製氷皿にケブル (トウモロコシの軸を砕いた砂のようなもの) を入れたものを使う。カケスは上手に製氷皿に餌を埋めて隠す。製氷皿は横にレゴがついており、場所の手がかりになる。

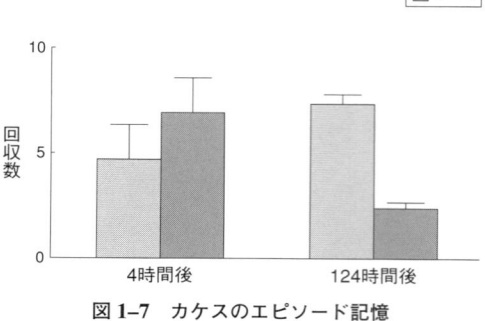

図 1–7 カケスのエピソード記憶
(Clayton & Dickinson, 1998)

さて、この実験では、2 群のカケスが準備され、1 群にはまずナッツだけが与えられる。そして製氷皿は半分が覆われていて貯食ができない。カケスは貯食ができる場所にナッツを隠す。ついで 120 時間後に今度はワームだけが与えられる。今度は製氷皿の反対の半分が覆われている。カケスがワームを隠したら 4 時間後には隠した餌の回収をさせる。製氷皿の覆いは除かれているので、カケスは好きなほうを回収できる。カケスはワームのほうが好きだからワームを回収する。これだけではなんということはないが、もう 1 群では先にワームを隠させる。カケスはワームをくちばしで荒っぽく扱うので、半殺しの状態になっている。124 時間後には死んでしまっていておいしい餌ではない。実際の実験では本当に悪くなったワームを隠し場所に入れ直しておく。

さて、カケスが、自分がワームを隠したのは 124 時間前で、もういたんでいるはずだということがわかっていれば、この群のカケスはナッツのほうを回収するはずである。結果はそのとおりになった。さらに、ワームを新鮮なものに取り替えるようにして 124 時間後でもおいしいようにして訓練すると、124 時間後でもワームを回収するようになる。つまり、一定の柔軟性があるわけだ。クレイトンやディッケンソンたちはこれらの事実がカケスのエピソード記憶を示唆するものだとしている (Clayton & Dickinson, 1998)。ただ、この実験は時間を系統的に変化させているわけではないので、本当に時間の記憶がコードされているのか、順序がコードされているのにすぎないのかはわからない。

ラットを使った実験もある (Naqshbandi *et al.*, 2007)。ラットの空間記憶を調べるのに放射迷路といわれるものがよく使われる。これは、中央にラットの出発点があり、そこから放射状に 6–8 本の廊下が延びたものである。廊下の先には餌がある。ラットは廊下を走っていって餌を食べ、出発点に戻って今度は別

の廊下の餌を取りにいく。エピソード記憶の実験では、餌として普通のペレットとチョコレートを使う。ラットはチョコレートのほうが好きだ。放射迷路では廊下の先までいって餌を食べてしまったら、もうその廊下は餌のない廊下ということになるが、この実験では、餌の差し替えを行う。もう一度チョコレートを置き直すのである。置き直しは30分後の群と4時間後の群がある。もし、ラットが、いつ（30分前か4時間前か）、どこに（どの廊下か）、なにが（チョコレート）が、を統合していれば、30分後差し替え群では、30分後にテストされるとチョコレートのあった廊下を再訪し、4時間後では再訪しない。反対に4時間後差し替え群では、4時間後にはチョコレートのあった（そして差し替えられている）廊下を再訪するはずである。結果は訓練によって、そのように行動することが示されている。

　ただ、ヒトのエピソード記憶の特徴にはある種の自発性があるように思われる。プルーストの小説に出てくる紅茶に浸したマドレーヌは、記憶を呼び覚ますきっかけにはなっても、カケスが製氷皿の前でいつ、なにを、どこに隠したか、思い出さなくてはならないような直接的必要性がある訳ではない。ヒトはなにかのエピソードを思い出しても、それがすぐ行動にむすびつくわけではない。あるいは、動物も時になにかの思い出にひたっているのかもしれないが、これはちょっと調べようがない。

4　未来の自分を見分ける──道具作成と朝食の準備

　さて、エピソード記憶がいつ、なにを、どこで、という情報の統合であるといったのは認知心理学の大家タルヴィングである。しかし、後には、ヒトの記憶の特徴は「未来への心的時間旅行」であるとした。この点については、認知心理学者はヒトの認知の固有性について絶えずルールを変えるという批判もあるようだ。筆者はそうは思わない。動物研究の成果はヒトの特性をより厳密に限定的にしており、これはすなわち、ヒトの固有性がより明らかになることに他ならない。

　動物の行動を見ていると明らかに将来に備えた行動が見られる。冬に備えた貯食もそうだし、渡りや冬眠もそのように考えることもできる。しかし、それ

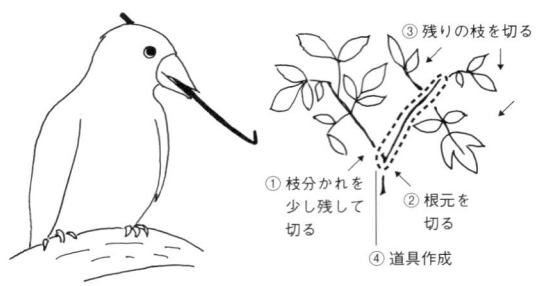

図1–8 ニューカレドニアカラスとその道具

らの行動が脳内で作られた未来を弁別刺激とした行動とは考えにくい。それは繁殖行動が将来子孫を残すことを弁別刺激とした行動ではなく、生得的な行動と考えられるのと同じである。

道具使用はかなり多くの動物で見られるが、道具作成となるとかなり限られてくる。チンパンジーやタマリンでも道具使用が見られるが、作成の精緻さ、地方差があって、すべての個体が道具を作成するわけではない。ニューカレドニアカラスの道具作成は鳥類での素晴らしい例である(Hunt, 1996)。ニューカレドニアカラスは2種類の道具を作る。一つは樹の枝を使った鉤のついた棒である(図1–8)。いってみればとび口のような物だが、この鉤がある道具というのは、ヒトの道具としてもかなり洗練されたものである。これは木の分岐したところを利用したものである。もう一つは葉を利用したものだが、段カットされており、先にいくほど細くなる。これらの道具の形態は一定に標準化されており、しかも地域差がある。

もし、この道具作成が鳥の巣作りのようなものなら、未来を見通して現在の行動を決めているとはいえない。これを検証する一つの方法はまったく違う状況でも、道具が作成できるかをテストすることである、オックスフォード大学では、ニューカレドニアカラスに針金を与えて、筒の中に入った小さなバケツを引き上げられるかどうかを調べた。もちろん、針金は道具の材料としては新しい素材であるし、バケツのようなものも未知のものである。しかし、ニューカレドニアカラスはこの課題をやってのけた。つまり、木の分岐を使った鉤しか作れないわけではなく、目的に応じて針金でも道具が作れるわけである。自然場面でも幼鳥は成鳥の使った道具を拾うことが知られているし、しばしば、不適切な素材で道具を作ろうとする。さらに、ニューカレドニアカラスの尾羽にビデオカメラを固定して、自然状態での鳥の道具作成の過程を詳細に記録す

ることも行われた。これらの観察は、この道具が渡りや巣作りと違った目的的なものであることを示唆する。

ただし、道具作成はなんといっても短時間の心的時間旅行である。ヒトの未来への展望とはだいぶ異なる。しかし、ケンブリッジのカケスたちはさらに長い時間での心的時間旅行が可能なようだ(topic 2 参照：Raby *et al.*, 2007)。ヒトの心的時間旅行は過去(エピソード記憶)でも未来(展望的記憶)でも、かなり長い旅行ができる。動物での展望的記憶の研究は始まったばかりだが、ヒトとの比較では大変興味深いテーマである。

朝食の準備をするカケス   topic 2

遠足の前日にリュックサックに必要なものをつめた記憶があろう。お腹が空いたときのための食べものやお菓子、水筒、天気が悪くなった場合に備えての雨具などを準備したものである。ヒトはこれから起きる事態に備えて然るべき準備をする。つまり、未来への心的時間旅行をする。動物も明日の事態を予測した行動がとれるだろうか。

カケスが翌朝に備えた貯食ができるかどうか、ケンブリッジ大学で実験が行われた。その結果は、カケスにもある程度未来への心的時間旅行が可能であることを示唆するものであった(Raby *et al.*, 2007)。カケスを3部屋からなるケージに住まわす。一つの部屋は朝食つきの部屋で、朝は朝食(粉末状のナッツで蓄えることができない)が食べられる。もう一つの部屋は朝食なしである。朝2時間はこのどちらかの部屋に閉じ込められる。それ以外のときは3部屋を自由に行き来できる。この状況に馴らした後、夜になって部屋を暗くする前に、貯食用のトレイ(製氷皿)が二つの部屋に入れられ、ナッツ(粉末ではなくトレイに隠すことができる)が与えられる。カケスには明日の朝にどちらの部屋に入れられるかはわからない。もし、カケスが一方の部屋は朝食がないことを予測できていれば、その部屋のトレイに多くの貯食をするはずである。結果は予想通りになったのである。

このことはカケスが、翌日自分が置かれる状況を予測し、そのための行動をとることができることを示唆する。この行動は生得的なものではなく、経験によって学習したものである。

［渡辺 茂］

*

自己認知とは、自己の内部状態が弁別刺激として機能していることである。その内部状態と外部刺激とのマッチングが自己鏡像認知である。過去の自分の行動が弁別刺激となるのがエピソード記憶、将来の自分の行動が弁別刺激となるのが未来への心的時間旅行である。これらの場合にも、現在の自己との時間

差のあるマッチングがなされていると考えられる。弁別刺激としての自己が他の弁別刺激と異なるのは、弁別刺激が外から見えない点であるが、間接的には外部から操作可能なものである。ヒトの場合はこの時間差がきわめて長期になりうるが、これには経験が言語に変換されることが関係しているかもしれない。

引用文献

Borlongan, C. V., & Watanabe, S.（1997）. Footshock facilitates discrimination of stimulus properties of morphine. *Life Science*, 61, 1045–1049.

Clayton, N. S., & Dickinson, A.（1998）. Episodic-like memory during cache recovery by scrub jays. *Nature*, **395**, 272–278.

Epstein, R., Lanza, R. P., & Skinner, B. F.（1981）. "Self-awareness" in the pigeon. *Science*, **212**, 695–696.

Gallup, G. G.（1970）. Chimpanzees: Self-recognition. *Science*, **167**, 86–87.

Gallup, G. G., & Suarez, S. D.（1991）. Social responding to mirrors in rhesus monkeys (Macaca mulatta): Effects of temporary mirror removal. *Journal of Comparative Psychology*, **105**, 376–379.

Hampton, R. R.（2001）. Rhesus monkeys know when they remember. *Proceedings of the National Academy of Sciences of the United States of America*, **98**, 5359–5362.

Hunt, G. R.（1996）. Manufacture and use of hook-tools by New Caledonian crows. *Nature*, **379**, 249–251.

Irie, N., Hasegawa, T., & Sato, T.（2005）. *Self-recognition and numerical cognition in Asian Elephants（Elephas maximus）*. Poster session presented at the 3rd International workshop for young psychologists on evolution and development of cognition, Kyoto, Japan.

Kusayama, T., & Watanabe, S.（2000）. Responses to mirror-image stimulation in jungle crows (*Corvus macrorhynchos*). *Animal Cognition*, **3**, 61–64.

Naqshbandi, M., Feeney M. C., McKenzie, T. L., & Roberts, W. A.（2007）. Testing for episodic-like memory in rats in the absence of time of day cues: Replication of Babb and Crystal. *Behavioural Processes*, **74**, 217–225.

Neiworth, J.（2001）. Tracking responses related to self-recognition: A frequency comparison or responses to, mirrors, photographs, and video-tapeds by cotton top tamarins (*Saguinus oedipus*). *Journal of Comparative Psychology*, **115**, 432–438.

Patterson, F.G.P., & Cohen, R. H.（1994）. Self-recognition and self-awareness in lowland gorilla. In S. T. Parker, R. W. Mitchell, & M. L. Boccia (Eds.), *Self-awareness in Animals and Humans*. Cambridge University Press. pp. 273–290.

Plotnik, J. M., de Waal, F.B.M., & Reiss, D.（2006）. Self-recognition in an Asian elephant. *Proceedings of the National Academy of Sciences of the United States of America*, 103, 17053–17057.

Povinelli, D. J.（1989）. Failure to find self-recognition in Asian elephants (*Elephas maximus*) in contrast to their use of mirror cues to discover hidden food. *Journal of Comparative Psychology*, **103**, 122–131.

Povinelli, D. J. (2003). *Toward A Folk Physics for Chimpanzees. Folk Physics for Apes? The Chimpanzee's Theory of How The World Works.* Oxford University Press. pp. 297–340.

Povinelli, D. J., Rulf, A. B., Landau, K. R., & Bierschwale, D. T. (1993). Self-recognition in chimpanzees (*Pan troglodytes*): Distribution, ontogeny and pattern of emergence. *Journal of Comparative Psychology*, **107**, 347–372.

Raby, C. R., Alexis, D. M., Dickenson, A., & Clayton, N. S. (2007). Planning for the future by Western scrub-jays. *Nature*, **445**, 919–921.

Reiss, D., & Marion, L. (2001). Mirror self-recognition in the bottlenose dolphin: A case of cognitive convergence. *Proceedings of the National Academy of Sciences of the United States of America*, **98**, 5937–5942.

Smith, J. D., Sgields, W. E., & Washburn, D. A. (2003). The comparative psychology of uncertainty monitoring and metacognition. *The Behavioral & Brain Sciences*, **26**, 317–373.

Suarez, S. D., & Gallup, G. G. (1981). Self-recognition in chimpanzees and orangutans, but not gorilla. *Journal of Human Evolution*, **10**, 175–188.

Toda, K., & Watanabe, S. (2008). Discrimination of moving video images of self by pigeons (*Columba livia*). *Animal Cogniton*, **11**, 699–705.

Watanabe, S. (2002). Preference for mirror images and video image in Java sparrows (*Padda oryzivora*). *Behavioural Processes*, **60**, 35–39.

マークテスト ———————————————————————————————— keyword 1

マークテストは、アメリカの心理学者ギャラップ (Gallup, 1970) が、チンパンジーの自己認知を調べるために考案した実験方法である。チンパンジーは、鏡に映った自己を正しく自己と認知している。このことを客観的に示すためにはどうしたらよいだろうか。ギャラップの行ったマークテストは、次のようなものである。

まず、チンパンジーに麻酔をかけ、おでこに染料で赤い印をつけておく。チンパンジーは麻酔で眠っているので、染料をつけられたことには気づかない。麻酔から目覚めても、そのままでは染料に気づかない。染料はおでこにあり、自分の目で直接見ることができないからだ。そして染料には触感や匂いもない。そこでチンパンジーに鏡を見せてみる。チンパンジーは鏡に映った像を見る。鏡には自分の顔が映っている。そして、鏡に映った自分の顔のおでこには赤い染料がついている。それに気づいたチンパンジーは、鏡を見ながら、自分のおでこをさわって染料を取ろうとする。こうした行動は、鏡に映った像が自分の顔だとわかっているからこそ出現する行動である。

われわれ人間も、顔についた汚れを鏡を見ながら取ったりすることが、日常生活の中でよくあるだろう。マークテストは、そうした行動を実験的に引き出すことに成功した手法である。人為的につけた染料をさわる行動の時間や頻度を計ることで、客観的、定量的に示すことができる。より厳密には、鏡を見せる前に染料をさわる行動が起こる頻度と、鏡を見ながら染料をさわる行動が起こる頻度を比べることで、こうした行動が、鏡を見て染料に気づいたからこそ生じたのかどうかを検討することができる。鏡を見せる前に染料をさわることはほとんどないが、鏡を見て初めて染料をしきりにさわるようになれば、鏡に映った顔を正しく自分だと認識していることを強く証明することになる。

実験方法として、必ずしもおでこに赤い染料をつける必要はない。要は、直接自分の目で見ることができず、鏡を見て初めてわかるところに、匂いや触感などの手がかりがまったくない印をつけて自己認知を調べることである。［平田　聡］

Gallup, G. G. (1970). Chimpanzees: Self-recognition. *Science*, **167**, 86–87.

第2章
自己像を理解するチンパンジー——自己認知の進化

平田 聡

1 鏡の前のチンパンジー

▶ 鏡像の理解とマークテスト

　チンパンジーの前に鏡を置いてみる。すると、最初は鏡の向こうに別のチンパンジーがいるかのような反応をする。たとえば、鏡に映った像を見ながら毛を逆立てて、身体を揺らす。見知らぬ他個体に対する威嚇的な社会行動である。また、鏡の裏側に手を伸ばすなど、鏡の向こうに本物の他個体がいると錯覚しているような行動も見られる(図2–1)。しかしやがて、鏡の向こうに他個体はいないことに気づく。そして、鏡を見ながら手を振ってみたり、変な格好をしてみたり、鏡に映ったものと自分の動きの対応を確かめるような行動をする。さらに、口を開けて歯の間に挟まったものを取ろうとする、頭の毛についたごみを取ろうとする、といったように、自分の身体に向けられた行動が出現するようになる(図2–2)。自己指向行動、自己探索行動と呼ばれるものである。鏡を見ながら自分の体を確かめたり身だしなみを整えたりするチンパンジーは、鏡に映った像を自分だと正しく認知しているといえるだろう。自己鏡像認知と呼ばれる研究領域である。

　鏡を見たチンパンジーの振る舞いについて最初に記述したのは、1910年代にチンパンジーの知性に関する先駆的研究を行ったケーラーだった。ただし、ケーラーの観察では、チンパンジーに鏡像での自己認知が可能であることは確認されなかった(Köhler, 1925)。手鏡を渡されたチンパンジーたちは、非常に興味深く鏡を眺め、鏡を斜めに傾けたりしていろいろなものを映して楽しんだようであるが、鏡に映った自己を認識しているかどうかについては、ケーラーの観察ではわからなかった。

図 2–1　鏡の裏側を手探りする2歳のチンパンジー

図 2–2　鏡を見ながら口の中を調べるチンパンジー

　チンパンジーの自己鏡像認知について最初に科学的な報告がなされたのは、それから半世紀少しを経た後、1970年のことだった。ギャラップの行った研究である(Gallup, 1970)。まずギャラップは、鏡を見たチンパンジーの自発的行動について調べた。そして、上述のように、鏡を見ながら自己探索を行うことを確かめた。さらにギャラップは、チンパンジーの自己鏡像認知を客観的に調べるテストを行った。マークテストである(keyword 1 参照)。この研究では、推定3歳から6歳のチンパンジー4個体が対象とされ、この4個体がマークテストを通過する、つまり鏡の自己認知ができることが示された。

▶ 種間比較

　チンパンジーが鏡に映った自分を認知できることは、その後の多くの研究でほぼ間違いなく確かめられていることである。ギャラップの最初の論文で記述されたのとほぼ同じ行動が、その後の研究でも再確認されている (Parker et al., 1994)。

　それではチンパンジー以外の霊長類＊ではどうか。多くの研究を要約すると、およそ次のようなことが言える(板倉, 1999)。大型類人猿＊4種のうち3種、チンパンジー、ボノボ、オランウータンでは、複数の研究結果から鏡像での自己認知が可能なことが示されている。残る大型類人猿のゴリラについては結果が分かれる。自己認知の証拠が認められなかったという結果が複数ある一方で、

肯定的な結果が得られた報告もある。小型類人猿であるテナガザルでも意見が分かれるところがあり、否定的な結果が出ていることを示す研究が複数ある中で、テナガザルでも鏡の自己認知が可能であると示唆する研究者もいる。類人猿以外の霊長類、サルの仲間では、自己鏡映像の認知はできないとする結論でほとんどの研究者の意見が一致している。

　自己鏡像認知は、自我や自意識の発達、進化といった問題と密接にかかわる。そして、自己の理解は他者の理解の礎であることから、社会的知性の観点からも注目されている。本章では、チンパンジーの自己認知の諸側面について、筆者の研究結果も踏まえながら、これまでの成果と残された問題を概観したい。チンパンジーはヒトに最も近縁な生き物である。彼らの高度な認知機能を様々な手法で研究し、ヒトと比較する試みが盛んに行われている（topic 3 参照）。そしてチンパンジーは、非常に複雑な社会の中で生きている。争いや仲直り、政治的とも呼べる駆け引きと順位争い、集団での狩猟や食物分配（topic 4 参照）など、いろいろな社会的行動を見せる。こうした行動は、どのような自己理解、他者理解にもとづいているのか。そしてそれはヒトとどの程度似ていて、どの程度異なっているのか。チンパンジーの自己認知を調べることで、ヒトの自己理解と他者理解の進化的基盤に迫る一つの手がかりを得ることができるだろう。

チンパンジーの脳波計測　　topic 3

　比較認知科学の視点から、ヒトとチンパンジーの行動を比較する研究が数多く行われてきた。近年ヒトでは、行動の基盤となる脳活動に着目した脳機能イメージング研究が進められている。一方、チンパンジーの脳活動を探る研究はほとんどなく、とくに覚醒時の脳活動を計測した例は過去にない。脳活動計測中は、体を動かさずにじっとしている必要があるが、そのような安静状態を麻酔なくして保つことが、チンパンジーでは困難だったのである。

　しかし 2008 年、長谷川らの研究グループは、覚醒時のチンパンジーの脳波をとらえることに世界で初めて成功した（Ueno *et al.*, 2008）。計測の対象となったのは、岡山県にある林原類人猿研究センターのミズキ（メス・計測当時 9 歳）である。ミズキは仲間のチンパンジーと一緒に暮らすとともに、小さい頃から同研究センターのスタッフと深くかかわってきた。スタッフとミズキの長きにわたる親しい関係にもとづき、ミズキは計測状況に慣れ、計測中に安静状態を保つことができるようになった（図）。

　同グループは、まず音を繰り返し聞かせているときの脳波を計測した。ヒトの研究では、同

じ音が繰り返し提示される中で稀に提示される逸脱音（周波数や長さが異なる音）に対して、特徴的な事象関連電位*が観測される。ミズキでもヒトと類似した特徴をもつ事象関連電位が確認され、チンパンジーもヒトと同様の知覚処理を行っている可能性が示された。

　ヒトのみならず、チンパンジーにおいても覚醒時の脳活動計測が可能になったことで、社会的認知にかかわるような脳活動を両種間で比較することができる。ヒトのもつ様々な社会的認知能力は、ヒトの知性の進化を解く鍵として注目されている。ヒトの知性の進化を探る、新たな第一歩といえるだろう。
［上野有理］

図　脳波計測時のミズキ

フードシェアリング　topic 4

　動物はみな、生きるために食べなくてはならない。ヒトも同じである。ヒトにとって、日々繰り返される身近な生活場面の一つとして、食事があげられるだろう。栄養摂取という他の動物と共通した基本的機能がある反面、食事場面にはヒトのもつ強い社会性を見て取ることができる。子どもを囲む食事場面において、それはとくに顕著である。

　生後しばらくの間、子どもが必要とする栄養は、養育者からの授乳によって摂取される。生後6ヶ月頃になると離乳食が始まるが、子どもが自ら食物を用意し、口に運べるわけではない。養育者が子どもに「どうぞ」と与えることで、子どもの食は進められるのだ。生後15–18ヶ月頃になると離乳食は完了するが、養育者が子どものために食物を用意し、与えることは、その後も長きにわたり続いていく。ヒトの子どもにとって食事は、他者（養育者）とかかわり、与えられることを前提にするものといえる。

　系統上ヒトに最も近縁なチンパンジーではどうだろうか。上野らは食物をめぐるチンパンジー母子間のやりとりを調べた（Ueno & Matsuzawa, 2004）。対象となったのは京都大学霊長類研究所の母子3ペアだ（子どもは当時8–23ヶ月齢）。母親に1種類の食物を手渡し、その後の母子の行動を観察した。母親に食物が渡ると、子どもは母親に近寄り、食物を欲しがるような行動をする。そんな子どもを前に、母親は独占してすべてを食べてしまう場合がほとんどである。母親が自分のもつ食物の一部を自発的に差し出し、子どもに与えることも稀にあるが、差し出されたのは果物の柄や種など、母親が自分では食べずに捨ててしまうようなものばかりであった。

　子どもに与えたがるヒトと、与えたがらないチンパンジー。その違いはどこから来るのだろうか。食事というなにげない日常場面にも、社会脳について考えさせるヒトの特徴があらわれているといえよう。［上野有理］

2　発達・時間・個体差

▶ 発達的変化

　ヒトの場合、鏡に映った自己像を正しく自己と認識するようになるのは1歳半から2歳の間である(Amsterdam, 1972; Lewis & Brooks-Gunn, 1979)。それではチンパンジーの場合はいつ頃から可能になるのか。実は、いくつかの研究で異なる結果が出ており、意見が分かれるところである。

　シャム・マークテスト(sham mark test)を用いて、10ヶ月から5歳のチンパンジーを対象に自己鏡映像認知の発達的変化を調べた研究がある (Lin *et al*., 1992)。シャムは「見せかけの、ごまかしの」といった意味である。ギャラップが行った正式なマークテストは、チンパンジーを麻酔した状態で染料をつけるというものだった。染料をつけたことをチンパンジーに感づかれたらテストにならない。鏡を見ながら染料を取ろうとする行動が見られたとしても、鏡を見て初めて気づいたのか、それとも鏡を見なくともわかっていたのか、区別ができなくなるからである。しかし、麻酔をするのはそう簡単なことではない。麻酔の注射をされるのをチンパンジーは一般に嫌がるし、たとえうまく麻酔できたとしてもチンパンジーの身体に負担がかかる。そこで、麻酔をかけずに行うというのがシャム・マークテストである。ヒトが、チンパンジーとスキンシップを図るように見せかけて、チンパンジーの身体をあちこちさわる。こっそり手に塗料をつけておいて、チンパンジーの身体をさわりながら、そのうちどこかに塗料を塗る。チンパンジーに気づかれないように、できるだけ自然な流れで身体の一部に塗料を塗る方式である。この研究によると、チンパンジーは2歳から2歳半で、鏡を見ながら自分の身体の塗料にさわるようになる。鏡像の自己認知は2歳から2歳半で可能という結論である。

　これとは別の研究結果もある。チンパンジーの乳児が生まれてまもなくから、定期的、継続的に鏡を見せた観察研究である(中村, 2004; Inoue-Nakamura, 1997)。自発的行動のみを観察項目とし、マークテストやシャム・マークテストは行わなかった。その結果、1歳半くらいに、鏡像を自己と認知していることを示唆する行動が観察されるようになった。鏡を見る経験を十分につめば、

ヒトとまったく変わらない年齢で自己認知が可能になる可能性を示している。

ポヴィネリら (Povinelli *et al.*, 1993) はこれとは異なる研究結果を報告している。まず彼らは、以前の研究方法には曖昧な点があると批判する。単に鏡を見ながら自分の身体をさわっただけでは、自己認知の強い証拠とはならないという批判である。実際、リンら (Lin *et al.*, 1992) のデータでは、鏡を見ていない状態でも塗料にさわる行動がある程度確認され、その割合は、鏡を見ながら取る行動に比べて無視できない。ポヴィネリらは、10ヶ月から40歳のチンパンジー 105 個体を対象として、鏡に対する反応をより詳細に調べた。そして、単に鏡を見ながら自分の身体をさわるかどうかではなく、鏡を見ないとわからない身体の部分をよく見ながらさわったり調べたりするかに焦点を絞って検討した。さらに、チンパンジーを麻酔した上でマークテストを行った。その結果、鏡像に対する自己認知の証拠が認められたチンパンジーの最年少は3歳3ヶ月であり、多くの個体は5–8歳だった。つまり、チンパンジーで自己認知が可能になるのは、多くの場合で5–8歳ということである。

▶ 自己鏡像認知にかかる時間

ヒトの場合、生まれてからまったく鏡を見たことのない子どもや成人に初めて鏡を見せても、数分で自分だと理解することができる (von Senden, 1960; Priel & de Schonen, 1986)。一方、ギャラップの研究では、チンパンジーが初めて自己認知の証拠となる行動を取るまで、2–3 日の時間を要している (Gallup, 1970)。1日あたり8時間鏡を見ることのできる環境に2–3日おかれて初めて、鏡を見ながら自分の体を調べる行動が出現したという結果である。チンパンジーの場合は自己鏡像の理解にヒトより時間がかかるのだろうか。

先述のポヴィネリらの研究では、鏡を見たことがないチンパンジーが初めて自己認知の強い証拠となる行動を見せるまでの時間も調べている (Povinelli *et al.*, 1993)。その結果、自己認知の証拠を見せた個体の中では、最も早い個体では5分、最も遅い個体では1630分で最初の自己探索行動が出現した。多くは5–30分で最初の理解の兆候を見せたようである。この点、ヒトの場合とあまり変わりがないと言ってよいだろう。ポヴィネリらは、それ以前の研究結果との違いについて、以前の研究で最初の兆候が見逃されていた可能性を指摘して

いる。過去の研究では、最初の兆候が見られるまでの時間は明確な研究の対象ではなかったので、意図的にこの点を調査したポヴィネリらの研究結果のほうが妥当性が高いだろう。

さて、多くの個体が数分から数十分で最初の理解の兆候を見せたというものの、かなり時間がかかる個体もいた。そして、理解の兆候をまったく見せない個体もいた。個体差が大きいことには違いない。

▶ 個 体 差

チンパンジーの自己鏡像認知に見られる個体差については、別の研究でも確認されている (Swartz & Evans, 1991)。ギャラップの研究論文を読むと、どのチンパンジーでも当たり前のように自己認知の証拠が見られるかのように思う。しかし、実際にやってみるとそうではなかった、ということである。チンパンジー11個体を対象にして、鏡を見せたときの自発的行動、およびマークテストの結果を調べたところ、マークテストで自己指向行動が見られたのは11個体中の1個体にすぎなかった。マークテストではなく、自発的な行動を基準に自己認知の判断をすると、11個体中3個体で自己鏡像認知ができていると結論づけられた。一つのポイントは、自発的な行動にもとづく判断と、マークテストの結果とで、多少食い違う点があることである。鏡を見せて自己探索的行動を取るからといって、必ずしもマークテストでマークをさわろうとするわけではない。マークへの興味の有無なども関係してくるのだろう。

もう一つのポイントは、自発的な行動でも、マークテストの結果でも、自己認知の証拠と考えられる行動がまったく現われない個体がそれなりの割合で存在するということだ。年齢や経験の影響ももちろん考えられる。生まれてからずっとひとりで飼育され、他のチンパンジーとの交流をもったことがないチンパンジーは、鏡像の自己認知ができないという研究がある。そして、先述のとおり、少なくとも1歳半より前のチンパンジーは自己認知をしない。しかし、自己鏡像認知の可否を、経験と年齢だけでは必ずしも説明できない。他者との交流をもつ社会集団で育ち、10歳を超えた年齢のチンパンジーでも、自己認知の証拠を見せない個体がいる。

ポヴィネリらの研究は約100個体という多くの個体を対象としているので、

ここから具体的にどのくらいの割合なのか見てみよう(Povinelli et al., 1993)。自己認知の証拠を見せたチンパンジーの割合は、5歳以下で2％、6–7歳で25％、8–15歳で75％、16歳以上で26％だった。どの年齢段階でも、100％にならない。自己鏡像認知の証拠が得られない個体がいる。もう一つの特徴は、逆U字のパターンになるということだ。思春期に割合が高くなり、それ以前とそれ以降で低い。8年後に、同じ個体を対象に追試を行ってみた(de Veer et al., 2003)。当初の研究で8–15歳だった個体が8年後に16–23歳になると、自己認知の証拠を見せる割合は減少していた。こうした個体差がなにに由来するものなのか、まだ確たる答えは出ていない。後にもう一度この点について触れよう。

3 鏡以外の自己理解

▶ 影の理解

鏡を使った研究だけで、自己認知のすべてを理解したことにはならない。よりよく理解するためには、多様な方法で調べるべきである。鏡以外を使った研究として、ヒトの子どもの影の理解を調べたものがある(Cameron & Gallup, 1988)。それによると、自己の影を理解できるようになるのは早くて25ヶ月齢、多くの場合で40ヶ月齢のようだ。鏡像理解より発達的に遅れる理由については、鏡に比べて影のほうが鮮明度に欠け、色もなく、そして経験も少ないためではないかと述べられている。

チンパンジーの影の理解について、一つの研究例がある(Boysen et al., 1994)。この研究では2.8歳のオスと8歳のメスの2個体が対象となった。2個体とも鏡を見た経験はあるが、2.8歳のオスでは自己鏡像認知の証拠は得られていなかった。8歳のメスでは鏡を見ながら自己探索行動を取ることが確かめられていた。

影の理解のテスト状況は次のとおりである。チンパンジーの背後からスポットライトを照らす。チンパンジーは壁に向いており、この壁に、スポットライトでできた影が映る。実験者が、チンパンジーの背後にそっと帽子を掲げる。チンパンジーに直接かぶせるわけではない。壁に映ったチンパンジーの頭の影と帽子の影がちょうど合うように、つまり、影の上でチンパンジーが帽子をか

ぶっているように見えるようにしたわけである。

　2個体のうち、8歳のメスのほうは、自分と帽子の影を見た後、手を自分の頭の上に伸ばして、帽子を探るような行動をとった。そして、すばやく身をかがめ、帽子と頭を切り離そうとするような行動をとった。このチンパンジーが自分の影を正しく理解している証拠だと考えられる。一方、2.8歳のチンパンジーでは、影の自己認知の強い証拠は得られなかった。自己鏡像認知と影認知の有無に関して2個体の結果が一貫しており、証拠の有無は発達的変化を反映していると考えられる。1個体のデータではあるが、チンパンジーの自己認知は鏡の像に対してだけではなく影に対しても発揮されると言えよう。

▶ テレビモニタに映る自己像の理解

　電気屋などで、売り物のテレビモニタに周囲の光景が生で映し出されていたりすることがある。売り場のどこかにビデオカメラが置いてあって、その映像が生で映るわけだ。訪れた客は、モニタに自分が映っているのに気づくと、たとえば手を振って確かめたりする。自分の姿が別の視点から確認できるという意味で、基本的には鏡と似た構造であり、自己認知ができれば、モニタに映った姿を自分だと理解することができる。

　しかし、カメラを通してテレビモニタに映した映像は、鏡とはいくつか違う特徴がある (Savage-Rumbaugh, 1984　小島訳　1992)。まず、モニタ上の映像は、鏡像と左右の関係が逆である。たとえば、鏡に向かって右手を振ると、鏡の中の自分は左手を振ることになる。それに対して、カメラを通してモニタに映し出された場合、モニタの中の自分も右手を振る。次に、鏡像は基本的に体の正面からの反射像になるのに対して、カメラを利用すると様々な角度からの映像をモニタに映し出すことができる。カメラを後頭部側に置けば、モニタには後頭部が映る。最後に、モニタ上の映像の絶対的な大きさを様々に変えることができる。カメラの倍率を変えることで、実物よりはるかに大きく画面に映るようにしたり、小さくしたりすることができる。

　サベージ-ランバウは、チンパンジーがテレビモニタに映った自己を認知できることをごく簡単に記述している。撮影するカメラに向かって口を大きく開けながら、モニタに映る映像を確認するなどの行動が見られたとのことである。

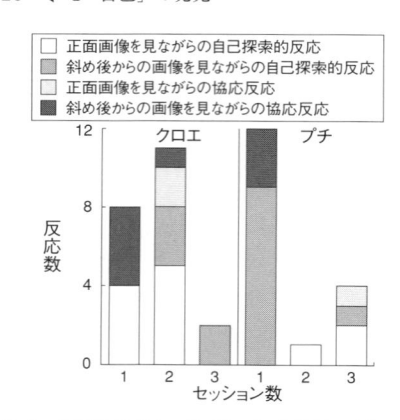

図2-3 2個体のチンパンジーによるテレビモニタ上の自己像に対する反応（Hirata, 2007）

このように、チンパンジーにおけるテレビモニタに映る自己像の理解について簡単な報告はあるものの、詳しいデータは得られていなかった。そこで筆者は、京都大学霊長類研究所のチンパンジー10個体を対象に、テレビモニタ映像に対するチンパンジーの反応を調べてみた（Hirata, 2007）。モニタを2台設置し、それぞれに別のビデオカメラからの映像を映し出した。1台はモニタの真上にカメラを設置し、その映像がモニタに映るようにした。チンパンジーがモニタの前に来た時、ほぼ実物大の顔がモニタに映る。この時、左右の対応は鏡像とは逆になる。もう1台には、部屋の反対側に配置したカメラからとらえた広角の映像が映るようにした。このモニタの前に座ったチンパンジーは、斜め後ろからとらえた自己の全体像を、実物の約5分の1の大きさで見ることになる。これとあわせて、実験場面にいくつかの物体を導入し、実際の物体とモニタに映った物体との関係をチンパンジーがどう理解するのかについても検討した。

2個体のチンパンジー（クロエとプチ）が、モニタに映った自己像を見ながら自己探索行動を見せた（図2-3）。他の8個体は自己探索行動を示さなかった。自己探索行動を見せた2個体については、両者ともに、自分の顔の正面像に対しても、自分の体全体を斜め後ろからとらえた像に対しても、ともに自己探索行動を示した。

クロエの最初の反応は、正面像を見ながら頭と耳の中に向けられた自己探索行動で、テスト開始から8分32秒後に出現した。モニタを計52秒注視した後での反応だった。プチの最初の反応は、斜め後からの映像を映したモニタを見ながら行った頭の後ろ側に対する自己探索行動で、テスト開始から19分39秒後に起こった。モニタを計62秒注視した後での反応だった。

図 2-4 画面を見ながら物を操作するチンパンジー（Hirata, 2007）

　テスト場面に導入した物体に対する操作は、クロエに1度だけ見られたのみだった（図2-4）。クロエはコップを手にとってモニタの前に掲げ、モニタに映ったコップを注視した。その後コップを床に置き、引き続いて皿を掲げてモニタに映った皿を注視した。さらに、モニタを見ながら皿を床に置いた。皿を置く位置を直接目で見ず、モニタを見ながら置く位置を調整する行動だった。

　顔の正面のモニタ映像は、左右の対応が鏡像と逆であり、また、体全体のモニタ映像は、大きさが実際の5分の1であるという点において、各チンパンジーが過去に経験している鏡像とは異なっている。しかし、最初の自己探索行動はテスト開始から比較的早い段階で出現した。チンパンジーの自己認知の能力は、鏡の映像に対して特別に適用されているわけではなく、異なるモードの自己像に対しても容易にあてはまるものだと言えるだろう。さらに、1個体のチンパンジーがモニタを見ながら物体を操作したことから、自己の対応関係だけでなく、自己以外のモノについても実物とモニタ上の映像の対応を理解していることが推察される。

▶ テレビモニタに映る自己像と他者像の区別

　モニタ上に画像を映すことには、さらに大きな利点がある。録画した映像を流すことができることだ。鏡では、現在の姿しか映すことができない。いま・ここの姿しか見ることができないのである。一方、モニタは、ビデオなどに接続することで、いま・ここではない映像を流すことができる。

ヒトを対象にした研究では、録画映像を用いた研究がいくつもなされているが、ヒト以外の動物でそれに類した研究は意外に少ない。チンパンジーを対象として、モニタに映されたライブの自己像と、録画された他者の映像とに対して、どのように反応するのかを調べた研究が一つだけある（Eddy *et al.*, 1996）。この研究は、チンパンジーの自己認知能力全般に懐疑的な研究者の批判に応える目的で行われたものである。その批判とは、早い話、画面になんらかの映像が映っていたら、チンパンジーは自分の体をさわったりするのではないか、つまり、自分の姿が映っていようが他人の姿が映っていようがチンパンジーは理解しておらず、ただ映像を見たらいわば闇雲に自分の体をさわる反応が引き起こされて、それを研究者が勝手に自己認知の証拠としてとらえているのではないかという批判である（Heyes, 1994）。

　この研究でチンパンジーは、モニタ上にライブの自分の姿が映し出された場合、それを見ながら自分の体を調べるような行動を行った。しかし、他個体の映像が現れても、そうした行動はほとんど行わなかった。チンパンジーが画面上の自己と他者を区別し、きちんと理解している証拠と考えることができる。画像が何であれ闇雲に自分の体をさわる反応が出てくるわけではない。チンパンジーが正しく自己の映像だと理解した上で、それを見ながら自分の体を探索する行動を取っていることを裏づける証拠である。

4　自己の理解と時間軸

▶ 時間遅れの自己像への反応

　過去の他個体に対する反応を調べた研究があるので、次は過去の自己に対する反応を知りたくなる。ヒトの場合だと、2歳児は2秒遅れた映像の中の自分をすぐには自分だと理解できず、それが理解できるようになるのは4歳頃である（Miyazaki & Hiraki, 2006: 第3章参照）。しかし、2歳児はすでに鏡に映ったライブの自己像を理解できる。現在の自己と過去の自己の理解には段階の違いがあり、2歳児はいま・ここの自分しか理解できないが、4歳頃になると時間を超えて自己を理解するようになるということである。

　チンパンジーの場合、過去の自己像に対する反応はこれまで調べられてこな

かった。そこで、林原類人猿研究センターの5個体のチンパンジーを対象として実験を行ってみた（筆者と明和との共同研究：明和, 2006）。チンパンジーの自己認知にとって、自分の動きと画面上の動きがリアルタイムで連動していることはどれくらい重要なのだろうか。自分の動きと画面上の動きに時間的に「ずれ」がある時、チ

図2-5 2秒遅延した自己像を画面上に見ながら口を開けて舌を出すミズキ

ンパンジーはそれを自己と理解できるのだろうか。この点を調べてみたいと思った。

まずは、彼らの自発的反応を調べた。ビデオカメラからの映像を、テレビモニタに映す。この時、映像を遅延する装置を介在させる。そして、0.5秒遅延、1秒遅延、2秒遅延の映像をそれぞれ流した。同時に、0秒遅延、つまりライブの映像も加えた。映像は、テレビを見に来たチンパンジーの顔を真正面からとらえたものをテレビに映すという方式とした。

5個体の反応はそれぞれ個体ごとに異なり、まったくなにも反応しない個体もいたが、3個体では画像を見ながら口を開けるなど、自分の身体の動きと映像との対応を確認するような行動が見られた。特に1個体、ミズキでは比較的高い頻度で反応を得ることができた（図2-5）。ミズキでは、映像を見ながら、画面上に自分のお尻が映るように身体の向きを調整してお尻をさわったりするなど、映っているものが自分の身体であることを理解している証拠となる行動が何度か見られた。ミズキは、遅延時間には関係なく、こうして自己指向行動を示した。2秒遅延した映像を、チンパンジーのミズキは自己だと理解していたと考えられる。

▶ チンパンジーのシールテスト

ただし、自発的反応だけをもとにしたのではやはり頼りない。ギャラップが行ったようなマークテストを用いて調べてみたいと考えた。しかし、そのため

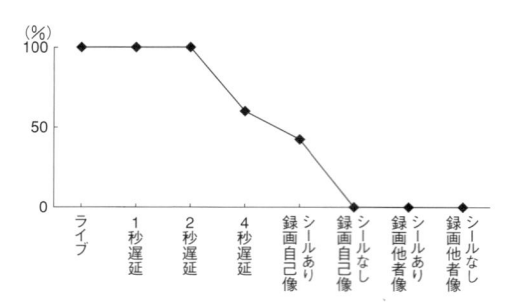

図 2–6 　各条件でミズキが自分の顔と頭についたシールを取った割合

に麻酔をするのは大変である。一度だけならまだしも、遅延時間を何条件か設定した場合、その条件の数だけ麻酔しなければならず、なおさら大変である。シャム・マークテストでも難しいだろう。シャム・マークテストは麻酔をせずに、チンパンジーに気づかれないように塗料を塗る方式であるが、それが何度も繰り返しうまくいくだろうか。もしも気づかれたとしたら、たとえ映像を見ながら塗料を取ろうとしたとしても、映像を見て初めて気づいたのか、それともその前に気づいていたのかわからない。

　そこで、新しいテスト方式を考えた。麻酔をすることも、気づかれずに塗料を塗ることもしないやり方である。気づかれてもいい方法といってもよい。チンパンジーの顔と頭にシールをたくさん貼る。チンパンジーは気づいている。しかし、顔や頭のあちこちにたくさん貼られるので、どこに貼られたのかは正確にはわからない。貼り終わると、しばらくチンパンジーの自由にさせる。チンパンジーは手探りでシールを取ろうとする。実際に何個か取れる。そうすると、どこに何個残っているのかわからない。やがて、手探りで取ろうとするのをやめてしまう。

　この段階で、映像を見せる。映像に映ったものが自分の顔だと理解できれば、画面を見ながら、自分の顔に残ったシールを取ることができる。ここで、様々な映像を画面に流す。まずはライブの自己像、そして1秒遅延、2秒遅延、4秒遅延の遅延自己像である。さらに、別の日に録画した映像も加えた。録画した映像は4種類である。録画した自己像で顔にシールがついていない時のもの、録画した自己像で顔にシールがついている時のもの、録画した他者像で顔にシールがついていない時のもの、録画した他者像で顔にシールがついている時のもの、この四つである。

　自発的な行動で安定した自己認知の証拠を見せたミズキに、このような条件

でテストをしてみた。まずは、顔に残ったシールのうちどのくらいを取ることができたのかを見てみよう。その結果が図 2–6 である。ミズキは、ライブの自己像、1 秒遅延、2 秒遅延、4 秒遅延の四つの条件では、高い割合でシールを取ることができた。しかし、録画した映像の場合には、それが自分だろうと他個体だろうと、シールを取る割合は低かった。1–4 秒前の自分の像を正しく自分だと認識し、かつ、録画した他者の場合とは区別して理解していると考えられる。

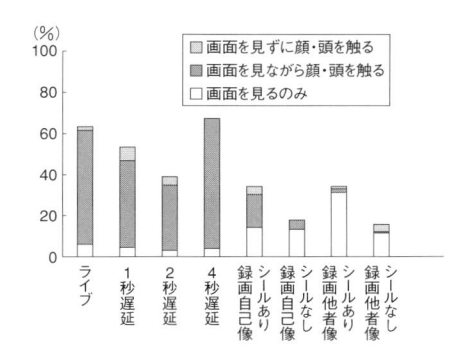

図 2–7 各条件でミズキが自分の顔と頭をさわった時間の割合

次に、どのくらい画面を見ていたか、そして、どのくらい画面を見ながらシールを取ろうとしたか、つまり画面を見ながら自分の頭と顔をさわっていたのかを分析してみた(図2–7)。これも、シールを取る割合と変わらない傾向だった。それが現在の状態を反映した自分の場合には、シールを取ろうとする。しかし、現在の自分と対応のない録画された映像の場合、そうした行動の頻度は低い。

一つ興味深いエピソードがあった。録画された自己像を提示する条件のとき、ミズキは舌を出して小刻みに左右に動かしたのである。自分の身体の動きと画面上の動きとの対応を能動的に確かめようとしたと考えられる。

以上の結果から、ミズキは少なくとも 4 秒程度の時間の「ずれ」があっても、自己を認知することができる。そして、現在の自己と関係のない過去の自己、何も関係のない他個体とは区別している。チンパンジーの自己認知は、「いま・ここ」という時間の枠組みに限ったことではないようだ。

5　自己認知の進化的理解に向けて

▶ 十人十色

　先述のとおり、京都大学霊長類研究所で行ったテレビモニタ映像の理解に関する研究では、10個体中8個体については、ほとんど反応を示さなかった。しかしながら、この研究で1度も反応を示さなかった個体のうち2個体は、過去に鏡像のテストにおいて自己認知の証拠を示している（松沢, 1991）。したがって、反応の欠如が、自己認知ができなかったことに起因するとは限らない。テスト時間が十分ではなかった、個体のモチベーションが低かったなど、いくつかの原因を推定することができる。たしかに、自己像を見ながら自分の体をさわることは、どうしても必要な行動ではない。

　林原類人猿研究センターのチンパンジーでも同様だった。自己の映像を見てもなにも反応がない個体がいる。特にジャンバである。ジャンバに対して、シールテストも行ってみた。しかし結果は同じだった。画面を見ながらシールを取ろうとする行動はまったく出現しない。確認のため、ジャンバが直接目で見ることができる位置にシールを貼ると、これは問題なく取ることができる。必ずしも自発的に進んで取るわけではないが、促されれば問題なく取る。しかし、顔にシールがある場合、鏡や画面を見ながらシールを取る行動がどうやっても見られない。鏡や画面に注目するように促して、そこに映ったシールつきの顔を指差しても、鏡や画面を直接さわるばかりで、自分の顔に向けた行動が出てこない。

　これはどういうことか。年齢の違いとは考えにくい。ジャンバは12歳である。自己認知ができて不思議はない。実際、同年代のロイ、年下のツバキやミズキは、ある程度の頻度で、自己認知の証拠となる行動が見られる。経験の違いでもない。ジャンバは、3歳以降、ロイ、ツバキやミズキとずっと一緒に、同じ環境で暮らしてきた。3歳以前は、別の場所で母親や兄弟と一緒に育った。したがって、社会的環境もまったく問題ではないだろう。普段の行動でもそうである。林原類人猿研究センターの運動場には、チンパンジーが自由に水を飲むことができる装置がつけてあり、この装置の部品にステンレスの板がある。

ステンレス板の表面はちょうど鏡のように反射する。ロイ、ツバキやミズキは、日常の場面で自発的にこの反射板を利用して、口の中をチェックしたりする行動を何度か行っている。ジャンバではそれをまったく見たことがない。

▶ 今後の展望

肯定的結果が出なかった時、その解釈は難しい。調べる方法が適切ではなかった可能性が常につきまとう。特に今回のようなテストの場合、シールを取らなかったとしても、その個体になにも損はない。そして、シールを取ったとしても、得はない。画面に映っているのが自分だと理解できなかったからシールを取らなかったのか、あるいは、理解はしていたけれど単にシールを取らなかっただけなのか、わからない。

105個体のチンパンジーを対象に広くチンパンジーの自己鏡像認知を調べた研究では、最も自己探索反応率が高かった思春期のチンパンジーでも、25％では肯定的な証拠が見られなかった (Povinelli *et al.*, 1993)。生育歴やモチベーションの問題があり、そしてテストでチンパンジーの能力をうまく引き出せていない可能性もあり、それを詳細に検討する必要がある。同時に、この研究を行った研究者たちは、チンパンジーの自己認知能力に多型がある可能性を指摘している。自己認知ができるチンパンジーとできないチンパンジーがいる、という可能性である。こうしたことを、他の研究者はまったく言及してこなかった。生後の経験や個体のパーソナリティによって反応が異なることは不思議ではないし、それを能力の差とするには早計であると考えるのは自然なことだろう。

それでもやはり、4秒遅延した映像に対しても自己認知の証拠を安定して見せる林原類人猿研究センターのミズキと、いくら実験を繰り返してもなにもしないジャンバの反応性の大きな違いを見た時、そしてそれが単純に年齢や生育歴では説明がつかない時、それぞれの個体がもっている能力が異なっているのかもしれないという思いを禁じえない。健常なヒトならみな、自己認知ができる。しかし、ヒトに最も近縁なチンパンジーでは自己認知の能力に大きな個体差があるのかもしれない。

視野を広げて、大型類人猿全体を眺めた時、同じような問題にぶつかる。冒頭に述べたように、ゴリラでは自己鏡像認知の証拠が非常に限られる。ほとん

どのゴリラで、肯定的結果が得られない。系統的に、ゴリラはオランウータンよりヒトに近く、チンパンジーよりヒトから遠い関係にあたる。オランウータンでも複数の個体で自己鏡像認知が確認されているので、自己認知は大型類人猿に共通の能力と考えるほうが妥当だろう。それではなぜゴリラでは証拠が極めて少ないのか。自己鏡像認知の証拠が得られたゴリラは、小さい頃からヒトに育てられ、ヒトの環境で暮らしていた。そこから、ゴリラでは自己認知能力が失われているが、特殊な環境で育った場合にのみそれが再び出現するのではないかと考える研究者もいる(Povinelli et al., 1993)。

鏡に映った自己を認知する能力は、野生の場面では直接は使われることのない能力だ。野生大型類人猿の暮らす森の中に、鏡はない。池や川などの水面に自分の顔が映ることはあるかもしれないが、すべての生息地にそうした環境があるわけではない。一生涯自分の顔を見ることなく過ごす大型類人猿はたくさんいるだろう。それなのになぜ、鏡やテレビモニタに映った自分の顔を自分だと認知する能力を備えているのか。

単純に「大型類人猿は自己認知ができる」と片づけてしまわずに、チンパンジーでも証拠となる行動が簡単に見られる個体とそうでない個体がおり、大型類人猿の中でも種によって傾向が異なることをさらに詳しく追究していけば、自己認知の進化的基盤を解明する手がかりが見つかるかもしれない。今後ぜひ解決したい課題である。

引用文献

Amsterdam, B. (1972). Mirror self-image reactions before age two. *Developmental Psychobiology*, **5**, 297–305.

Boysen, S. T., Bryan, K. M., & Shreyer, T. A. (1994). Shadows and mirrors: Alternative avenues to the development of self-recognition in chimpanzees. In S. T. Parker, R. W. Mitchell, M. L. Boccia (Eds.), *Self-awareness in Animals and Humans: Developmental Perspectives*. Cambridge University Press. pp. 227–240.

Cameron, P. A., & Gallup, G. G. (1988). Shadow self-recognition in human infants. *Infant Behavior & Development*, **11**, 465–471.

Eddy, T. J., Gallup, G. G., & Povinelli, D. J. (1996). Age difference in the ability of chimpanzees to distinguish mirror-images of self from video images of others. *Journal of Comparative Psychology*, **110**, 38–44.

Gallup, G. G. (1970). Chimpanzees: Self-recognition. *Science*, **167**, 86–87.

Heyes, C. (1994). Reflections on self-recognition in primates. *Animal Behaviour*, **47**, 909–919.

Hirata, S. (2007). A note on the responses of chimpanzees (*Pan troglodytes*) to live self-images on television monitors. *Behavioural Processes*, **75**, 85–90.

Inoue-Nakamura, N. (1997). Mirror self-recognition in non-human primates: A phylogenetic approach. *Japanese Psychological Research*, **39**, 266–275.

板倉昭二（1999）．自己の起源——比較認知科学からのアプローチ　金子書房．

Köhler, W. (1925). *The Mentalities of Apes*. Harcourt Brace.

Lewis, M., & Brooks-Gunn, J. (1979). *Social Cognition and the Acquisition of Self*. Plenum Press.

Lin, A. C., Bard, K. A., & Anderson, J. R. (1992). Development of self-recognition in chimpanzees (*Pan troglodytes*). *Journal of Comparative Psychology*, **106**, 120–127.

松沢哲郎（1991）．チンパンジーから見た世界　東京大学出版会．

Miyazaki, M., & Hiraki, K. (2006). Delayed intermodal contingency affects young children's recognition their current self. *Child Development*, **77**, 736–750.

明和政子（2006）．心が芽ばえるとき——コミュニケーションの誕生と進化　NTT出版．

中村徳子（2004）．赤ちゃんがヒトになるとき——ヒトとチンパンジーの比較発達心理学　昭和堂．

Parker, S. T., Mitchell, R. W., & Boccia, M. L. (1994). *Self-awareness in Animals and Humans: Developmental Perspectives*. Cambridge University Press.

Povinelli, D. J., Rulf, A. B., Landau, K. R., & Bierschwale, D. T. (1993). Self-recognition in chimpanzees (*Pan troglodytes*): Distribution, ontogeny, and patterns of emergence. *Journal of Comparative Psychology*, **107**, 347–372.

Priel, B., & de Schonen, S. (1986). Self-recognition: A study of a population without mirrors. *Journal of Experimental Child Psychology*, **41**, 237–250.

Savage-Rumbaugh, E. S. (1984). *Ape Language: From Conditioned Response to Symbol*. Columbia University Press.（小島哲也（訳）（1992）．チンパンジーの言語研究——シンボルの成立とコミュニケーション　ミネルヴァ書房．）

von Senden, M. (1960). *Space and Sight: The Perception of Space and Shape in the Congenitally Blind before and after Operation*. Trans. by A. H. Riessen, G. J. Arnock, & J. Z. Young, Free Press.

Swartz, K. B., & Evans, S. (1991). Not all chimpanzees (*Pan troglodytes*) show self-recognition. *Primates*, **32**, 483–496.

Ueno, A., Hirata, S. *et al.* (2008). Auditory ERPs to stimulus deviance in an awake chimpanzee (*Pan troglodytes*): Towards hominid cognitive neurosciences. *PLoS ONE*, **3**, e1442.

Ueno, A., & Matsuzawa, T. (2004). Food transfer between chimpanzee mothers and their infants. *Primates*, **45**, 231–239.

de Veer M. W., Gallup, G. G., Theall, L. A., van den Bos, R., & Povinelli, D. J. (2003). An 8-year longitudinal study of mirror self-recognition in chimpanzees (*Pan troglodytes*). *Neuropsychologia*, **41**, 229–234.

ナイサーの五つの自己 -- keyword 2

　一口に自己の理解と言っても、いろいろな現象があり、いろいろなレベルが考えられるだろう。アメリカの心理学者ナイサー（Neisser, 1988）は、様々な自己理解を、五つに分類して整理した。生態学的自己、対人的自己、概念的自己、時間的拡大自己、私的自己である。

　生態学的自己は、物理的環境の中で知覚される自己である。自分を取り囲む様々なモノの中で、自分の身体やその位置関係を把握することと言い換えてよいだろう。乳児期の早い段階から知覚される自己である。

　対人的自己は、他者との社会交渉の中で知覚される自己である。他者と感情を通じたりコミュニケーションをとったりする中で特定される。対人的自己も、乳児期の早い時期で成立すると考えられる。

　概念的自己は、社会文化的経験にもとづいて、概念的に理解する自己である。おおよそ2歳頃に現れる。

　時間的拡大自己は、経験の記憶や将来の予測など、過去と未来の時間軸が含まれる自己である。

　私的自己は、自分の経験は自分だけのものであり、他人のものとは違うということに幼児が気づいたときに成立する自己である。

　ナイサーも指摘しているとおり、自己に関する上記の五つの側面は、普段の生活の中で互いに切り離されたものとして経験するわけではない。すべてが同一の個人についてのことであり、五つの分類に含まれる要素は重なり合っている部分があるためである。しかし、自己についての理解を、それがどのような情報にもとづいた理解なのか、発達的にいつ頃から生じるものなのかといった視点で整理して検討するうえで、ナイサーの分類は有益だろう。［平田　聡］

Neisser, U. (1988). Five kinds of self-knowledge. *Philosophical Psychology*, **1**, 35–59.

第3章

自己像認知の発達——「いま・ここ」にいる私

宮﨑美智子・開 一夫

1 自己像認知と自己の理解

　われわれは鏡に映った自分の姿を自分だと簡単に認めることができる。鏡に映っている人物の顔が自分であることを単純に知っているだけではない。鏡を利用して髪を整えたり化粧をしたりすることができる。すなわち、われわれは鏡の自己像が「いま・ここ」の自分の状態を反映することがわかるのである（鏡像認知の障害については topic 5 参照）。

　自己像認知(self-recognition)は、限られた動物種にのみ観察される特殊な能力である。イヌに鏡を見せると、はじめのうちは攻撃を仕掛けるなど鏡の自己像を他個体とみなしているかのような行為が見られる。しばらく鏡を見せ続けると、イヌは鏡の自己像に興味を失ったり（熊倉, 1983）、忌避行動を示したりする(Zazzo, 1993)。ヒトも出生直後から自己像認知の兆候が見られるわけではない。鏡に映った自分の姿を自分だと認められるようになるまでには、生後約1年半～2年が必要とされるといわれている (Amsterdam, 1972; Lewis & Brooks-Gunn, 1979; 霊長類の自己像認知については第2章参照)。自己像認知が可能となるまでの間に、ヒトの乳幼児にはどのような認知的な変化が起こっているのだろうか。本章では、自己像認知の発達に関する最近の研究を紹介することを通じて、自己像認知の能力を支える認知的な背景を探究するとともに、「現在自己」の認知の発達メカニズムについて考察を試みる。

鏡像誤認　　　　　　　　　　　　　　　　　　　　　　　topic 5

　興味深いことに、鏡に映る自分を自分だと思えず「自分そっくりの他人」だと思い込んでしまう人たちが存在する (Breen *et al.*, 2001; Feinberg, 2001)。

神経科医のファインバーグは、著書『自我が揺らぐとき』の中で2人の患者を紹介している（Feinberg, 2001）。2人とも脳卒中・認知症によって脳機能の不全が認められた患者である。1人は60代の聴覚障害の女性である。彼女は、鏡に映る自分を自分そっくりの女性だと言った。その女性と自分は何から何までそっくりだが、彼女のほうがおしゃべりで自分ほど手話が上手ではなく、自分のまねばかりするという。もう1人は、結婚30年以上の身ぎれいな老婦人である。彼女は、鏡に映る自分を自分の夫を奪おうとするストーカーであると言い、鏡やショーウィンドウなどに自分の姿を認めるたびに罵声を浴びせ、飛びかかろうとした。

この患者たちが示す鏡像誤認（mirror self-misidentification）の最も興味深い点は、選択的に自分の鏡像だけが理解できない、という点である。患者たちは鏡に映る家族や他人の像は問題なく理解できたし、指示されれば鏡を見ながら髪をとかすこともできた。そして、全般的に人の顔の区別がつかなくなる相貌失認でもなかった。これらのことは、自己顔は親近性の高さによって認知されるのではなく、特有な脳機能の働きによって認知される可能性を示唆する。

ファインバーグによれば、鏡像誤認は自分の鏡像を対象としたカプグラ症候群の一種である。カプグラ症候群の患者は、自分に身近な対象に限ってそれを本物そっくりの偽物と妄想してしまう。具体的には、家族、恋人、親友などがいつのまにか瓜二つの替え玉に置き換わり、本物はどこか別のところにいると思い込んでしまう。

カプグラ症候群は統合失調症で見られることが多いが、認知症、脳腫瘍や頭部外傷などの器質性疾患でも見られる。認知症による自己鏡映像認知の崩壊過程や鏡像誤認の症例は熊倉(1983)に詳しい。[宮崎美智子]

▶ 乳幼児における自己鏡像認知のなりたち

ヒトの乳幼児がどのような過程を経て自己像を認知するようになるのか、鏡に対する反応の発達的変遷を概観する。鏡をあまり見たことのない乳児に鏡を見せたら、どのような反応を示すだろうか。乳児は鏡に興味を示すものの、自分が映っていると理解しているかのような反応は見せない（Amsterdam, 1972）。3–24ヶ月児の自己鏡映像に対する反応を詳細に観察したアムスターダムの報告によると、6–12ヶ月児の85％は鏡の自己像に対して笑いかける、ほおずりをするなど、まるで鏡映像を「他者」とみなすかのような社会行動を示した。鏡の自己像に対する反応の第一段階である。次の第二段階（およそ生後12–24ヶ月）では、鏡の後ろに回り込むなど鏡像の性質を確かめようとする行動が出現する。この行動は、6–17ヶ月児の間で観察され、12–14ヶ月児で最も多くの乳児(83％)が示した。同時期に鏡像の前から退く反応も出現し、生後20ヶ月以降では、75％が鏡像に対して困惑あるいは自己賞賛を示すようになる。鏡に対する反応の第二段階まではヒトもイヌも大きな差はないと言えるだろう。

違いが現れるのは次の第三段階である。第三段階（生後20–24ヶ月）では、自己指向行動 (self-directed behavior) を示すようになる。自己指向行動とは、自分では直接見ることのできない身体部位に対して鏡を介して働きかける行動である。冒頭で紹介した髪を整える・化粧をするなどの行動がそれにあたる。自己指向行動の表出は自己像と現実の自己との対応関係を理解し、「いま・ここ」の自分の反映だと理解している証拠である。自己指向行動の表出は自己像認知の成立を意味する。

アムステルダムが明らかにした鏡の自己像に対する行動の発達的変化は後続する多数の研究においても確認されており (Lewis & Brooks-Gunn, 1979; Zazzo, 1993; Bertenthal & Fischer, 1978; Butterworth, 1995)、ヒトは生後18–24ヶ月の間に自己像を認知することが明らかにされている。

▶ 自己像認知を調べる方法

自己指向行動の出現は自己像認知の成立を意味する重要な指標であるが、自己像認知を客観的に立証するテストにはなりにくい。自然観察場面で自己指向行動を見せなかったからといって、観察対象が自己像を認知できないと断定できないし、自己指向行動の定義や評定方法も研究者によって異なってしまうなどの問題が残されているからである。

これらの問題を首尾よく回避し、考案以来30年以上にわたって自己像認知の指標として用いられてきたのが、マークテストまたはルージュテストと呼ばれる手法である（keyword 1 参照）。マークテストはチンパンジーを対象として考案されたテストであるため、ヒトの乳幼児を対象とした研究の場合では、手続きは多少変更される。麻酔を使ってマークをつける代わりに、ハンカチで顔をぬぐうふりをして口紅を使って顔にマークをつけたり (Lewis & Brooks-Gunn, 1979)、ゲームが上手にできたことをほめ、頭をなでるふりをしながらシールを貼り付ける (Povinelli et al., 1996; Povinelli & Simon, 1998; Suddendorf, 1999; Nielsen et al., 2003; Nielsen & Dissanayake, 2004; Miyazaki & Hiraki, 2006) など、子どもに気づかれないようにマークをつける工夫がなされる。シールを用いる場合は、貼りつけ後に一定時間の観察期間を設けることによって、シールの接触感がないことや、頭をさわる癖などでシールに気づいてしまわないか、などを確

認する。

　マークテスト以外にもヒトを対象とした実験では自己像認知の指標がいくつか存在している。たとえば、自己像が自分であると言語を用いて同定させる(Bertenthal & Fischer, 1978; Bigelow, 1981)、写真の中から自分を指差しさせる(Bigelow, 1981)、対呈示された自己／他者の写真や動画に対する選好をテストする(選好注視法：Papousek & Papousek, 1974; Bahrick & Moss, 1996; Rochat & Morgan, 1995)、鏡を介して自分の後ろで動くおもちゃや光を認知させ、後ろを振り向かせる(Bertenthal & Fischer, 1978; Vyt, 2001; Zazzo, 1993)など、これまでの研究では様々な指標が用いられてきた。

　いずれの指標も自己像認知をテストしようと考案されたが、自己像を「いま・ここ」の自分の反映として理解しているかをテストするには、マークテストが最も都合がよい。言語を用いて同定させる手法では、テストの達成率は子どもの言語能力に依存してしまう。写真を用いる手法では、「いま」という時間的な視点を考慮することができない。選好注視法では、乳児が自己／他者像を「区別」するかは明らかにできるが、自分であることを理解しているかどうかまで明らかにならない。振り返りを指標とする手法は、音やおもちゃの気配を消して刺激を呈示するのが容易ではない。マークテストは言語を使用せず「いま」という時間的な視点を考慮して自己像認知をテストできる。

2　子どもは時間遅れの自己映像をどう理解するか

▶「いま・ここ」の自分

　マークテストが時間的な視点を考慮した自己像認知の指標であることを利用して行われた興味深い研究がある。ポヴィネリらは2–4歳の幼児を対象にマークテストを行い、過去の自己像が現在の自分と時間的な連続性をもつことを理解できるかどうかを検討した(Povinelli *et al.*, 1996)。彼らはまず、子どもの頭にこっそりとシールを貼り、その様子をビデオカメラで撮影した。およそ3分後にシールが貼られている映像を呈示し、こっそりと貼られたシールを取り除けるかをテストした。その結果、2歳児では誰もシールを取ろうとせず、3歳児でも25%しかシールを取ろうとしなかった。一方、4歳児では75%がシール

を取ろうとした。

　マークテストを達成できるはずの 3 歳児が 3 分前の映像を用いたマークテストに失敗する理由を、ポヴィネリ (Povinelli, 1995) は自己概念に関する二つのシステムの発達過程によって説明しようとした。ポヴィネリによれば、鏡の自己像認知が獲得される 18–24 ヶ月児は「現在自己 (present self)」と呼ばれる自己概念のシステムを獲得する。現在自己は、いま・ここに制限されたシステムであるため、この時期の幼児は自分の過去に関する表象を現在の自分に関する表象と関連づけることができない。そのため、先述した実験では過去に録画された映像が現在の自分と連続性をもつことが理解できなかったというのである。ポヴィネリは 4 歳を過ぎる頃、次の自己概念のシステム、「固有自己 (proper self)」が獲得されると主張する。この段階で初めて自己に関する複数の表象を同時に保持できるようになり、幼児は自分の体験した記憶を時間軸に沿って位置づけることが可能となる。4 歳を過ぎて初めて過去の自分・現在の自分・未来の自分についての出来事を時間軸に沿って区別するようになるため、固有自己を獲得していない 3 歳では 3 分前の自己映像を見せられてもシールを取ろうとしなかったのだと説明した。

　ポヴィネリの自己概念システムによる説明は、3 歳児が「3 分前の」過去の自己映像を現在の自分に関連づけられないことを説明するためには妥当であろう。しかし、自己概念システムの発達による説明だけで過去の自己映像と現在の自己に関する理解のすべてが説明できるわけではない。過去の自己映像と現在の自己との時間的「ずれ」の長さによっては、自己概念システム以外の認知的能力が過去の自己映像と現在の自己との関係理解に関与する可能性がある。

　自己像の時間的な「ずれ」が非常に小さい場合はどうだろうか。われわれは自分でも気づかないうちに自己像が自分の思い通りになる存在であることを確かめて「いま・ここ」の自分だという判断を下している。視覚的な情報と自分の動きに関する感覚 (自己受容感覚: keyword 3 参照) とを照合して、両者の間に随伴関係 (contingent relationship) を認めた上で自分が映っていると判断する。ここでいう随伴関係とは自分の一連の動作が自己像上に反映されつづける状態である。自分の過去の映像でも現在の自分との時間的なずれが小さければ、過去の映像と現在の自分の間に随伴関係を認め「いま」の自分と解釈するかもしれな

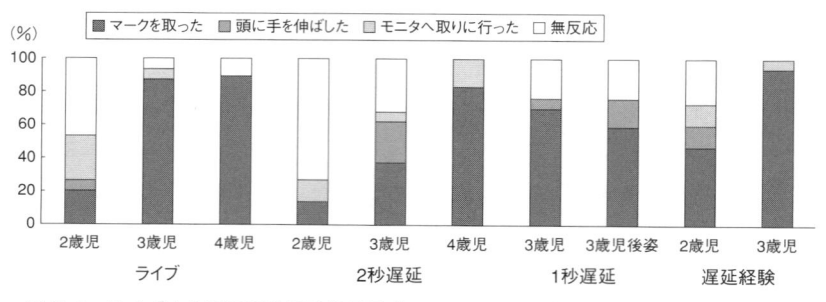

図 3–1 ライブまたは遅延自己映像呈示時のマークへの反応（Miyazaki & Hiraki, 2006）

い。ポヴィネリは自己概念のシステムを提案する際、「いま」の範囲に入る「過去」が存在する可能性について言及をしていない。

主観的に「いま」の自分と解釈される範囲(time-window)は存在するのか、その範囲の性質はどのようなものであるかを検討するために、われわれは自己像にわずかな時間的「ずれ」を挿入することによって、自己受容感覚に対する映像フィードバックがわずかに遅延した自己像を幼児がどのように理解するのかを調べた(Miyazaki & Hiraki, 2006)。

▶ 2 秒遅れの自分

まず2秒遅れの自己映像に対する理解が調べられた(Miyazaki & Hiraki, 2006)。映像と自己の間に時間的「ずれ」を挿入するために特殊な映像遅延装置が用いられた。対象となったのは 2–4 歳の幼児、およそ 100 名で、年齢ごとに 2 秒遅延の自己映像を呈示されるグループとライブの自己映像を呈示されるグループとに振り分けられた。子どもが実験者とゲームをして遊んでいる間に、前髪の上にこっそりシールが貼り付けられた。しばらくの間遊んでシールに気づいていないことが確認された後、ライブあるいは 2 秒遅れの自己映像が呈示された。実験の結果、3 歳児グループ間に映像条件による興味深い差が見られた(図 3–1)。ライブ自己映像呈示条件では 84％ の被験児がシールを取ったのに対し、2 秒遅延自己映像呈示条件では 38％ しかシールを取らなかったのである。2 歳児では、どちらの条件でも 20％ 未満しかシールを取らなかったが、4 歳児では、どちらの条件でも 80％ 以上がシールを取った。

3歳児のグループにおける2秒遅延条件の結果が示唆するのは、自己映像を「いま・ここ」の自分の反映とみなすには、自分の動きに関する感覚（自己受容感覚）と視覚的な情報との照合と、両感覚間に随伴関係を認める必要があるということである。ある男児（3歳児・2秒遅延条件）は随伴関係の検出という点で大変興味深い反応を示した。男児は遅延映像呈示直後、自己映像に対し自発的に自分であると言明した（「あ、○○（自分の名前）だ！」）。しかし、途中から表情が険しくなり、顔をゆがめたり手を上げたりするなどの随伴性探索行動（explorative behavior）を示した。これらの行動は映像の遅延に気づいた証拠であると考えられる。そして自己像認知に動揺を示す発言をしたのである（「あれ、おともだちかな？」）。この発言は、自己受容感覚と視覚フィードバックの時間的なずれが自己像認知に影響を及ぼしたことを示唆している。

▶ 1秒遅れの自分

3歳児は、自己受容感覚と視覚フィードバック間に2秒間のずれがあると、両者の随伴関係を検出するのが困難であった。では、時間的遅延をさらに短くした場合はどうだろうか。この点を検討するために、1秒遅延の自己映像を用いてマークテストが行われた（Miyazaki & Hiraki, 2006）。対象となったのは3歳児17名であった。実験の結果、71％がマークを取った（図3–1）。2秒遅延条件の達成率（38％）と比較すると、かなり優れた結果である。

ライブ・1秒遅延では多くの子どもがシールを取るが、2秒遅延のときは取らない。この違いはどこにあるのだろうか。シールを取る前に子どもたちが自己映像に対して見せた反応を詳しく分析すると、1秒遅延のときは、ライブや2秒遅延のときにくらべて、自己受容感覚と視覚フィードバック間の随伴関係を確かめようとする随伴性探索行動を示した被験児の割合が有意に高かった（2秒遅延：38％、1秒遅延：82％、ライブ：44％）。

これらの結果は、自己受容感覚と映像フィードバック間の随伴関係の検出が自己映像認知に貢献すること、3歳児は1秒遅延映像であれば随伴性探索行動を通じてその随伴関係を検出できることを示唆する。

▶ 外見の情報の影響

視覚─自己受容感覚間の随伴関係を検出できたからこそ、3歳児は1秒遅延映像のマークテストにパスできた。この知見をさらに明確なものにするためには、自己映像の外見の影響について検討しておく必要がある。なぜなら、1秒遅延条件でマークテストにパスした子どもたちの中には、随伴関係の検出に関係なく映像に映る自分の顔や洋服といった外見の視覚情報のみを現実の自分にマッチングさせてテストにパスできた者がいる可能性もあるからだ。そこで次の実験では、マークテストの達成における視覚情報のマッチングの効果を検討した(Miyazaki & Hiraki, 2006)。具体的には、子どもの着ている洋服が見えないようにマントをつけさせた。さらに自分の顔の視覚的な特徴も利用できないよう、後頭部にマークが貼り付けられ、後ろ姿の1秒遅延映像を用いてマークテストが行われた。対象となったのは3歳児17名である。実験の結果、自分の顔が映らなくても59%の3歳児がマークを取った(図3–1)。映像に対する随伴性探索行動も82%に観察された。この結果は外見の情報を統制していない実験の結果とほぼ同等であった。

この結果から、随伴性探索行動を通じて自己と1秒遅延映像フィードバック間の随伴関係を検出できたからこそ、3歳児はマークテストにパスできたことが示唆された。

3 自己映像認知の手がかり

▶ 時間遅れの随伴関係を学習させる

自己映像に時間的「ずれ」を挿入するとマークテストの成績に影響が及ぶ。では、自己受容感覚と遅延映像フィードバック間の時間的「ずれ」を事前に体験させた場合、幼児は遅延自己映像を用いたマークテストにパスできるだろうか。次の実験では、遅延の挿入された随伴関係検出の学習効果が検討された(Miyazaki & Hiraki, 2006)。約1分間、2秒遅延映像を経験させた後にマークテストが行われた。対象となったのは、31名の2、3歳児である。単に2秒遅延の自己像を呈示するだけでは、遅延の挿入された随伴関係を経験させることにはならないので、実験者のリードに従って2秒遅れの自己映像を参照しながら

手遊びをしてもらった。その後、一度テレビモニタの電源を切り、前の実験同様にマークテストを行った。その結果を前の実験における 2 秒遅延条件の 2、3 歳児グループの結果と比較したところ、どちらの年齢グループにおいてもマークテストの達成率は向上し、特に 3 歳児グループにおいては有意な促進効果がみられた（2 歳児 13% → 47%、3 歳児 38% → 94%：図 3–1）。

　これらの結果は、自己受容感覚と遅延視覚フィードバック間の随伴関係の検出を幼児がわずかな間に学習できることを示唆する。また、この時間遅れの随伴関係を学習させる実験の結果は、先の 2 秒遅延実験の結果についても重要な示唆を与える。3 歳児が 2 秒遅延の自己映像を呈示されてシールを取らなかったという結果は、2 秒遅延自己映像が「いま」の自分ではないという理解に導かれたとも、2 秒遅れの映像を見ながらシールにさわる視覚運動制御の困難さによって導かれたとも解釈可能である。この学習実験で比較的短時間の学習によってシールを取るようになったという結果は、事前に経験した自己映像に対する「いま」の自分という理解が視覚運動制御の困難さを上回ったことを示唆するのではないか。視覚運動制御そのものが経験フェーズで上達した可能性を完全に否定するわけではないため、さらなる検討が必要である。

▶「現在自己」の認知における 2 秒と 1 秒の差

　時間的な「ずれ」を挿入する実験の一連の結果から導かれる興味深い問いは、3 歳児にとって、2 秒の遅延だと随伴関係の検出が困難で 1 秒の遅延だと検出が容易だったのはなぜか、というものである。2 秒遅延条件において 3 歳児の達成率が低かったのは、もちろん 2 秒という遅延が 3 歳児に理解可能な「いま」の範囲の「限界」を越えていたからではない。学習実験で示されたように、短時間の経験を積めば 3 歳児は 2 秒遅延条件においても高い達成率を示す。第 1 章で紹介されたハトの実験や第 2 章で紹介されたチンパンジーの実験で示されたように、おそらく 4–5 秒の遅延が挿入された場合でも、随伴関係の探索を経て比較的短時間のうちに、彼らは遅延自己映像を「いま」の自分と理解することが可能である。むしろ、時間的に連続した自分を意識し始める 3 歳児であるからこそ、「いま」の自分の映像が 2 秒も遅延するはずがないと解釈した結果、2 秒遅延条件でのマークテスト達成率が低くなったのではないか。

1秒遅延条件で随伴関係の検出が容易だったのはなぜかという問いに関連した興味深い知見がある。乳児は自分の働きかけに応答的な他者に敏感である。たとえば、生後 2–3 ヶ月の乳児は、自分の発声や表情の変化に対して母親が応答的であるかどうかを区別できるだけでなく(Murray & Trevarthen, 1985; Nadel et al., 1999)、まるで母親と会話するかのようなやりとり(原始的会話：protoconversation)を交わすことさえ可能である。発達初期のコミュニケーションにおける母子間のやりとりでは、互いの発声や表情をまねしあうことが特徴的に観察され(Gergely & Watson, 1996)、母親・乳児のそれぞれの働きかけに対する返答の多くは 1 秒以内におさまる(Keller et al., 1999)。すなわち乳児は、発達初期から、自分の働きかけがわずかに「遅れて」母親に再現される経験を積んでいる。1 秒遅延自己映像に対する感応性の高さは乳児期から育まれていたのかもしれない。

4 自己像の種類とその理解

▶ 鏡とモニタ上のライブ映像

最初に紹介した 2 秒遅延の実験では、もう一つ興味深い結果が得られている。2 歳児のグループについて、自己映像がライブであるか 2 秒遅延であるかにかかわらず、シールを取った被験児がほとんどいなかったという結果である(図 3–1)。鏡であれば多くの幼児が 2 歳までにマークテストにパスできる。同じライブの自己像でも、鏡とテレビモニタとではマークテストの成績が異なるという結果は、時間的同時性以外にも幼児の自己像認知に影響を与える要因が存在することを示唆する。自己受容感覚と視覚フィードバック間の随伴関係検出は自己像のどのような属性に導かれるのだろうか。

鏡とモニタ上のライブ映像とでマークテストの成績が異なることは別のグループの実験でも確かめられている(Suddendorf et al., 2007)。サドンドルフらは 24 ヶ月児を鏡グループとモニタグループに振り分け、マークテストを行った。実験の結果、鏡グループでは 90% がマークテストにパスしたが、モニタグループでは 35% しかパスしなかった。彼らはマークテスト達成率の差を導く要因について、自己像とのアイコンタクトの有無(Papousek & Papousek, 1974)、自己

像の空間的属性の違い（Povinelli *et al.*, 1996）に着眼した検討を試み、いずれの要因もマークテスト達成率の相違を説明しないと主張した。自己像とのアイコンタクトとは、自己像の目を見た時に自己像と目があうことを意味する。鏡の場合は目があうのが普通だが、一般的にビデオカメラを介してモニタに自己像を呈示する場合は目があわないことが多い。自己像が呈示されるモニタ上にカメラが据えられないため、モニタに呈示される目の向きがカメラの位置に応じてずれるからである。一方、自己像の空間的属性の違いとは、子どもからの「見え」に関して鏡とモニタの自己像では左右の関係が逆になることを意味する。

しかし、サドンドルフらによる検討（Suddendorf *et al.*, 2007）には不十分な点が多い。彼らはアイコンタクトの効果を検討するために、子どもから直接見ることのできない足の一部にシールをこっそりと貼り、足のライブ映像を用いたマークテストを行い、顔と足とでその達成率に変化がなかったことから、アイコンタクトは自己像認知に貢献しないと主張した。しかし、このような主張を支持するには、少なくともアイコンタクトの取れない鏡、あるいはアイコンタクトが取れるライブ映像の場合でも、マークテストのパフォーマンスが影響を受けないことを示す必要がある。

また、もう一つの着眼要因である自己像の空間的属性の違いについての検討にも不十分な点がある。空間的属性の違いの影響を検討するため、サドンドルフらは鏡条件と左右を入れ替えたモニタ条件のマークテストの達成率を比較した（Suddendorf *et al.*, 2007）。映像の左右を入れ替えてもマークテスト達成の促進効果が見られなかったことから、映像の左右の入れ替えは自己像認知に貢献しないとサドンドルフらは主張した。しかし、鏡とモニタ上のライブ映像の直接比較は、鏡とモニタ上に映された自己像に対する経験の差や像の見え方の違いなど多くの要因が相互に関与する可能性を否定できない。自己像の空間的属性の違いが自己像認知に関与しないと主張するには、少なくとも自己像呈示機材を鏡あるいはモニタのいずれかにそろえた上で、映像の空間的属性のみを操作してもマークテストの達成率に影響を及ぼさないことを示す必要がある。

▶ アイコンタクトの有無

上記で示した先行研究の問題点を改善し、自己像とのアイコンタクトおよび

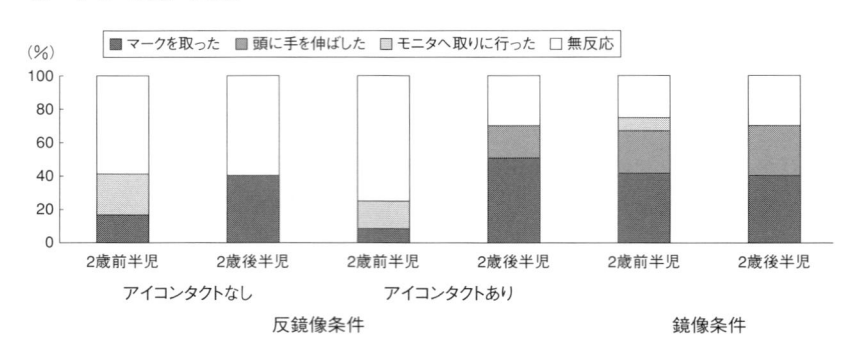

図3-2 空間的一貫性を操作した自己映像呈示時のマークへの反応 (Miyazaki & Hiraki, 2007)

 自己像の空間的属性の違いがマークテストの達成に影響を及ぼすのかどうかを検討するため、われわれは次のような実験を行った (Miyazaki & Hiraki, 2007)。
 まず、自己像とのアイコンタクトの有無がマークテストの達成に影響するかどうかを検討するための装置を作成した。斜め45度に設置したハーフミラーの裏側から子どもを撮影すると同時に、ハーフミラーの表側にモニタの映像を映すことで、擬似的に自己映像とのアイコンタクトを可能にしたのである。
 2歳児44名を対象としてマークテストを行った。子どもたちは月齢（2歳前半／後半）とアイコンタクトの有無によって四つのグループに振り分けられた。実験の結果、アイコンタクトによるマークテスト達成の促進効果はみられず、月齢による差のみが有意となった（図3-2）。この結果はサドンドルフらの研究を支持し、モニタ条件のマークテスト達成率の低さはアイコンタクトの有無で説明できないことが示唆された。
 アイコンタクトの有無がマークテストの達成に影響を及ぼさないという結論は、他の実験結果からも導かれる。たとえば、第3節「外見の情報の影響」の項で紹介した実験は、前から撮影した自己映像と後ろから撮影した自己映像に対する理解の差を検討していたが、この実験は同時にアイコンタクトの取れる条件（前からの自己映像）とアイコンタクトの取れない条件（後ろ姿の自己映像）における理解の差を検討していたとも考えられる。図3-1に示されるとおり、自己映像が前から撮影されていても後ろから撮影されていてもマークテストの達成率に有意な差はなかった。この実験もアイコンタクトの有無がマークテストの

▶「鏡映し」へのバイアス

次に映像の空間的属性の違いがマークテストの達成に影響を及ぼすかどうかを検討するため、子どもからの「見え」を鏡像に近づけたライブ映像を用いて22名の2歳児を対象にマークテストを行い（鏡像条件）、左右が逆の反鏡像条件の結果と比較した（Miyazaki & Hiraki, 2007）。2歳後半児では促進効果は見られなかったが、2歳前半児では反鏡像条件より鏡像条件で有意にパフォーマンスが向上した（反鏡像条件8％、鏡像条件42％：図3–2）。この結果は先行研究の結果を支持せず、自己像の鏡像的な映り方が2歳前半児における自己受容感覚と視覚フィードバック間の随伴関係の検出を容易にしたことを示唆する。

では、なぜ鏡映しの映り方のほうが随伴関係の検出が容易だったのか。この問いについて関連する知見を概観する。

3歳以上の子どもを対象とした研究では、対面する他者身体部位の自己身体への対応づけが鏡映しに行われやすいことが知られている（Bekkering *et al.*, 2000; Gleissner *et al.*, 2000）。実際に対面する相手の動作を模倣させると、10歳までの子どもは相手の身体部位を解剖学的に対応づけるのではなく、鏡映しに対応づけて模倣する（鏡像模倣）傾向を示す（Wapner & Cirillo, 1968; 他者身体像のマッピングについては第5章参照）。

乳児を対象とした研究においても3ヶ月児がすでに自己映像の空間的属性に敏感であることが見出されている（Rochat & Morgan, 1995）。ロシャらはモニタ画面上に別々の視点からの自己映像を対呈示することにより、乳児からの「見え」を系統的に操作した。対呈示された自己映像の組み合わせは、① 自己 vs. 対面者からの見え、② 自己 vs. 左右を反転した自己からの見え、③ 自己 vs. 左右を反転した対面者からの見え（鏡映し）であった。このような映像を用いて生後3ヶ月と5ヶ月の乳児が異なる視点の自己映像を区別できるかどうかが検討された。実験の結果、①と②の組み合わせでは3ヶ月児と5ヶ月児どちらのグループにおいても一貫して自己からの見えではない映像に選好を示した。③の組み合わせでは有意な選好の差が見られなかった。

これらの結果を整理すると、生後3ヶ月の乳児でも自己からの見えとそうで

ない視点からの自己映像は区別するが、自己からの見えとその鏡映しの映像は区別しないこととなる。視覚─自己受容感覚間の随伴関係の検出という観点から考えると、自己からの見えとその鏡映しの映像については、随伴関係検出の難しさに差がなく、いずれの映像の随伴関係も容易に検出できたと考えられる。鏡を見る経験が浅い生後3ヶ月児において鏡映しの映像に対する高い感応性が見られたことは、視覚─自己受容感覚間の随伴関係検出において、生得的とも考えられる「鏡映し」へのバイアスが働く可能性を示唆する。自己の身体部位を「鏡映し」に対応づけるバイアスが、視覚フィードバックと自己受容感覚の照合を容易にさせ、鏡像条件におけるマークテストの達成率を向上させたのだろう。

▶「現在自己」の発達メカニズムの解明に向けて

われわれの行った一連の実験結果から、自己像に対する理解は自己受容感覚と視覚フィードバック間の随伴関係検出が容易かどうかに影響を受けることが示唆された。時間的ずれを挿入する、映像の左右を入れ替えるといった要因を操作することによって自己像の理解に影響が及んだことは、自己像認知の能力が、単なる自分の相貌に関する知識や鏡・モニタ上のライブ映像の性質の理解とはある程度独立した、視覚─自己受容感覚間の随伴関係の検出に支えられていると考えられる。

また、マークテストの手法を用いる限りでは、自己像認知の発現は生後1年半から2年の間であるが、自己像認知に貢献する視覚─自己受容感覚間の随伴関係を検出する能力は、発達のかなり早い時期から備わることが近年明らかになっている。乳児は生後5ヶ月であらかじめ録画された自己映像とライブの自己映像を区別でき（Bahrick & Watson, 1985）、7ヶ月で2秒遅延した自己映像とあらかじめ録画された自己映像を区別できる（Hiraki *et al.*, 2004）。

乳児を対象とした研究結果は、マークテストを達成する以前の乳児が視覚─自己受容感覚の随伴的な関係に敏感であり、「いま」の自己認知がより早期に成立する可能性を示唆している。しかし、いずれの研究も注視時間が指標とされているため、乳児が随伴的な自己映像を明確にいまの「自分」の反映と理解できるかどうかは明らかにされていない。

そこで注目されるのが、発達認知神経科学によるアプローチである。発達認知神経科学は、脳波*(EEG)・事象関連電位*(ERP)・近赤外分光装置(NIRS)など、非侵襲の脳機能イメージング手法を乳児から成人にまで適用し、一貫した指標を用いて様々な認知機能(知覚・言語・注意・思考・記憶・情動など)の発達メカニズムを明らかにしようとする。従来の発達研究では、乳幼児の認知・運動発達に即して指標を変える必要があったため、問題とする認知機能について一貫した指標を適用するのが困難であった。たとえば自己像認知の発達でも、生後1年までは注視時間を指標として乳児の興味の対象が同定できるが、生後1年をすぎると興味の表現方法が多様化してくるため、注視時間を指標とするのが難しくなり、別の指標を使用せざるを得なくなる。発達認知神経科学では、乳児から成人まで共通の指標を用いて対象とする認知機能を検討できる。すなわち、乳幼児の認知・運動発達に即して指標を変えることなく、認知機能の発達的変化を解明できる。成人を対象とした研究において自己身体認識における感覚間の時間的整合性を検知する脳活動部位がすでに明らかにされている (Shimada et al., 2005; 詳しくは第4章参照)。この知見を乳幼児の研究に生かすことによって、「現在自己」認知の発達メカニズムの解明に迫りたい。

引用文献

Amsterdam, B. (1972). Mirror self-image reactions before age two. *Developmental Psychobiology*, **5**, 297–305.

Bahrick, L., & Moss, L. (1996). Development of visual self-recognition in infancy. *Ecological Psychology*, **8**(**3**), 189–208.

Bahrick, L., & Watson, J. (1985). Detection of intermodal proprioceptive-visual contingency as a potential basis of self-perception in infancy. *Developmental Psychology*, **21**(**6**), 963–973.

Bekkering, H., Wohlschlager, A., & Gattis, M. (2000). Imitation of gestures in children is goal-directed. *Quarter Journal of Experimental Psychology, A*, **53**, 153–164.

Bertenthal, B., & Fischer, K. (1978). Development of self-recognition in the infant. *Developmental Psychology*, **14**, 44–50.

Bigelow, A. (1981). The correspondence between self and image movement as a cue to self-recognition for young children. *Journal of Genetic Psychology*, **139**, 11–26.

Botvinick, M., & Cohen, J. (1998). Rubber hands 'feel' touch that eyes see. *Nature*, **391**, 756.

Breen, N., Caine, D., & Coltheart, M. (2001). Mirrored-self Misidentification: Two Cases of Focal Onset Dementia. *Neurocase*, **7**, 239–254.

Butterworth, G. (1995). Self as an object of consciousness. In P. Rochat (Ed.), *The Self in*

Infancy. Elsevier. pp. 35–51.
Feinberg, T. E. (2001). *Altered Egos: How the Brain Creates the Self*. Oxford University Press.（吉田利子（訳）(2002)．自我が揺らぐとき　岩波書店．）
Gallup, G. G. (1970). Chimpanzees: Self-recognition. *Science*, **167**, 86–87.
Gallup, G. G., McClure, M., Hill, S., & Bundy, R. (1971). Capacity for self-recognition in differentially reared chimpanzees. *Psychological Record*, **21**, 69–74.
Gergely, G., & Watson, J. S. (1996). The social biofeedback theory of parental affect-mirroring: The development of emotional self-awareness and self-control in infancy. *International Journal of Psycho-Analysis*, **77**, 1181–1212.
Gleissner, B., Meltzoff, A., & Bekkering, H. (2000). Children's coding of human action: Cognitive factors influencing imitation in 3-year-olds. *Developmental Science*, **3(4)**, 405–414.
Hill, S., Bundy, R., Gallup, G., & McClure, M. (1970). Responsiveness of young nursery reared chimpanzees to mirrors. *Proceedings Louisiana Acad. Sci.*, **33**, 77–82.
Hiraki, K., Shimada, S., Shinohara, M., & Dan, N. (2004). Detection of temporal contingency during infancy. Proceedings of the 14th international conference on infant studies.
Keller, H., Lohaus, A., Völker, S., Cappenberg, M., & Chasiotis, A. (1999). Temporal contingency as an independent component of parenting behavior. *Child Development*, **70(2)**, 474–485.
熊倉徹雄（1983）．鏡の中の自己　海鳴社
Lewis, M., & Brooks-Gunn, J. (1979). *Social Cognition and the Acquisition of Self*. Plenum Press.
Miyazaki, M., & Hiraki, K. (2006). Delayed intermodal contingency affects young children's recognition their current self. *Child Development*, **77**, 736–750.
Miyazaki, M., & Hiraki, K. (2007). Video self-recognition in 2-year-olds: Detection of spatiotemporal contingency. In S. Watanabe, T. Tsujii, & J. Keenan (Eds.), *Comparative Social Cognition*. Keio University Press. pp. 209–223.
Murray, L., & Trevarthen, C. (1985). Emotional regulation of interactions between two-month-olds and their mothers. In T. M. Field, & N. A. Fox. (Ed.), *Social Perception in Infants*. Ablex. pp. 177–197.
Nadel, J., Carchon, I., Kervella, C., Marcelli, D., & Réserbat-Plantey, D. (1999). Expectancies for social contingency in 2-month-olds. *Developmental Science*, **2(2)**, 164–173.
Nielsen, M., Dissanayake, C., & Kashima, Y. (2003). A longitudinal investigation of self-other discrimination and the emergence of mirror self-recognition. *Infant Behavior & Development*, **26**, 213–226.
Nielsen, M., & Dissanayake, C. (2004). Pretend play, mirror self-recognition and imitation: A longitudinal investigation through the second year. *Infant Behavior & Development*, **27**, 342–365.
Papousek, H., & Papousek, M. (1974). Mirror image and self-recognition in young human infants. I: A method of experimental analysis. *Developmental Psychobiology*, **7**, 149–157.
Povinelli, D. (1995). The unduplicated self. In P. Rochat (Ed.), *The Self in Infancy*. Theory and Research.
Povinelli, D., Landau, K., & Perilloux, H. (1996). Self-recognition in young children using delayed versus live feedback: Evidence of a developmental asynchrony. *Child Development*, **67**, 1540–1554.

Povinelli, D., & Simon, B. (1998). Young children's understanding of briefly versus extremely delayed images of the self: Emergence of the autobiographical stance. *Developmental Psychology*, **34**, 188–194.

Reddy, V., Chisholm, V., Forrester, D., Conforti, M., & Maniatopoulou, D. (2007). Facing the perfect contingency: Interactions with the self at 2 and 3 months. *Infant Behavior Development*, **30**, 195–212.

Rochat, P., & Morgan, R. (1995). Spatial determinants in the perception of self-produced leg movements by 3- to 5- month-old infants. *Developmental Psychology*, **31**, 626–636.

Rochat, P., & Striano, T. (2002). Who's in the mirror?: Self-other discrimination in specular images by four- and nine-month-old infants. *Child Development*, **73**, 35–46.

Schmuckler, M. (1996). Visual-proprioceptive intermodal perception in infancy. *Infant Behavior & Development*, **19**(2), 221–232.

Schmuckler, M., & Fairhall, J. (2001). Visual-proprioceptive intermodal perception using point light displays. *Child Development*, **72**, 949–962.

Schmuckler, M., & Jewell, D. (2007). Infants' visual-proprioceptive intermodal perception with imperfect contingency information. *Developmental Psychobiology*, **49**, 387–398.

Shimada, S., Hiraki, K., & Oda, I. (2005). The parietal role in the sense of self-ownership with temporal discrepancy between visual and proprioceptive feedbacks. *Neuroimage*, **24**, 1225–1232.

Suddendorf, T. (1999). Children's understanding of the relation between delayed video representation and current reality: A test for self-awareness? *Journal of Experimental Child Psychology*, **72**, 157–176.

Suddendorf, T., Simcock, G., & Nielsen, M. (2007). Visual self-recognition in mirrors and live videos: Evidence for a developmental asynchrony. *Cognitive Development*, **22**, 185–196.

Vyt, A. (2001). Processes of visual self-recognition in infants: Experimental induction of 'Mirror' experienve via video self-image presentation. *Infant & Child Development*, **10**, 173–187.

Wapner, S., & Cirillo, L. (1968). Imitation of a model's hand movements: Age changes in transposition of left-right relations. *Child Development*, **39**, 887–894.

Zazzo, R. (1993). *Reflets de Miroir et Autres Doubles*. P.U.F.(加藤信義(訳)(1999). 鏡の心理学　ミネルヴァ書房.)

自己受容感覚 -- keyword 3

　自己受容感覚とは、身体各部の位置関係や運動方向を知る体性感覚の一種である。自分の身体が今どちらを向いているか、動かしている手足がどこにあって、どちらに向かおうとしているのか、われわれは視覚によらずに筋・腱・関節などにある自己受容器から感じることができる。それを可能にしているのが自己受容感覚である。たとえば、自動販売機の下に落ちてしまったコインを手探りで探すような状況を思い浮かべると理解しやすいだろう。いま自分の手がどのあたりに伸びているのか、あとどれくらい伸ばせばコインに届くのか、われわれは直接手を見なくても感じ取ることができる。自己受容感覚（proprioception）は、固有感覚・固有受容覚・運動感覚・深部感覚とも訳される。イギリスの神経科学者シェリントンによって初めて造られた語である（Sherrington, 1947）。

　自己受容感覚に障害をもつと、自分の身体が「なくなってしまった」かのような感覚に襲われる。自己受容感覚は他の感覚との相互作用によって、身体保持感（keyword 4 参照）や運動主体感（keyword 5 参照）など、自己身体のアイデンティティに関する認知に貢献するからである（詳しくは、第4・5章参照）。自己受容感覚のみに障害を示した症例については、サックスの著作（Sacks, 1985）に詳しい。**[宮﨑美智子]**

Sherrington, C. S.（1947）. *The Integrative Action of the Nervous System*. Yale University Press.
Sacks, O.（1985）. *The Man Who Mistook His Wife for a Hat and Other Clinical Tales*. Summit Books.（高見幸郎・金沢泰子（訳）（1992）. 妻を帽子とまちがえた男　晶文社.）

II
「自己」と「他者」の境界
―― 身体感覚のメカニズム ――

第**4**章

自己と他者を区別する脳のメカニズム

嶋田総太郎

1 自己身体認識の脳メカニズム

　自己認識という言葉からなにをイメージするだろうか。自己の内面を深く反省し、自分はどのような人間であるかを考える姿かもしれない。それも自己認識の一つであるが、本章で取り上げるのはもっと基礎的なレベルの自己認識である。すなわち自分の身体を見てそれが自己（のもの）だと認識する能力である。自己身体認識は、少なくともヒトの成人にとって、あまりにも基本的な能力である。しかしながら、第Ⅰ部で見たように、動物やヒトの幼児ではこの能力が十分に発達しているとは言えない。また、脳や身体に障害を負った人の一部ではこの能力に変調が見られることがある。

　心理学の分野では、動物や幼児が自己身体認識能力をもつかについてよく調べられてきている（第Ⅰ部参照）。多くの場合、マークテストが課題として用いられ、鏡などを見たときに自己指向行動が出てくるかどうかを確認する。すなわち鏡の中の自己身体を見て、それが自分の身体であることを認識し、さらに自分の身体に対してなんらかの働きかけ（顔についたマークをさわる）を行うか、ということを調べる。ヒトの成人が被験者であれば、もっとよい指標がある。鏡に映っている像が自分かどうかを言語で報告してもらえばよい。もちろん健常な成人なら間違えることはないが、実験を行う時には鏡ではなく様々な変更を加えた映像を見せたりする。自己認識は主観的な事柄であるから、それが達成できているかは本人の主観的な報告から判断するのが妥当である。

　別の方法として、自己認識にかかわる脳活動を計測することが考えられる。脳は自己身体を認識している時にどのような活動を示すのか。脳のどの領野が自己認識に不可欠なのか。自己認識にかかわる脳活動を特定することができれ

ば、言語報告に依存せずに自己認識が行われているかどうかを判定することができるかもしれない。以下では自己と他者の身体を認識する脳のメカニズムについて見ていきたい。

▶ 自己身体認識の変調

事故や病気で手足を切断した患者、たとえば手術で前腕部を切断した患者の中には、切断してすでにないはずの手が存在するように感じ、時には痛んだりするという症状を見せる。このような症状を幻肢という。本人としては手が痛いのだが、その手は現実には存在していないのだから、どう対処してよいかわからない。幻肢はかなり昔から知られており、医学や心理学、哲学の文献でもたびたび議論されてきた。幻肢は、存在しない身体の存在を感じるという、ある種の自己身体認識の変調として考えられる。幻肢は、手足が失われたことによって、脳の体性感覚野に入力される神経線維が再組織化され、失われた手足の処理をしていた脳領域に別の身体部位からの情報が侵入してくるために起こると考えられている。たとえば、体性感覚野では手の情報を処理する領域の近傍に顔の情報を処理する領域があるが、頬をさわられると失われた手（幻肢）にさわられた感触を抱く患者の例などが報告されている（Ramachandran & Blakeslee, 1998）。

幻肢とは逆に、存在する手足の存在を感じない症例として身体失認がある（keyword 8 参照）。身体失認とは、自己身体の所有を否定するという症例であり、たとえば自分の手を「妻の手だ」と主張したりする。ここで否認される手足は麻痺していて動かない場合がほとんどであり、このような症例は主に右頭頂葉の損傷によって引き起こされることが知られている（Berlucchi & Aglioti, 1997; Feinberg, 2001）。不思議なことに左頭頂葉の損傷ではこのような症例は起こらない。これとは別に、実際に存在する手足の存在感覚が消失するという事例がある。ウォルパートらは、左上頭頂葉の損傷患者が眼を閉じると自分の右手足が「消えていく」ように感じるという症例を報告している（Wolpert *et al.*, 1998）。この患者は眼を開けていれば右手足の存在を感じることができるし、また身体失認の症状はない。体性感覚や触覚自体を知覚できないというわけではなく、これらの感覚はほぼ正常であることが確認されている。したがって、

この患者では、視覚以外の感覚のみから身体イメージを形成・保持する能力が失われていると言える。

これらの症例は自己身体認識がいつでも頑健に成立するわけではないこと、そして頭頂葉がこの能力において重要な役割をもつことを示唆している。

▶ ラバーハンド錯覚

先述したのは脳や身体に損傷を負った患者の例であるが、健常な成人でも特殊な状況を作ってやれば、自己身体認識において人工的な変調を起こすことができる。その一つがラバーハンド錯覚(keyword 4 参照)と呼ばれるもので、自分と同様にブラシで撫でられているゴムでできた手の模型 (ラバーハンド) を見ていると、ゴムの手が自分の手のように感じられるという錯覚である (Botvinick & Cohen, 1998)。この錯覚では、二つの手が同時に撫でられるという点が重要で、撫でるタイミングをずらすと錯覚が起こらなくなる。

ラバーハンド錯覚を引き起こす脳内メカニズムを調べるために、アーソンらはラバーハンド錯覚を経験している時の脳活動を測定した (Ehrsson *et al.*, 2004)。ここではラバーハンドの向き(自分の手と同じ向きと逆向き)と刺激の同時性(同時と非同時)を組み合わせて4条件で比較している。予備実験で、鏡を介してラバーハンドを見ると錯覚が起こりにくくなることが判明したので、実験ではMRI装置の中で頭を20–30度傾け、ラバーハンドが直接見えるようにしている。各試行の長さは42秒間で、すべての被験者において各条件それぞれ3回ずつ遂行された。被験者は実験後に、ラバーハンドが自分の手のように感じられたかどうか、鮮明さおよび時間的割合について10段階で評価した。

行動データの結果を見ると、ラバーハンドが自分の手と同じ向きで、かつ刺激が同時に与えられる条件でのみラバーハンド錯覚が起こり、他の条件では起こらないことが確認された(ラバーハンド錯覚は刺激開始後、平均11秒ほどで起こった)。この時の脳活動を見てみると、運動前野でラバーハンド錯覚の強さと相関する活動を観察した。つまり、錯覚の度合が強いほど運動前野での活動が高かった。また、相関は見られなかったものの、頭頂葉でも条件間の活動の違いが見られ、ラバーハンド錯覚が起こる条件で最も活動が大きかった。

アーソンらは、運動前野の活動がラバーハンド錯覚の強さと相関する理由に

ついて、以下のように考えている。サルの運動前野には、身体部位に対する視覚刺激と触覚刺激の両方に反応する多種感覚ニューロンが存在することが知られている (Graziano et al., 1994)。たとえば、手を受容野とする多種感覚ニューロンは手を中心とした参照枠をもっており、手の空間的な位置にかかわらず、常に手への触覚刺激および手の近傍への視覚刺激に対して反応する。アーソンらはラバーハンド錯覚が起こっている時の運動前野の活動は、この多種感覚ニューロンの受容野が自分の手からラバーハンドへとシフトしたために、ラバーハンド近傍への視覚刺激（この場合、ラバーハンドをさわっているブラシ）に対して活動を示したためだと考えている。

一方、頭頂葉でもラバーハンド錯覚に関連した活動が見られた。頭頂葉は、視覚野と体性感覚野のちょうど中間に位置しており、身体に関する視覚刺激と触覚刺激を統合するのに都合がよいと言える。実際、先述のように頭頂葉を損傷した患者では自己身体認識に異常が見られる。ラバーハンド錯覚においても頭頂葉が重要な役割を果たしていると考えられる。

▶ 異なる感覚間の時間的整合性

ラバーハンド錯覚では、視覚刺激と触覚刺激の時空間的な整合性が重要であった。空間的整合性については、アーソンらの実験のようにラバーハンドの向きを自分の手と逆向きに配置すると錯覚が起こりにくくなる。しかし、向きが同じ時にも実際には自分の手はラバーハンドと厳密には同じ位置にはなく、その横あるいは下などに位置している。つまり、ある程度の空間的整合性は必要であるものの、厳密には一致していなくてもラバーハンド錯覚は起こる。では、時間的整合性についてはどうだろうか。ブラシで撫でるタイミングをずらすと錯覚が起こらなくなることから、時間的整合性は重要であることは推測できるが、これまでの実験ではその時間精度は限られていると言わざるをえない。錯覚が起こるためにはどの程度の時間的整合性が必要なのだろうか。

これに関して、ラバーハンド錯覚ではないが、自己身体認識における感覚間の時間的整合性の重要性を調べた、筆者らの研究がある (Shimada et al., 2005)。ギャラガーは基礎的な自己感として身体保持感と運動主体感 (keyword 4・5 参照) を挙げており、ラバーハンド錯覚はこのうちの身体保持感に関する錯覚で

ある。自らの意図と無関係に身体が動いた場合（誰かにぶつかられたなど）、身体保持感は依然として感じられるが、運動主体感を感じることはない。したがって、この時の脳活動を調べることで、身体保持感に関連する脳メカニズムに関して洞察が得られると考えら

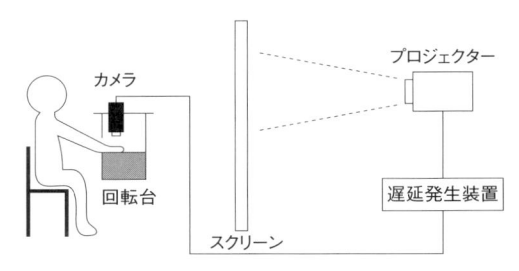

図 4–1　体性感覚と視覚フィードバックの一致を判断させる実験（Shimada *et al.*, 2005）

れる。われわれの実験では、電動の回転台を用いて、被験者の手を受動的に動かした時の視覚フィードバックが、体性感覚と時間的に一致しているかどうかを判定させた（図4–1）。その際、遅延発生装置を用いて、視覚フィードバックに数十から数百ミリ秒の遅れを挿入した。

その結果、被験者は約200ミリ秒以上の遅延を検知できた。逆に言えば、200ミリ秒以下の時間ずれの場合、被験者は体性感覚と視覚フィードバックは一致していると答えることが多かった。この時の頭頂葉の活動を近赤外分光装置（NIRS）を用いて測定したところ、視覚フィードバックの遅延が大きい場合には右下頭頂葉が強く活動し、遅延が小さい場合には左右の上頭頂葉が活動していた。

遅延の小さい場合、すなわち体性感覚と視覚の間に整合性がある場合に上頭頂葉が活動していたことは、この部位の活動が身体保持感と関連していることを示唆している。これは上頭頂葉損傷患者が自己身体イメージの保持に困難を生ずるという報告（Wolpert *et al.*, 1998）や同種の実験におけるサルの脳での観察結果（Graziano *et al.*, 2000）とも一貫性がある（第5章参照）。また、先のアーソンらの実験で、ラバーハンド錯覚が起こる条件で頭頂葉での活動が見られた報告とも整合する。

一方、遅延が大きい場合に右下頭頂葉の活動が大きくなるのは、運動主体感に関する研究と共通する結果である（keyword 5 参照）。このことは右下頭頂葉が運動主体感および身体保持感における身体諸感覚間の不整合性の検出を行っていることを示唆している。バルスレブらは、能動的な運動と受動的な運動の両

方において感覚間に矛盾が存在する場合に右下頭頂葉に近い部位が活動し、かつこれらの活動が能動条件と受動条件間で差がないことを報告している（Balslev et al., 2006）。この領域は、他者に関連する情報を処理する時に強く活動する上側頭溝（STS）とも隣接しており、その関係も興味深い（第6章参照）。

2 自己と他者が共有する脳内表現

▶ ミラーニューロンシステムとは

前節では自己身体認識の脳内機序について概観し、自己身体を認識している時と他者身体を観察している時にそれぞれ異なる脳領野が活動することを見てきた。われわれは日常生活において自己と他者を混同することはないので、脳内でもこのように分離されて処理されていることは特に驚くことではないかもしれない。

しかしながら、近年の脳科学は自己と他者の脳内表現が必ずしもきれいに分離できるものではないことも同時に示してきた。そのきっかけとなったのはミラーニューロン（第5章参照）と呼ばれるニューロンの発見である。ミラーニューロンの特徴は、自己が運動する時と他者が同じ運動をしているのを見ている時の両方で活動することであり、最初に見つかったのはサルの運動前野（F5）においてである。運動前野は運動の制御にかかわる領域なので、自己が運動をする時に活動することは容易に推測できる。しかし自己が運動をしていないにもかかわらず、他者の運動を観察するだけで運動前野のニューロンが活動するという事実は、それまでの知見からは説明がつかなかった。このことは他者運動の視覚的情報がなんらかの形で運動前野にまで届いていることを示している。ほとんどのミラーニューロンは運動の種類に選択的に活動し、ある特定の運動に対して反応するニューロンは他の運動を観察しても活動が見られない（ただし多少の違いは許容される）（Rizzolatti, 2005）。このミラーニューロンの反応選択性は、自己運動の制御における「運動」の脳内表現が、他者運動の視覚情報処理における「運動」の脳内表現と一致もしくは少なくとも一部が共有されていることを示唆している。つまり、ここでは自己と他者の区別が、運動の脳内表現のレベルにおいて、不明瞭になっていると言える。

その後、サルのミラーニューロンに類似した脳活動がヒトの運動前野、一次運動野、頭頂葉下部でも見られることがわかり、これらの領域を総括してミラーニューロンシステムと呼んでいる(Iacoboni *et al.*, 1999; Hari *et al.*, 1998; Decety *et al.*, 1997)。さらに、ヒトにおいては、運動表現だけでなく、感覚表現のミラーニューロンシステムと呼ぶべきものも存在することが明らかになってきた。キーサーズら(Keysers *et al.*, 2004)は、自分の足がさわられる時と他者の足がさわられるのを見た時で、二次感覚野(S2)がともに活動することを発見した。S2は感覚野の一部なので、自分の足がさわられた時に活動するのは理解できる。しかし他者の足がさわられるのを見ただけで活動するのは、F5のミラーニューロンと同じく、他者の視覚情報がなんらかの形でS2まで届いていると考えなければ説明がつかない。ブレイクモアら(Blakemore *et al.*, 2005)は同様の研究で、一次感覚野(S1)も感覚のミラーニューロンシステムと言える活動を示すことを報告している。これらの研究は、運動だけでなく感覚の処理においても自己と他者で脳内表現が共有されていることを示している。

▶ ミラーニューロンシステムの担う脳機能

脳がミラーニューロンシステムを備えることによってどのような認知機能が実現可能となるのだろうか。これに関しては様々な議論がこれまでなされてきている(第5章参照)。まず最初に考えられるのは他者運動の模倣である。模倣を行うためには、他者運動の視覚情報から自己の運動出力を生成しなければならない。ミラーニューロンシステムは両者に共通の運動表現を生成・提供するものであると考えれば、模倣のプロセスにおいて重要な役割を果たしていることが推測される。しかしながらミラーニューロンが最初に見つかったサルでは、ヒトのような模倣能力がないことの説明がまだ十分になされていない(ただし訓練によって模倣が可能になるという報告がある：第5章参照)。そこで、そこから少し手前の、他者運動の理解に貢献しているのだという説が広く受け入れられている(Rizzolatti, 2005)。これは、他者運動を自己の運動プログラムでシミュレートしながら解釈することで、より深い理解を得られるという説である。これをシミュレーション仮説という。

これに関してカルボ-メリノらは、二つの異なる種類のダンスを専門とする

ダンサーの脳活動を計測し、自分が専門とするダンスを見ている時のほうが、そうでないダンスを見ている時と比べてミラーニューロンシステムの活動が大きくなることを見出した(Calvo-Merino et al., 2005)。この結果は、ミラーニューロンシステムが自己の運動レパートリーに含まれる運動を観察している時のほうが、そうでない運動を観察している時よりも強く活動することを示しており、シミュレーション仮説を支持する結果だといえる。

他者運動の理解能力は、他者の意図を推測したり、他者に共感するという能力へと発展していくことが十分に考えられる(Gallese, 2003)。他者とのコミュニケーションや言語能力など、社会性知能の基盤をミラーニューロンシステムが与えているという説は現在では比較的多くの研究者に受け入れられるようになってきている。

▶ 乳児もミラーニューロンシステムをもつか

サルにおいては議論の余地が残るものの、ヒトにおける模倣能力がミラーニューロンシステムと関連していることは十分に考えられる。ヒトでは他の種に比べて模倣能力が非常に発達しており、ヒト社会の高度な文明はこの能力なしには達成できなかったと考えられている(Tomasello, 1999)。ヒトでは、他者の行為を意図的に模倣するだけでなく、本人にはその気がなくても無意識的に模倣をしてしまうという現象(無意識模倣)があることがこれまでにわかっている。たとえば近くにいる人が顔をこすると自分もつい顔をこすってしまうなどがその例である(Chartrand et al., 2005)。あるいはあくびの伝染なども有名な例である(Lehmann, 1979)。また、前頭葉を損傷した患者の中で、目の前の人の行動をなんでも模倣してしまうという症例が見られることがある(Lhermitte et al., 1986)。これは前頭葉のもつ抑制能力が損なわれた結果、自動的に模倣が起こってしまうためだと考えられている。これらはヒトには他者の運動を模倣する根源的な傾向が備わっていることを示唆している。

子どもが身近にいる人なら気づくと思うが、子どもはすぐに周囲の人の模倣をする。このような子どもの模倣能力もヒトが模倣を行う傾向が強いことを示すものだと考えられる。この能力が特に顕著になるのは1–2歳以降であるが、それよりも早く生後数ヶ月の時期から顔や手の運動を模倣するという報告も数

多くなされている (Collie & Hayne, 1999; Learmonth *et al.*, 2004; Piaget, 1951)。

　特に有名な報告は、生まれたばかりの乳児が大人の顔の表情を模倣するというもの（新生児模倣：詳細とチンパンジーでの例は topic 6 参照）である (Meltzoff & Moore, 1977)。生後数時間しか経っていない乳児に向かって大人が舌を出したり、口を開けたりすぼめたりすると、乳児はそれと同じ表情を示す。生まれたばかりの乳児はまだ鏡などで自分の顔を見たことがないということを考えると、乳児が鏡を見ながら自分の顔の筋肉の動かし方を学習したわけではないことは明らかである。とすると、乳児は生まれた時点ですでに他者運動の視覚入力を自己の運動プログラムに変換できる能力をもっているのだろうか。新生児の脳はすでにミラーニューロンシステムを備えているのだろうか。

　ただし新生児模倣の真偽については今でも議論が残るところであり、舌出しについてはかなり頻繁に観測できるが、それ以外の表情については信頼のできる実験結果がない、舌出しは一種の反射反応でありいわゆる模倣ではない、という主張もなされており (Anisfeld, 2005)、この問題についてはまだ決着はついていない。

霊長類の新生児模倣 1：チンパンジー　　　　　　　　　　　topic 6

　1977年、メルツォフとムーアは、ヒトの乳児の驚異的な能力を『サイエンス』誌上で発表し、話題を呼んだ (Meltzoff & Moore, 1977)。彼らは、生後まもない乳児に舌を突き出したり、口を開閉したりしてみせた。すると乳児は、自分の目では確認できないこれらの表情を区別し、さらに模倣までしたのだ。彼らは、この現象を「新生児模倣 (neonatal imitation)」と名づけ、ヒトは生まれながらに、他者の身体運動イメージと自分のそれとを鏡のように対応づける能力、「アクティヴ・インターモダル・マッピング (Active Intermodal Mapping)」をもつと説明した。

図　チンパンジー・アユムが示した新生児模倣反応 (Myowa-Yamakoshi *et al.*, 2004)
左から，舌出し，口開け，唇の突き出し．

新生児模倣は、ヒトのみに備わった特別な能力なのだろうか。明和ら(Myowa-Yamakoshi et al., 2004)は、メルツォフらの実験とほぼ同じ手続きを用いて、ヒトに最も近縁な現生種であるチンパンジー(Pan troglodytes)の新生児の模倣能力を調べた。その結果、生後1週齢に満たないチンパンジーも、いくつかの表情を模倣できた(図)。

新生児模倣の進化史的起源とその適応的意義については、いまだ謎のままである。しかし、ヒト以外の霊長類を対象とした比較研究の成果は、ヒト特有と暗黙のうちに信じられてきた認知能力の起源に対する見方をくつがえし、発達心理学、脳科学など様々な関連分野の研究者に大きなインパクトを与えた。[明和政子]

いずれにしても乳児は生後まもない段階、遅くとも1歳の頃にはかなりの模倣能力を身につける(Tomasello, 1999)。ミラーニューロンシステムが成熟した形で生得的に備わっているかどうかはわからないが、ミラーニューロンシステムが生後数ヶ月の間に十分に機能すべく発達するためのバイアスが生得的に備わっていることについてはおそらく間違いないだろう。

成人のミラーニューロンシステムについてはこれまで多くの報告がなされてきているが、乳幼児のミラーニューロンシステムに関してはこれまでのところほとんど研究がない。これは乳幼児の脳活動を計測することの技術的困難が主な原因であるが、最近では近赤外分光装置(NIRS)などを用いて乳幼児の脳活動を計測することが可能になってきている。嶋田・開(Shimada & Hiraki, 2006)は、生後6–7ヶ月の乳児が他者運動を観察している時の脳活動を調べる実験を行った。実験では母親の膝の上に座った乳児の頭部にNIRSの光プローブを設置し、目の前のモデル(他者)がおもちゃで遊んでいる様子を見てもらった(図4–2)。対照条件としては動いている物体(ボール)を呈示した。なお実験中、乳児が大きく動いた試行や実験刺激を十分に見ていなかった試行は解析から除外している。その結果、モデルの動作を見ている時に運動野で有意な活動が見られた(図4–3)。別の条件として、おもちゃだけが動いている(モデルは登場しない)刺激を呈示したが、この時は運動野の活動は見られなかった。また別のセッションで乳児自身がおもちゃで遊んでいる時の脳活動を計測したところ、他者運動観察時に活動していたのと同じ領域(運動野)が活動していることが確かめられた。このことから生後6–7ヶ月の乳児の脳にもミラーニューロンシステムが存在している可能性が示唆された。乳児のミラーニューロンシステムを調べた研究としてはこれが初めての研究であると言える(Lepage & Theoret, 2007)。6–

4 自己と他者を区別する脳のメカニズム ▶ 69

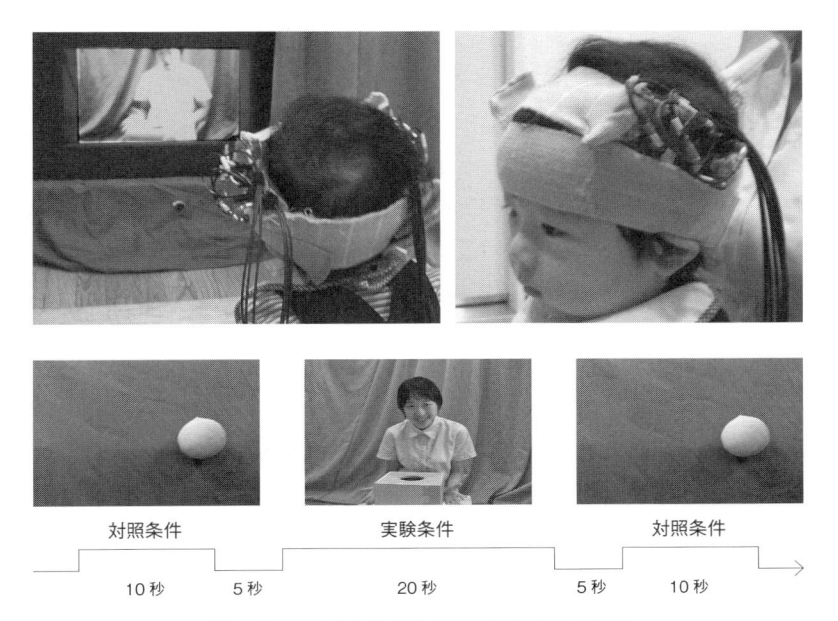

図 4–2 NIRS による乳児の脳活動計測の様子

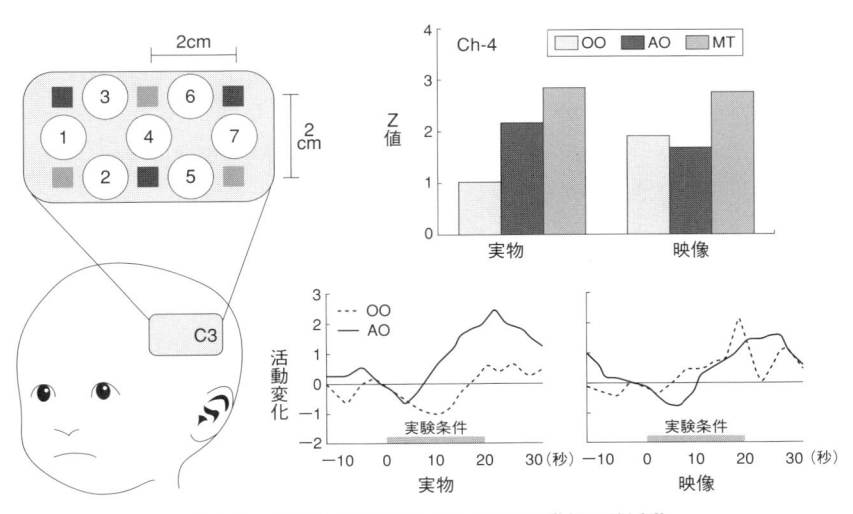

図 4–3 モデルの動作を見ているときの乳児の脳活動

C3: 10/20 法による頭表の座標位置．一次運動野におおよそ相当．Ch-4: チャネル 4（左上図参照）．OO: 物体観察（おもちゃの動きのみを観察）．AO: 行動観察（モデルの動作を観察）．MT: 自己運動（実際に自分で動いている時）．

7ヶ月児は手足の運動を模倣できることを示す研究もいくつか報告されており (Collie & Hayne, 1999; Learmonth et al., 2004; Piaget, 1951)、この月齢におけるミラーニューロンシステムとの関係が注目される。今後、さらに月齢の低い乳児でも同様の活動が観測できるかどうかを調べることは興味深い。

また前述の実験では、モデルが実際に乳児の目の前にいる時とモニタ上に映像として呈示された時の脳活動の違いについても検討している。テレビなどの映像がヒトに与える影響についてはこれまでも様々な議論がなされてきており、心理学の分野では映像の中で成人モデルのとった行動が子どもの行動に与える影響を調べた古典的な行動実験などが知られている (Bandura et al., 1963)。しかしながら乳幼児についてはまだ研究がそれほどなされていないのが現状である。メルツォフはモニタ上に映像として呈示された行動を乳児は模倣するという結果を報告しているが、別のグループはモニタ上に映像で呈示された行動は実際に目の前でなされた行動よりも低頻度でしか模倣されないと報告しており、統一した見解には至っていない (Meltzoff, 1988; Barr & Hayne, 1999)。

実験では、目の前でモデルがおもちゃを操作するのを観察するグループと、それとまったく同じ映像をモニタ上に呈示したものを観察するグループに分け、それぞれ脳活動を調べた。実物を観察したグループの結果は先に述べたとおりである。映像を観察したグループでも、モデルの動作を見ている時にやはり運動野が活動することが確認された。ところが、おもちゃだけが動いている映像を見ている時にも同様に運動野が活動するという結果が得られた。これは目の前で実物を見ているグループには見られなかった活動である。今後さらに詳細な検討が必要であるが、脳が実物とモニタ上の映像に対して必ずしも同じ反応を示すわけではないことを示唆する結果だと言える。

3　脳内身体表現のダイナミクス

本章の前半では自己と他者を区別する脳のはたらきについて見た。一方、後半では自己と他者で共通の脳内表現が用いられていることを見た。これらの脳領野はどのように関連しあっているのだろうか。すなわち自他弁別を行う脳と自他融合を行う脳とのインタラクションはどのようなものであろうか。これに

ついては今後の研究がぜひとも必要であるが、この場で少しだけ考察を加えてみたい。

　身体情報の処理という観点から見ると、主に視覚に由来する外在性の身体情報と、感覚や運動指令に由来する内在性の身体情報の関係性という視点を得ることができる。ここでは、ミラーニューロンシステムは、外在性身体が主となって内在性身体を駆動するような脳メカニズムというとらえ方ができる。一方、自他弁別では外在性身体と内在性身体との比較が行われ、両者が整合している時に自己身体としての処理が、そうでない時には他者身体としての処理が立ち上がるのだと考えられる。

　そう考えると、脳の中には外在性身体表現と内在性身体表現のインタラクションが可能となるメカニズムが存在しており、外在性身体表現に整合するように内在性身体表現を更新するのがミラーニューロンシステムであり、外在性身体表現と内在性身体表現の整合性をチェックするのが自他弁別の機能だと言えるのではないだろうか。すなわち外在性身体と内在性身体のずれを能動的に修正して整合性を成り立たせる機能(ミラーニューロンシステム)と両者の整合性をチェックする機能(自他弁別)という関係である。

　このような二面性の機能を実現する脳メカニズムとして、筆者は以下のようなモデルを考えている。先に自他弁別のメカニズムから見ていく。まず身体に関する視覚刺激が視覚野(後頭葉)へと入力され身体部位(外在性身体表現)として同定される。視覚野には身体の視覚情報に選択的に反応するEBA (extrastriate body area)と呼ばれる領野が存在することがわかっている(Downing *et al.*, 2001)。一方で、体性感覚野などからの内在性感覚情報および運動野由来の運動情報(内在性身体表現)は頭頂葉へと投射される。そして頭頂葉(特に右半球)のいくつかの領域において、時空間的整合性をベースとしてこれらの情報の統合・マッチングが行われる。この時の時間的整合性の許容範囲はおよそ200ミリ秒だと考えられる。マッチングの結果、内在性身体表現と時間的整合性のある外在性身体表現が自己身体として認識され、身体保持感はこの時に感じられる。上頭頂葉にはこれらの情報が自己身体イメージとして保持される。一方で時間的不整合の検出された外在性身体は下頭頂葉ないしSTSへと処理が移り、他者身体として知覚される(図4–4)。

図4-4 自他弁別のモデル

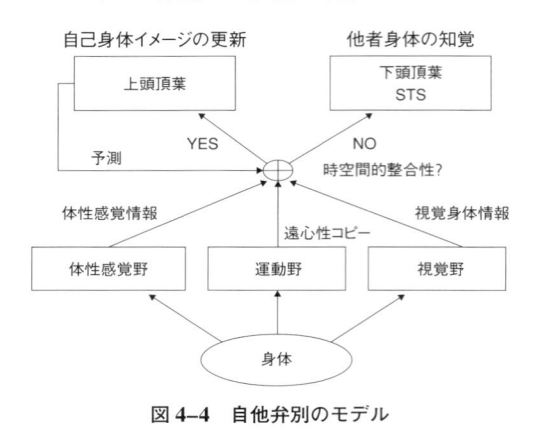

（図：自己身体イメージの更新／他者身体の知覚
上頭頂葉 — 下頭頂葉 STS
予測・YES／NO・時空間的整合性?
体性感覚情報／遠心性コピー／視覚身体情報
体性感覚野・運動野・視覚野 ← 身体）

このモデルでは外在性身体と内在性身体の動きの時間的整合性がその都度チェックされることによって自己身体が同定されるのであり、あらかじめ自己身体としての外在性身体が脳内において固定した表現として保持されているのではないと仮定している。事実、ラバーハンド錯覚が視覚刺激と触覚刺激を同時に与え続けることで起こるというのは、外在性身体と内在性身体が柔軟に結合しうるものであることを示している。

ミラーニューロンシステムの活動については次のように考えられる。先ほどと同様に視覚野において外在性身体が同定される。次に内在性身体との整合性がチェックされるが、この時、自他弁別のようにその差異が意識化されるのではなく、むしろその差異が解消されるように内在性身体が調整され、その結果として運動野や感覚野の活動が起こる。この外在性身体から内在性身体への処理の流れは運動が常に視覚フィードバックを元に自動的に修正されていること（Desmurget et al. 1999）を考えれば十分に可能だと推測できる。

こうして見ると、自他弁別とミラーニューロンシステムに共通するのは、外在性および内在性の身体に関する諸感覚（視覚、触覚、体性感覚、運動指令など）の統合プロセスであり、そこでは、自己身体と他者身体の視覚情報が特に区別されることなく外在性身体情報として処理されるようになっていれば、いつでも機能を変更することができる。もちろんこれは一つの仮説に過ぎないが、このような諸感覚の統合・相互作用のメカニズム、すなわち脳内身体表現のダイナミクスを考えていくことで、自他弁別とミラーニューロンシステムという一見相反する脳の機能を、包括的にとらえることができると思われる。

引用文献

Anisfeld, M. (2005). No compelling evidence to dispute Piaget's timetable of the development of representational imitation in infancy. In S. Hurley, & N. Chater (Eds.), *Perspectives on Imitation: From Neuroscience to Social Science. Vol. 2. Imitation, Human Development, and Culture*. MIT Press. pp. 107–131.

Balslev, D., Nielsen, F. A., Lund, T. E., Law, I., & Paulson, O. B. (2006). Similar brain networks for detecting visuo-motor and visuo-proprioceptive synchrony. *Neuroimage*, **31**, 308–312.

Bandura, A., Ross, D., & Ross, S. A. (1963). Imitation of film-mediated aggressive models. *The Journal of Abnormal & Social Psychology*, **66**, 3–11.

Barr, R., & Hayne, H. (1999). Developmental changes in imitation from television during infancy. *Child Development*, **70**, 1067–1081.

Berlucchi, G., & Aglioti, S. (1997). The body in the brain: Neural bases of corporeal awareness. *Trends in Neuroscience*, **20**(**12**), 560–564.

Blakemore, S. J., Bristow, D., Bird, G., Frith, C., & Ward, J. (2005). Somatosensory activations during the observation of touch and a case of vision-touch synaesthesia. *Brain*, **128**, 1571–1583.

Botvinick, M., & Cohen, J. (1998). Rubber hands 'feel' touch that eyes see. *Nature*, **391**, 756.

Calvo-Merino, B., Glaser, D. E., Grezes, J., Passingham, R. E., & Haggard, P. (2005). Action observation and acquired motor skills: An fMRI study with expert dancers. *Cerebral Cortex*, **15**, 1243–1249.

Chartrand, T. L., Maddux, W. W., & Lakin, J. L. (2005). Beyond the perception-behavior link: The ubiquitous utility and motivational moderators of nonconscious mimicry. In R. R. Hassin, J. S. Uleman, & J. A. Bargh (Eds.), *The New Unconscious*. Oxford University Press. pp. 334–361.

Collie, R., & Hayne, H. (1999). Deferred imitation by 6- and 9-month-old infants: More evidence for declarative memory. *Developmental Psychobiology*, **35**, 83–90.

Decety, J., Grezes, J. et al. (1997). Brain activity during observation of actions: Influence of action content and subject's strategy. *Brain*, **120**, 1763–1777.

Desmurget, M., Epstein, C. M. et al. (1999). Role of the posterior parietal cortex in updating reaching movements to a visual target. *Nature Neuroscience*, **2**, pp. 563–567.

Downing, P. E., Jiang, Y., Shuman, M., & Kanwisher, N. (2001). A cortical area selective for visual processing of the human body. *Science*, **293**, 2470–2473.

Ehrsson, H. H., Spence, C., & Passingham, R. E. (2004). That's my hand! Activity in premotor cortex reflects feeling of ownership of a limb. *Science*, **305**, 875–877.

Feinberg, T. E. (2001). *Altered Egos: How the Brain Creates the Self*. Oxford University Press.（吉田利子（訳）(2002).　自我が揺らぐとき――脳はいかにして自己を創り出すのか　岩波書店.）

Gallese, V. (2003). The manifold nature of interpersonal relations: The quest for a common mechanism. *Philosophical Transactions of the Royal Society of London, B*, **358**, 517–528.

Graziano, M. S., Cooke, D. F., & Taylor, C. S. (2000). Coding the location of the arm by sight. *Science*, **290**, 1782–1786.

Graziano, M. S., Yap, G. S., & Gross, C. G. (1994). Coding of visual space by premotor neurons. *Science*, **266**, 1054–1057.

Hari, R., Forss, N. et al. (1998). Activation of human primary motor cortex during action observation: A neuromagnetic study. *Proceedings of the National Academy of Sciences of the United States of America*, **95**, 15061–15065.

Iacoboni, M., Woods, R. P. et al. (1999). Cortical mechanisms of human imitation. *Science*, **286**, 2526–2528.

Keysers, C., Wicker, B. et al. (2004). A touching sight: SII/PV activation during the observation and experience of touch. *Neuron*, **42**, 335–346.

Learmonth, A. E., Lamberth, R., & Rovee-Collier, C. (2004). Generalization of deferred imitation during the first year of life. *Journal of Experimental Child Psychology*, **88**, 297–318.

Lehmann, H. E. (1979). Yawning: A homeostatic reflex and its psychological significance. *Bulletin of the Menninger Clinic*, **43**, 123–136.

Lepage J. F., & Theoret, H. (2007). The mirror neuron system: Grasping others' actions from birth? *Developmental Science*, **10**, 513–529.

Lhermitte, F., Pillon, B., & Serdaru, M. (1986). Human autonomy of the frontal lobes. Part I. A neuropsychological study of 75 patients. *Annals of Neurology*, **19**, 326–334.

Meltzoff, A. N. (1988). Imitation of televised models by infants. *Child Development*, **59**, 1221–1229.

Meltzoff, A. N., & Moore, M. K. (1977). Imitation of facial and manual gestures by human neonates. *Science*, **198**, 74–78.

Myowa-Yamakoshi, M., Tomonaga, M., Tanaka., M., & Matsuzawa, T. (2004). Neonatal imitation in chimpanzees (*Pan troglodytes*). *Developmental Science*, **7**, 437–442.

Piaget, J. (1951). *Play, Dreams and Imitation in Childhood*. Routledge.

Ramachandran, V. S., & Blakeslee, S. (1998). *Phantoms in the Brain: Probing the Mysteries of the Human Mind*. William Morrow.（山下篤子（訳）（1999）．脳のなかの幽霊　角川書店．）

Rizzolatti, G. (2005). The mirror neuron system and imitation. In S. Hurley, & N. Chater (Eds.), *Perspectives on Imitation: From Neuroscience to Social Science. Vol. 1. Mechanism of Imitation and Imitation in Animals*. MIT Press. pp. 55–76.

Rizzolatti, G., Fogassi, L., & Gallese, V. (2001). Neurophysiological mechanisms underlying the understanding and imitation of action. *Nature Reviews Neuroscience*, **2**, 661–670.

Shimada, S., & Hiraki, K. (2006). Infant's brain responses to live and televised action. *NeuroImage*, **32**, 930–939.

Shimada, S., Hiraki, K., & Oda, I. (2005). The parietal role in the sense of self-ownership with temporal discrepancy between visual and proprioceptive feedbacks. *NeuroImage*, **24**, 1225–1232.

Tomasello, M. (1999). *The Cultural Origins of Human Cognition*. Harvard University Press.

Wolpert, D. M., Goodbody, S. J. & Husain, M. (1998). Maintaining internal representations: The role of the human superior parietal lobe. *Nature Neuroscience*, **1**(**6**), 529–533.

身体保持感とラバーハンド錯覚 ------------------------------ keyword 4

ギャラガー（Gallagher, 2000）は、最も基本的な自己感として、身体保持感（sense of self-ownership）と運動主体感（sense of self-agency）の二つを挙げている。身体保持感は「この身体はまさに自分のものである」という感覚であり、運動主体感は「この身体の運動を引き起こしたのはまさに自分自身である」という感覚（keyword 5 参照）である。これらは一見似ているが、意図的な行為と非意図的な身体の動きとを対比してみれば区別できる。たとえばコーヒーカップに手をのばすなど、意図的な行為の時に自分の腕を意図通りに動かせていれば、身体保持感と運動主体感の両方が引き起こされる。しかし、誰かがぶつかってきた時の腕の動きのような非意図的な身体の運動の場合、身体保持感は相変わらず感じられるものの運動主体感を感じることはない。

身体保持感は、通常自分の身体に対して抱く感覚であるが、例外的に物体に対して感じることもある。その一つがラバーハンド錯覚である。この錯覚を経験するためには、まずゴムなどでできた偽物の手（ラバーハンド）を机の上に置き、自分の手をその横（間に衝立などを置いて直接自分の手が見えないようにする）に置く。その状態で他の人にラバーハンドと自分の手を同時にブラシなどで撫でてもらう。これを数分間繰り返すと、ラバーハンドが自分の手のように感じられるようになる、というものである。

ボトヴィニックとコーエン（Botvinick & Cohen, 1998）が、上述の手順で10分間の刺激を与えた後で被験者にアンケートをしたところ、ほとんどの被験者が「ラバーハンドに与えられた触覚刺激を感じているように感じた」「ラバーハンドが自分の手のように感じた」という項目に高得点をつけるという結果になった。つまり被験者はラバーハンドに対して身体保持感を抱いていた。

ボトヴィニックらはさらに、より客観的な指標を考案した。まず通常より長く（30分）刺激を与え、ラバーハンド錯覚を感じた時間の割合（錯覚の強さ）を計測する。その後、眼を閉じて、刺激を与えたのと反対の手（右手）で刺激を与えられた手（左手）の位置を机の下からポインティングしてもらい、これを実験の前後で比較する。もし本当にラバーハンドを自分の手だと感じていたなら左手の位置はラバーハンドの位置と合わさるはずであり、ラバーハンド錯覚が

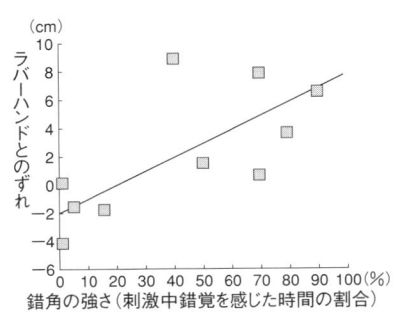

図 ポインティング誤差と錯覚の強さの関係（Botvinick & Cohen, 1998）

強いほど、ポイントする位置は実際の左手の位置よりはラバーハンドに近い位置へとシフトするはずである。結果はその通りであった(図)。

　興味深いことに、被験者の手とラバーハンドを撫でるタイミングをずらすとラバーハンド錯覚は起こらなくなる。つまり二つの手に対する視覚刺激と触覚刺激が「同時に」与えられることが、錯覚が起こるためには不可欠であるらしい。このことから推測して、身体保持感は触覚・体性感覚等の内在性感覚と視覚フィードバックとの時空間的整合性を基盤として成立する感覚だと考えることができる。［嶋田総太郎］

Botvinick, M., & Cohen, J. (1998). Rubber hands 'feel' touch that eyes see. *Nature*, **391**, 756.
Gallagher, S. (2000). Philosophical conceptions of the self: implications for cognitive science. *Trends in Cognitive Science*, **4**, 14–21.

運動主体感 ———————————————————————— keyword 5

　運動主体感は基本的な自己感の一つであり、その運動を引き起こしているのは自分自身であるという感覚である(Gallagher, 2000)。基本的には自分の身体運動に対して感じるが、拡張してパソコンのマウスなど、道具を操作している時にも感じられる感覚とも考えられる。運動主体感を基礎づけるのは、主に脳から筋肉に出される運動指令——より正確にはそのものではなく、脳内の別の部位(頭頂葉)へ送られるそのコピー情報(遠心性コピー：keyword 7 参照)——とその結果として得られる感覚(特に視覚)フィードバックの整合性である。

　統合失調症患者の一部には、自分がした行為を「自分がやったのではない、自分の身体は外部の何者かによって操られているのだ」という幻覚・妄想をもつ者がいる。フリス(Frith, 1992)は、このような幻覚は自分の行為に対する運動主体感が欠如するために起こるという仮説を提唱している。つまり、自分の身体が動いているのだが、自分がその行為を始めたという感覚が欠如しているために、誰か他人が自分の身体を操っているに違いないという結論にたどりつく、というのである。統合失調症では身体保持感については異常が見られないので、運動主体感と身体保持感(keyword 4 参照)の独立性を支持する症例にもなっている(Gallagher, 2000)。

　フランスのジャンネローらのグループは、このような症例をもつ患者と健常者を対象に、運動主体感に関する実験を行っている(Daprati *et al.*, 1997)。ここでは対象者に簡単な手の運動をさせ、その映像をモニタを介して呈示する。この時、本人の手の映像と、同じ運動をしている他者の手の映像を見せる試行がある。対象者は、呈示さ

れた映像が自分の手であるかどうかを判定する。その結果、幻覚をもつ統合失調症の患者は健常者と比べて、他人の手を自分の手であると誤認識することが有意に多いという結果が得られた。これは幻覚をもつ統合失調症の患者は運動主体感の形成に問題があるという説を裏づける結果である。

　また、スペンスら (Spence *et al.*, 1997) は幻覚をもつ統合失調症患者において、幻覚を報告している時の脳活動を計測した。すると、自分の運動を他人によってコントロールされていると報告している時に右下頭頂葉で大きな活動が見られた。ジャンネローらは、頭頂葉に損傷のある患者で前出の課題を行ったところ、有意に成績が悪いことを確認している (Sirigu *et al.*, 1999)。また健常者における脳機能計測の結果、自己運動に対する視覚フィードバックの空間的ずれを大きくすると右下頭頂葉の活動が大きくなることがわかった(Farrer *et al.*, 2003)。これらの課題は自己の意図的な運動に対する視覚フィードバックの整合性を判断させるものであり、その結果が不整合な場合、すなわち運動主体感を感じにくい状況では、右下頭頂葉の活動が大きくなることを示したものだと言える。[嶋田総太郎]

Gallagher, S., (2000). Philosophical conceptions of the self: implications for cognitive science. *Trends in Cognitive Science*, **4**, 14–21.

Daprati, E., Franck, N. *et al.* (1997). Looking for the agent: an investigation into consciousness of action and self-consciousness in schizophrenic patients. *Cognition*, **65**, 71–86.

Farrer, C., Franck, N. *et al.* (2003). Modulating the experience of agency: a positoron emission tomography study. *Neuroimage*, **18**, 324–333.

Frith, C. D., 1992. *The cognitive neuroscience of schizophrenia*. Erlbaum.

Sirigu, A., Daprtai, E., Pradat-Diehl, P., Franck, N., & Jeannerod, M., (1999). Perception of self-generated movement following left parietal lesion. *Brain*, **122**, 1867–1874.

Spence, S. A., Brooks, D. J. *et al.* (1997). A PET study of voluntary movement in schizophrenic patients experiencing passivity phenomena (delusions of alien control). *Brain*, **120**, 1997–2011.

第5章

脳の中にある身体

村田 哲

　認知過程の最終目標は行為であり、身体が行為を通してその内面を表現する。当然、身体は様々な認知機能の中において重要な役割を担っていると考えられる。行為を表出する過程で運動をコントロールするシステムがはたらくが、最近の脳科学や認知科学の研究では、運動制御のシステムが単に運動の表出のみならず、認知過程そのものにかかわると言われるようになってきている。実は自己の身体意識についても、運動制御のシステムとは切り離せない。乳児がしきりに身体を動かし環境に触れるのは、運動することによって、自分に返ってくる感覚のダイナミックな変化をとらえ、環境を認識するためである。たとえば、モノの表面を探ることによって、そのモノの形や表面のテクスチャーや材質感を得ることができる。これが、ギブソンの言うアクティブタッチ(Gibson, 1966)である。一方で、身体を動かした時のダイナミックな感覚情報は、外の環境に向かうだけでなく、身体の中へも向かっている。運動の結果得られる自己の身体についての感覚(姿勢や運動感覚)は、内側に向かった知覚であるといえる。こうした情報は、運動の制御に必要なフィードバック情報で、これをもとに身体の意識が形成され、自己意識の基盤となる。脳の中に自己が芽生えると、その中で自他が区別され、一方では共存する。本章では、こうした自他の認識の脳内メカニズムについて身体の意識を中心に、脳の神経細胞の活動の記録によって得られたデータをもとに述べていく。

1　自己と他者の共存

▶ 自他の行為が共存するミラーニューロン

　近年、社会的認知能力が脳科学の分野でも注目を集めている。他者の動作の認識は、社会的認知の場面では非常に重要であるが、ミラーニューロンの発見

は、その動作の認識に運動制御のシステムが関与していることを示す。ミラーニューロンはサルの腹側運動前野のF5においてイタリアのパルマ大学のリツォラッティらに発見されたニューロンで、他者の手や口の動作を見ている時に反応し、自分でまさにその同じ動作をする時にも活動する。彼らはそれをdirect-matching systemと名付けた(Rizzolatti et al., 2001)。これらのニューロンは、偶然のうちに発見された。実験者が昼休みにサルの前でアイスクリームをなめていると、サルの神経細胞が活動するのに気がついたのである。腹側運動前野では、元々手指の運動のいろいろなパターン(たとえば、親指と人差し指を対立させる精密把握や筒状のものをレバーのようにしてつかむ握り)に関連して活動するニューロンがたくさんあり、様々な手指の運動を選択し出力する役割があると考えられている(Rizzolatti et al., 1988)。手指でモノをつかむ運動の出力にかかわるニューロンが、モノをつかむ他者の運動を観察している時にも活動するというのが、ミラーニューロンである。その特徴は、以下の通りである。

① 他個体や実験者の手や口の動作を観察している時に活動する。
② 観察した運動と同じ運動をサル自ら実行した場合でも反応する。
③ 動作のゴールが明らかであれば(つかむ対象をサルにあらかじめ見せておく)、途中経過は見えなくても(ついたてを置く)反応する。物体を対象とする動作でなければ反応しない(Umilta et al., 2001)。
④ 動作(たとえば、ピーナッツをむく)を視覚的に観察している時だけでなく、動作に伴う音(ピーナッツをむく音)を聞いている時にも反応するものがある。そしてその同じニューロンが、サル自ら同じ動作をする時にも活動する。単に運動知覚しているのではなく、他者の動作の理解にも関与していると考えられるのである(Kohler et al., 2002)。
⑤ 他者の道具を使った動作を見ている時に反応するものも存在する。この場合には必ずしも観察した動作と実行される動作が同じでなくても(サル自身は道具を使わなくても)、動作のゴールとしては同じであれば活動する(Ferrari et al., 2005)。
⑥ サルの口によるコミュニケーション動作(lip-smacking: 口をパクパク開閉させる)に関連すると思われるものも記録されている。

このようなミラーニューロンは、腹側運動前野のみに認められるだけでな

く、下頭頂葉にある PFG 野という領域でも見つかっている。PFG 野と F5 は解剖学的に結合が認められており、機能的に深い関係があることが示されている。PFG 野では、体性感覚と視覚刺激の両方に反応するニューロン活動が知られているが、この領域のミラーニューロンも多種感覚に反応する性質をあわせもっていた。最近になって、PFG 野では新たなミラーニューロンの性質が発見された。

⑦　PFG 野のミラーニューロンは、動作の実行者の意図によって反応したりしなかったりする。これは、他者の意図の理解にかかわるニューロン活動と考えられる (Fogassi *et al.*, 2005)。実験では、サルに目の前の餌に手を伸ばして取らせた後、自分の口へもっていくか、あるいは餌皿の隣のコップに置く課題をさせた。サルが餌に手を伸ばす時の PFG 野のニューロンの反応は、次に行う動作によって異なった。目の前にいる実験者の同じ行為をサルに観察させた場合でも、実験者のその次に行う動作（口へもっていくか、隣のコップに餌を置くか）によって異なった。

さらに、側頭葉の上側頭溝 (STS) の周辺の領域では、他者の行為に反応する視覚性のニューロンが知られている。たとえば実験者の身体にポイントドットをつけて暗闇で歩く姿をサルに見せたり、手の動作を見せたりすると反応することが明らかになり、バイオロジカルモーション知覚（第6章参照）とのかかわりが指摘されている。この領域は PFG 野と結合があることが知られているが、STS 周辺のニューロンの性質はミラーニューロンと異なり、運動に関連した活動は見られず、視覚的な活動のみ見られる（このため、ミラーニューロンとは呼ばれない）。また、これらのニューロンは他者の視線の向きによって反応が異なることがわかっている。たとえば目標に手を伸ばす行為を見ている時に反応するニューロンでは、その行為の実行者がつかむ対象を見ている時には反応するが、別のところに視線を向けていると反応が弱くなることが発見されている (Jellema *et al.*, 2000)。このことは、共同注意とのかかわりを示唆するものである。

これらミラーニューロンに関する領域、すなわち腹側運動前野の F5 と頭頂葉の PFG 野、PFG 野と上側頭溝 (STS) の周辺の領域の間では解剖学的結合が認められており、ミラーニューロンシステムと呼ばれる。また、最近では背側運動前野においても、到達運動にかかわるミラーニューロンが記録されている

(Cisek & Kalaska, 2004)。

　ミラーニューロンにおける最も重要な概念は、他者の動作のプログラムを自分の脳内で再現する、つまり他者の脳の内部の状態を、自己の脳の内部の状態としてシミュレーションするということである(Gallese & Goldman, 1998)。この考えに基づき、その機能は他者の行為の認識、共同注意、模倣、心の理論、共感などと関連づけて考えられている。ミラーニューロンが発見されたマカクザルは、社会性をもった動物であることは知られているが、一方で、心の理論や共感などの認知機能に関しては、通常認められないと考えられている。さらに、運動制御に関する領域で発見されたニューロンであることから、必要以上に社会的認知機能と結びつけることに批判もある(Jacob & Jeannerod, 2005)。

　そこで、ミラーニューロンの役割としてリツォラッティらは、他者行為の理解を挙げている(Rizzolatti & Craighero, 2004)。これは、ミラーニューロンの機能を身体や運動と結びつける考えとして重要である。他者がいまなにをしているか、しようとしているかを認識することは、群れの中の優劣関係が重要なマカクザルにとっては重要なことである。ミラーニューロンは、ゴールあるいは対象を目指す運動に関して活動する性質をもっていて、動作のゴールが明らかになっていれば、途中の動作を隠しても反応する。また、視覚のモダリティだけにとどまらず、聴覚のミラーニューロンも存在する。つまり、運動を感覚のモダリティを超えて表現しており、他者の動作の理解に関与していると考えられるのである。言語音の理解において、その言語音を作り出す運動の表象を参照するという考えがある。自己の内部にも同様の言語音を作り出す運動の表象があるからである。これは motor theory と呼ばれるが、ミラーニューロンの direct-matching の性質はまさに、他者動作の理解における motor theory と言える。

　また、こうしたゴールや対象のある動作には、意図性が常に付随している。最近、PFG野で見つかった意図によって異なる反応を示すミラーニューロン活動は、他者の意図が、自己の脳内の同じ意図の表現に重なるように存在することを示している(ただし、意図の脳内処理については、頭頂連合野が本質的にその機能を担っているかどうかわからない。頭頂連合野は前頭連合野との結合が強いため、そのネットワークの中で処理されていると思われる)。

さらに、他者の動作や意図が自己の脳内で表現されるシステムは、他者の動作の模倣においても有益であると考えられる。模倣は他者の意図を推測しながら、動作を取り込んで学習するシステムで、発達においては人まね以上に重要な意味をもっている(明和, 2004)。模倣は、他者の行為を見た時(あるいは聞いた時)に、その脳内で立ち上がっている運動のプログラムを自己の脳内で同じように再現するというように考えられ、ミラーニューロンは、まさにそれに適したニューロンといえる。他者の意図理解も模倣にとって重要な要素である。目的やゴールが明らかになったほうが、より模倣は実現しやすい。元々、マカクザルにおいて模倣は自然の状態では出現しないと言われている。しかし、最近の研究では、サルに指さしによる共同注意を訓練し獲得させると(注意方向や意図の理解のコントロールをしてやると)、自然と模倣するようになるという報告もある(Kumashiro *et al.*, 2003)。

　模倣といえば、歌を歌う鳥も模倣学習によるさえずりの発達が知られている。実は最近、鳥で、サル以外に初めてミラーニューロンが発見された。ヌマウタスズメやジュウシマツの脳にある神経核では、自分が歌を歌う時に活動するニューロンが、自分の歌の録音や他の鳥の似た歌声を聞かされた時に反応することが報告された。これらのニューロンは、歌の模倣学習の神経基盤と考えられている(Prather *et al.*, 2008)。

　以上のようにミラーニューロンは、運動制御のシステムの中で見つかったニューロンであり、運動や身体との結びつきを重視すべきである。ミラーニューロンを含めたシステムは、後に述べるように、自他の運動の区別にも関与していると思われる。ヒトにおいてはイメージングの脳機能画像の手法によって、ミラーニューロン研究が盛んであるが、もちろんヒトではミラーニューロンそのものの活動は記録されていない。ミラーニューロンが、心の理論や共感、言語などに関与しているかどうかは未だわからないのである。おそらく、特にヒトでは、ミラーニューロンシステムは、意志決定、情動、言語などのシステムとネットワークを作って社会的認知機能を支えていると考えられる。しかし一方で、本書で紹介されるような運動制御システムを基本とした、身体性に基づいた機能をまず考えることが、ミラーニューロンの本質を明らかにする上で重要と思われる(村田・神代, 2003)。

▶ 自他が同じ身体構造をもつことの意味

ところで、身体が内面の出力器官であることを考えれば、こうした動作の認識のためには、他者の身体のどの部位が動いているのかという知覚、認識が必要である。現在、ヒトについては他者の認識にかかわる領域が右の頭頂葉ではないかと示唆する報告がある。デュセティら（Decety & Sommerville, 2003）は、他者が自己の模倣をするのを観察している時に、右半球の下頭頂小葉が強く活動することを示している。この領域は自己身体の認識にも大変かかわりが深い。また、右半球の頭頂葉の損傷による左半身の麻痺を否定する病態失認（keyword 8 参照）を呈する患者の中に、他者の身体の麻痺まで否定する例が報告されている（Ramachandran & Rogers-Ramachandran, 1996）。この症例は、頭頂葉において他者の身体像が脳の中に存在すること、また他者の身体を認識するには自己身体の意識が満足でなければならないことを示唆する。いずれの例も、自己や他者の身体をそれぞれ認識するシステムが、どこかで共有されていることを示唆するのではないだろうか。

最近になって、対面している他者が誰か別の人に身体をさわられているのを見ると、自分も鏡像関係になった側の同じ身体の部位をさわられている感覚を覚える例が報告されている（Blakemore et al., 2005）。この感覚を彼らは体性感覚と視覚の共感覚と呼んでいる。この報告では、他者がさわられているのを観察している時の脳活動も計測されており、そうした共感覚のない人でも体性感覚野の活動が上がること、さらに共感覚をもつ人においてはより強い活動があったことを示した。脳における他者の身体のマップが、自己の身体のマップと共存しているのではないかと推測させる。

現在、筆者らの研究室では、頭頂葉に存在する多種感覚領域において自己身体と他者の身体が脳内で同一のニューロン上に表現されていることを思わせるニューロン活動を記録している（Ishida et al., in press）。頭頂連合野のVIP野という領域では、自己の身体の部位（特に顔）に触れたときに体性感覚（皮膚感覚）の反応を示し、またその身体部位のすぐ近くの空間に視覚刺激を呈示しても反応するニューロンが知られている（Colby et al., 1993）。このように複数の感覚モダリティに対して反応するニューロンを多種感覚ニューロン（図5–3）と呼ぶが、次節に詳しく述べるように、このニューロンは自己身体部位のマップにかかわる

のではないかとも考えられる。そこでわれわれは、この領域のニューロンが他者の身体の部位に反応するかどうかを調べてみた。まず、サルの目の前の実験者が、サルの身体をさわったり、身体のすぐ近く（50 cm 以内）で視覚刺激を出したりして、VIP 野のニューロンが視覚と体性感覚に反応する多種感覚ニューロンかどうかを調べた。そして、その後、実験者がサルに対面するように腰かけ、実験者の身体を本人がさわったり、第三者がさわったり、あるいはそのすぐ近くに視覚刺激を出したりして反応を調べた。その結果、VIP 野の多種感覚ニューロンはサル自身の自己身体部位の近くだけではなくて、そのサルが観察している他者の身体の同じ部位の近くに視覚刺激を出しても反応することがわかった。また、そうした視覚反応は、他者（対面した実験者）と自己（サル自身）の身体では鏡像関係になっていた。以上から、VIP 野の他者の身体像は、自己の身体像を参照しながら知覚されている可能性が示唆される。さらに、この VIP 野で、サルに対面した実験者自らが自分をさわらなければ反応しないニューロンが見つかっており、ミラーニューロンとのかかわりを思わせる。実はこの VIP 野は、頭頂葉のミラーニューロンが発見された PFG 野との解剖学的結合が知られている。このことは、他者の動作認識のもとになる他者身体についての情報は、VIP 野がもとになっていることを示唆している。また、感覚のモダリティにおいても、ミラーニューロンとよく似た反応を示すニューロン活動があることを初めて明らかにしたと言える。

　こうした他者の身体像のマップの仕方は、模倣においても大変有用であると考えられる。動作を模倣する場合、自己の身体の部位と他者の身体の部位をどのように対応づけるかが問題となる。ミラーニューロンの反応では相手の動作と自分の動作が鏡像関係になっているが、この VIP 野のニューロンもそうした性質をもっている。模倣では、相手の身体の右側と自分の右側を対応づける解剖模倣と、相手の右側と自分の左側を対応づける鏡像模倣とがあり、対面している模倣においては鏡像模倣のほうが容易であるという。さらに近年、ヒト型ロボットに模倣による運動学習のメカニズムを組み込む試みがなされている。他者の身体を認識するために自己の身体を参照するやり方は、ロボットの模倣になんらかの示唆を与えるものと考えられる。他人の動作を認識するためには、他人と自分が同じ身体構造をもっていることが重要だと考える。ペットを

擬人化するのは、その動物の身体構造を擬人化することに他ならない。ロボットが人間の形をしているのも、同じ身体構造をもつことに重要な意味があり、機械（物体）から他者になる可能性を秘めており、人間と同じようにコミュニケーションのできるロボットができるかもしれない（第11章参照）。一方で、もし地球外知的生命体がいたとして、それが人間と全く異なる形をしていたとしたら、コミュニケーションはとても難しいものになるであろう。

2 自己と他者の身体の区別——身体意識にかかわる頭頂葉

さて、他者の身体と自己の身体が同じニューロンの上で表現されるとしたら、他人の身体も自分の身体も区別できなくなってしまう。しかし、実際にはそうではない。頭頂葉の傷害では、病態失認、身体失認、身体部位失認、半側無視、身体図式の障害などの症状が知られており（keyword 8 参照）、自己の身体の意識について、頭頂葉がきわめて重要な役割をもっていることがわかる。古典的には脳の視覚系*には二つの経路があり（Ungerleider & Mishkin, 1982）、そのうち頭頂葉へ至る背側経路では、空間認識を担うと考えられている。また、頭頂葉が損傷すると運動にも障害が起こる。たとえば、物体に正しく手をのばしたりつかんだりすることができなくなる。頭頂葉が空間情報を使いながら運動の制御にかかわっていることを示している。さらに、運動を遂行するには、身体各部位の位置や状態などについての正しい認識が必要である。頭頂葉は3次元的な空間情報を用いながら運動の制御に関連するが、こうしたシステムの中に、身体の認識システムが組み込まれている。腹側経路の What pathway や背側経路の How pathway に倣って、Who pathway と名づけた研究者もいる（Jeannerod, 2003）。頭頂葉の障害を見ていくと、自己の身体の感覚に重要な少なくとも三つの要素が見えてくる。一つは自己の身体の部分が自己に属しているという身体保持感（病態失認、身体失認にかかわる）、もう一つは自分が運動を遂行しているという自己の運動主体感である（身体図式の障害にかかわる：keyword 5 参照）。そして、おそらくその上に身体の構造のマップが存在していると考えられる（身体部位失認にかかわる）。

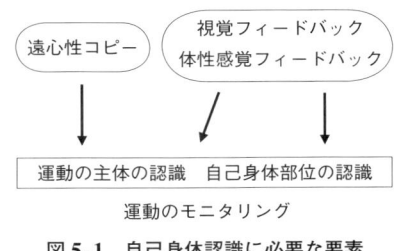

```
      ┌──────────┐   ┌──────────────┐
      │遠心性コピー│   │視覚フィードバック│
      │          │   │体性感覚フィードバック│
      └────┬─────┘   └──────┬───────┘
           │      ╲      ╱  │
           ▼       ▼  ▼     ▼
      ┌────────────────────────────┐
      │運動の主体の認識  自己身体部位の認識│
      └────────────────────────────┘
              運動のモニタリング
```

図 5–1　自己身体認識に必要な要素

3　誰の手か——身体保持感

▶ 触覚と視覚で感じる身体

　身体失認は、自己の身体の部分が自己の身体として認識されない症状である。手や足などの身体の部分は、いったいどのようにして自分の身体の一部として知覚、認識されるのか。つまり、自己の身体保持感はどうして生まれるのだろうか。ここで大事な手がかりとなるのが、ラバーハンド錯覚（keyword 4 参照）や体外離脱体験（topic 7 参照）である。ラバーハンド錯覚にしても体外離脱体験の錯覚にしても、いずれも自己の身体上での触覚と眼で見た身体の像が重要である（図 5–1）。さらに、この二つの出来事が同時に起こらなければいけない。もしこのタイミングがずれると錯覚は起こらない。つまり、脳内で自己の身体保持感を考える時には、身体を見た時の視覚と皮膚からくる触覚や関節や筋肉からくる固有感覚などの体性感覚の情報が、同時性をもって統合されるメカニズムが重要であると考えられる。本節では、こうした体性感覚と視覚の情報を統合して身体を認識するメカニズムについて、神経細胞の活動を主に紹介したい。

体外離脱体験　　　　　　　　　　　　　　　　　　　　**topic 7**

　自分の身体が自分の外に出てしまうような感覚を、体外離脱体験という。よく言われるのは、自分が寝ている姿を天井のほうから自分が見ている体験である。これは決してオカルト的な現象ではなく、脳そのものに原因があり、以前からてんかん発作に伴うことが知られていた。最近になって、脳の頭頂葉と側頭葉のちょうど境目の領域（parieto-temporal junction）を、経頭蓋磁気刺激（TMS）するとそうした感覚が起こることが明らかになっている（Blanke &

Arzy, 2005)。

　また、脳をうまくだますことによって、体外離脱体験を錯覚として引き起こすことも可能であると報告されている。被検者にヘッドマウントディスプレイをかけさせ、立体撮影をする2台のカメラからの映像を見せる。カメラは被検者の背中を映すようにセットされる。このとき、被検者は胸を棒で触覚刺激され、またそれと同時性を保って、カメラの前(背中の後ろ)で棒が動く。すると数分後には、あたかも自分が身体から離脱し、カメラから背中を見ているように感じるという(Ehrsson, 2007)。[村田 哲]

▶ 視覚と体性感覚を統合する脳領域

　脳の中で体性感覚の情報を処理する領域として、第一次体性感覚野(SI)が挙げられる(図5-2)。この領域は大脳皮質の中心溝という溝の後ろの部分にあって、内側から外側に細長く分布している。身体の部位によって支配する領域が異なっており、これを体部位局在性*という。この体性感覚野における体部位局在性は、ある意味で自己の身体の脳内マップの始まりとも言える。第一次体性感覚野では、単一の狭い範囲の身体部位の体性感覚情報から、複数の部位にまたがる情報に統合してより複雑な情報を処理し、さわったものの感触や形を認識していく。また、皮膚感覚だけでなく、筋肉や腱などの情報を統合し、関節の角度などの姿勢や動きの認識にも関与する。第一次体性感覚野で処理された体性感覚の情報は、頭頂連合野に非常に強く入る。酒田らのサルを使った実験によれば、頭頂連合野の5野という領域では、皮膚感覚と関節覚の統合が行われ受動的に腕を動かした時に反応するニューロン活動が知られている(Sakata et al., 1973; Sakata, 1975)。たとえば、あるニューロンは実験者がサルの右の肘や肩の関節を曲げるように動かすと反応し、さらに、左の上腕の皮膚の触覚にも反応した。最後に、右の手で左の腕をさするように動かすとより強く反応した。つまり、右手で左の上腕をこする動作を体性感覚によってモニタしていると考えられる。複数の関節の動きと皮膚の感覚を組み合わせて、腕の姿勢のダイナミックな変化を脳がモニタするのである。このように、体性感覚の情報は外の環境をさわって認識するだけでなく、身体の状態の変化の認識にもかかわっている。こうした体性感覚の情報処理については、岩村(2001)の『タッチ』に詳しい。

　さらに頭頂連合野には、体性感覚だけではなく視覚の情報が豊富に入ってく

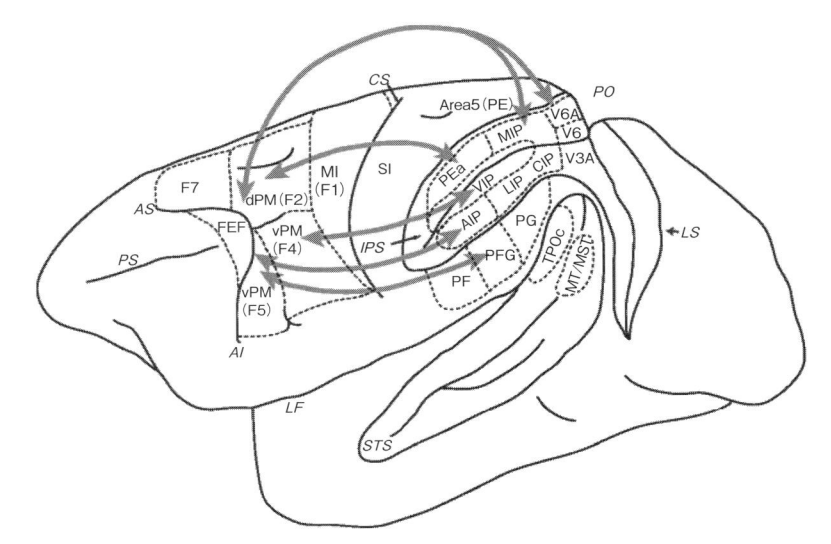

図 5–2 サルの大脳における頭頂連合野と運動前野の結合
(村田・石田, 2006; Murata & Ishida, 2007 を改変)

AIP：前頭頂間溝領域，VIP：腹側頭頂間溝領域，LIP：外側頭頂間溝領域，CIP：尾側頭頂間溝領域，MIP：内側頭頂間溝領域，area 5：5 野，dPM：背側運動前野，vPM：腹側運動前野，PS：主溝，SI：第一次体性感覚野，MI：第一次運動野，AS：上弓状溝，AI：下弓状溝，CS：中心溝，IPS：頭頂間溝，PO：頭頂後頭溝，LF：外側溝，LS：月状溝，STS：上側頭溝．頭頂間溝と月状溝，上側頭溝は，広げて内側面を見せている．

る。この視覚による空間情報処理も自己の外側に大きく広がる空間だけではなく、自己の身体を認識する上でも大変重要な役割をもっている。自己の身体のごく周辺の空間を、ペリパーソナルスペースと呼ぶ。心理学的には、これは相手が近づいてきた時に許容できる心理学的な距離のことを言うが、身体とのかかわりから言えば、自分の手が届く範囲として考えられる (Holmes & Spence, 2004)。

先に紹介したように、サルの頭頂連合野には、一つのニューロンが体性感覚と視覚の両方の刺激に興奮する多種感覚ニューロンがある。頭頂連合野の VIP 野という領域では、自分の身体の一部（多くは顔なのであるが）をさわった時に反応し、また同じ身体部分のペリパーソナルスペースに視覚刺激を出した時に反応するニューロンがたくさん見つかる (Colby et al., 1993; Duhamel et al., 1998：図 5–3)。これらの多種感覚ニューロンは、体性感覚と視覚によって自己の身体部

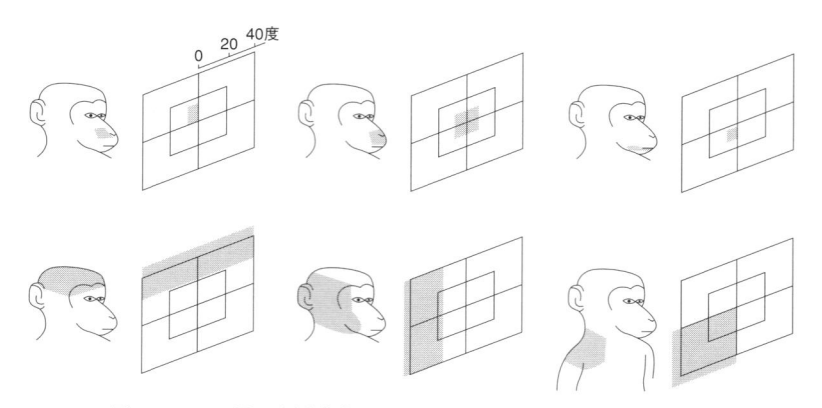

図 5–3 VIP 野の多種感覚ニューロン(Duhamel *et al*., 1998 を改変)

サル正面の網かけは視覚の反応，身体部分の灰色は体性感覚の反応が見られる位置．顔周辺に視覚の反応と体性感覚の反応が見られる．その位置は，視覚と体性感覚で一致が見られる．

分やその位置を表現していると言ってもよいし，あるいはペリパーソナルスペースにある物体と身体との関係を表しているとも考えられる。身体に向かって飛んでくるような危険な物体をさけるのに役立っているという考えもある(Graziano & Cooke, 2006)。この VIP 野という領域は、高次運動領野の一つである腹側運動前野の F4 という領域と結合が強い(Luppino *et al*., 1999：図 5–2)。F4 には、やはり VIP 野と同じ性質をもつ多種感覚ニューロンが記録されており(Fogassi *et al*., 1996)、F4 と VIP 野のネットワークが身体部分の符号化に大変重要な役割をもっていると推測される。

▶ 変化する身体を感じるニューロン

以上のような反応は、身体のマッピングないし構造の認識に関係しているが、もっとダイナミックに動いている手や足をモニタするニューロン活動も知られている。VIP 野近くの PEa という領域でも VIP 野とよく似た多種感覚ニューロンが見つかっていて、手の周辺の視覚刺激に反応を示す。そうしたニューロンを記録して、たとえば板の下に手を隠して見えないようにし、手の位置を左右に変えると、その移した手の直上の板の上に視覚の反応が認められることが明らかにされた(Obayashi *et al*., 2000)。このような反応は、腕の関節の

センサーからの体性感覚の情報が、視覚反応に影響を与え、たとえ見えない状況でも手の内的な位置のイメージを、新しくアップデートする役割があると考えられている。

　5野の多関節の動きに複雑に反応するニューロン活動を紹介したが、さらにこれに視覚的な動きの要素が加わったニューロン活動が、頭頂間溝の中で見つかっている (Tanaka et al., 2004)。これらのニューロンは、手や肘、肩の関節の受動的な動きに反応するとともに、視覚刺激の動きにも反応する。さらに、ニューロンがよりよく反応する向きが、視覚でも体性感覚でも一致しているのである。たとえば、ニューロンが手首の関節を上方向に動かした時によく反応する場合、視覚刺激を上方向に動かすと強い反応が見られた。また、面白いことに、手のひらの向きをひっくり返して反応を調べると、手首の関節そのものの動きは反対になるにもかかわらず、やはり同じ上方向への動きに対して反応が見られた。つまり、こうした反応は、個々の関節の動きというよりも、現在の手の姿勢から空間の中での手の動きの向きを計算し、符号化していると考えられる (Tanaka et al., 2004)。いずれにしろ、これらのニューロンは現在の自分の身体の動きを視覚と体性感覚を統合して認識することにかかわると言ってよいであろう。これは、実際の随意的な運動においては、感覚フィードバックとしてはたらくと考えられる。

　また、ラバーハンド錯覚に関連するような神経活動もあることがわかっている。ラバーハンド錯覚 (keyword 4 参照) も偽物の手と実際の手が同じ位置にある時には、より強く錯覚を感じる。これは、関節の位置の感覚と腕の視覚像の統合の結果であると考えられる。頭頂連合野の5野という領域でも、やはり体性感覚の反応が視覚に影響を受けるニューロンが知られている。サルの目の前に、ゴムで作ったサルの手を置く。実際のサルの手は、板の下に置く。このとき、サルの実際の手と作り物の手を、重なる位置に置いたり、離れた位置に置いたりした時の5野のニューロンの活動を観察した。多くのニューロンでは、よりよく反応する腕の位置（最適位置）が見つかる。図5–4 に示したニューロンでは、本物の腕（体性感覚）も偽物の腕（視覚）もそれぞれ左側（最適位置）にある場合に反応がよいが、本物と偽物が重なって最適位置にある場合に一番よかった (Graziano et al., 2000)。また、別のニューロンでは、筆で実際の手と偽物の手

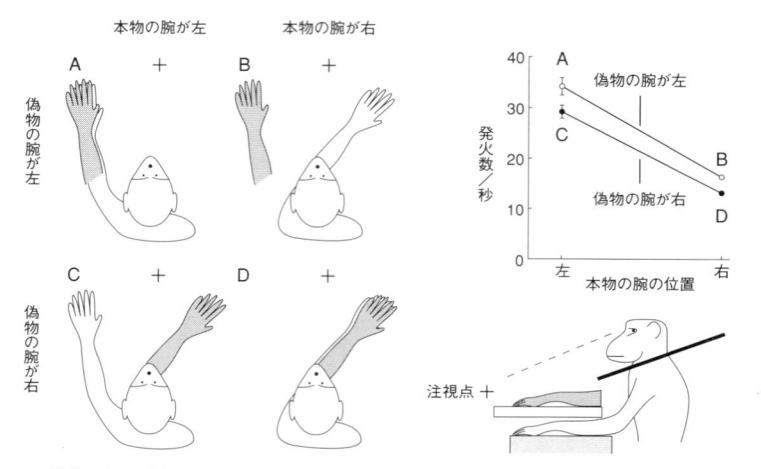

図 5–4 偽物の腕の視覚像に反応するサルの 5 野のニューロン(Graziano *et al.*, 2000 を改変)
A・B・C・D は偽物の手と本物の手の位置関係．右上のグラフはそれぞれの位置におけるニューロンの活動頻度．

を、同時に刺激した時のみ、重なる位置にある場合のほうが、異なる位置にある場合に比べて強い反応を示した。さらに、筆による視覚刺激と体性感覚がずれている場合には、こうした現象は見られなかった。これは、実際の手への体性感覚刺激と偽物の手への視覚刺激の同時性により、ニューロンの反応がダイナミックに変化することを示しており、ラバーハンド錯覚とまさに対応するものである。ヒトの実験でも、ラバーハンド錯覚が起きている時のヒトの脳の活動を見ると、運動前野や小脳、頭頂連合野が活動することが明らかになっている(keyword 4 参照)。

4　誰が動かす手か——運動主体感

▶ 運動主体感を生みだす遠心性コピー

もう一つの自己意識の要素として、運動主体感がある(keyword 5 参照)。自己の身体の保持感については、体性感覚と視覚の統合について述べたが、運動している時にはもう一つ大事な要素が加わる。運動する際には、脳の中で運動のプランや指令の信号が出され、最後には筋肉に伝えられる。その一方で、運動

をよりスムースに制御するために、その信号によってどのような運動が行われるか予測あるいはモニタする目的でそのコピーが使われる。それを遠心性コピー(von Holst, 1953)、ないしは随伴発射(Sperry, 1950)と呼ぶ(keyword 7 参照)。

この遠心性コピーが、運動主体感にとって重要であると考えられている。遠心性コピーが、運動感覚として実際に意識に上る例として、幻肢(第4章参照)に見られる現象が挙げられる。幻肢の患者の中には、手や足を失っているにもかかわらず、それを動かせる感覚があるという人たちがいる。手足を失っても、元々の手足を動かそうとする運動の制御システムは脳の中に残っており、幻肢を動かそうとする意図がはたらくと、脳の中で運動指令が出力される。その時、実際の手や足は失われていて動かないため、視覚による手の運動や関節の受容器からの信号は脳へ戻ってこないが、運動指令のコピーともいうべき遠心性コピーは脳の中で立ち上がり、それが運動の感覚として意識されると考えられている(Ramachandran & Blakeslee, 1998)。

健常者が運動を遂行している時には、運動の指令だけでなく、実際に運動をしている手や足の動きを、視覚や体性感覚フィードバックによってモニタする。自分の身体をくすぐる時と、他人にくすぐられる時では感じ方が違うが、ブレイクモアら(Blakemore et al., 1999)のくすぐりの運動と遅れた感覚フィードバックの実験は、遠心性コピーが感覚フィードバックに抑制をかけることを示唆している(topic 8 参照)。この抑制には、感覚フィードバックと遠心性コピーが、ある程度時間的に一致していることが重要である。脳の中では、両者の比較を行う領域があり、そこが運動主体感にかかわっていると考えられる。一方で、遠心性コピーと感覚フィードバックが空間的にずれてしまっても、運動主体感に問題は起こらない。たとえば運動主体感を実験する装置において(keyword 5 参照)、カメラで撮影した手の向きを横向きにモニタに呈示しても、動きが時間的な同時性を保っていれば、きちんと自分の手であると判定ができる(van den Bos & Jeannerod, 2002)。モニタ上のコンピュータのカーソルを動かす場合も同様であろう。実際の手の位置と感覚フィードバック(この場合はカーソルのモニタ上の位置)の位置は空間的にはずれている。しかし、カーソルの動きが自分の手の動きと時間的に一致していれば、それを自分で動かしていると感じるのである。

自分でくすぐるとくすぐったくないのはなぜ？　　topic 8

　自分の身体を他人にくすぐられるととてもくすぐったいのに、自分でくすぐってもくすぐったくないという経験があるだろう。ヴァイツクランツら(Weiskrantz et al., 1971)は、本人と他人が足の裏をくすぐった時、さらに本人の腕を受動的に動かしてくすぐった時のくすぐったさを比較し、この現象を実験的に確かめ、このくすぐったさの抑制は自分でくすぐった時に起こるもので、受動的な腕の運動では自分でくすぐっても抑制が起きにくい（くすぐったい）ことを示している。また、目を開けたり閉じたりして、刺激が予測できるかどうかによってくすぐったさの程度を調べた実験(Claxton, 1975)では、予測できるほうがくすぐったくなかったという結果もある。

　ブレイクモアらは、機械を使って自分の左手を動かして、右手の手のひらをくすぐる実験をした(図左)。この装置は左手の動きと一致してくすぐることもできるが、100、200、300ミリ秒などの時間の遅れをもたせてくすぐることもできる。また、手動でなく、機械が自動的にくすぐることもできる。すると、くすぐったさの程度は、時間の遅れのない場合とくらべて、時間の遅れとともにより強くなり、300ミリ秒の遅れでは機械が自動的にくすぐるときとほぼ同じ強さになった(Blakemore et al., 1999)。また、ブレイクモアらはヒトの脳機能イメージングによって、第二次体性感覚野や小脳が関与しているという実験結果を報告している(Blakemore & Sirigu, 2003)。

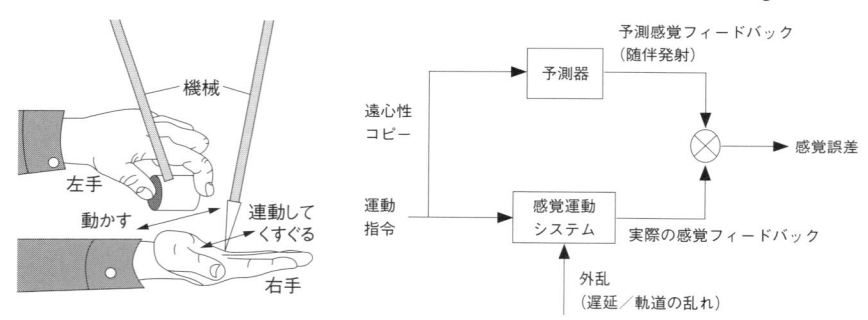

図　くすぐりの機械(左)と自己くすぐりのメカニズム(右) (Blakemore et al., 1999)

　自分の運動によって感覚フィードバックの抑制を引き起こす現象は、神経生理学的な実験でも知られている。たとえば、サルの脳幹にある前庭神経核では、頭の受動的な動きによって活動するニューロンが、随意的な首の運動では活動しなくなることがわかっている(Roy & Cullen, 2004)。また、脊髄レベルでも末梢からの感覚入力が、随意運動中に抑制されるという報告もある(Seki et al., 2003)。

　ブレイクモアら(Blakemore et al., 1999)は、自己くすぐりの現象について、遠心性コピー(keyword 7参照)を使って予測された感覚フィードバックが、実際のものと照合されるメカニズムがあって、それによって実際の感覚フィードバックが抑制されるというモデルを考えている(図右)。こうしたシステムは、自分で引き起こした運動の主体感に関与していると推測されている。予測と実際の感覚フィードバックが一致することによって、それが自ら行った運動であると判定できるのである。[村田 哲]

▶ 把持運動にかかわる運動前野と頭頂連合野

　ヒトの脳では、頭頂連合野の下頭頂小葉が壊れてしまうと、自己と他者の身体の動きの区別ができなくなる(身体図式の障害：keyword 8 参照)。また、統合失調症では、自分で動かしているのに、他者に自分の手が動かされるように感じる症状(させられ体験)が知られている。これらの現象は、遠心性コピーと感覚フィードバックの照合の問題ではないかと考えられているが、その照合のメカニズムについてわれわれの神経生理学的な研究を例に取りながら考察する。

　大脳皮質の中で、頭頂連合野と前頭葉の一部である運動前野との間には、いくつかの平行した強い結合が知られ、感覚運動制御の役割を担っている。頭頂連合野の AIP 野と腹側運動前野は、手指の細かな運動制御(手操作運動)にかかわっている(図5–2：keyword 6 参照)。われわれの研究(Murata *et al.*, 2000)により、頭頂連合野の AIP 野はこの手操作運動に関して、物体の3次元的な視覚情報と運動の情報を統合する領域であることがわかっている。

　この研究では、いろいろな3次元的な形をした物体(板、リング、立方体、円柱、円錐、球)をサルにつかませる訓練をした。また、視覚的な要素と運動の要素を分離するために、明るいところで物体をつかむ課題と暗いところでつかむ課題、ただ物体を注視するだけの課題を用意し、その課題遂行中のニューロン活動を記録すると、AIP 野のニューロンは、三つのタイプに分かれた。一つは、明るいところでモノをつかむ時には反応するが、暗いところでは反応がなくなってしまうタイプで、視覚入力だけを受けていると考えられる(視覚優位型)。もう一つは、暗いところでモノをつかむ時に明るいところと比べて反応が弱くはなるが残っているタイプで、視覚と運動の両方に関して活動するタイプ(視覚運動型)である。そして、残りが明るいところも暗いところでも、つかむ運動をしている時に同じ程度に反応するタイプで、運動の情報のみを符号化しているタイプ(運動優位型)に分類された。この中で、視覚優位型と視覚運動型のニューロンには、物体を見ただけでも反応するタイプのものがあり、つかむ物体の3次元的な特徴(形、構造、傾きなど)を表現していると考えられる。

　AIP 野と結合のある頭頂連合野の CIP 野(図5–2)という領域には、平面や棒状のモノの3次元空間の中の傾きを符号化するニューロンがあることがわかっており、この領域から物体の3次元的な特徴の情報を受けていると考えられる

(Sakata et al., 2005; Tsutsui et al., 2005)。また、AIP野には、関節や皮膚感覚などの体性感覚にかかわるニューロン活動は見あたらず、暗いところでの運動に伴う活動は、関節や筋肉などの固有受容器からのフィードバックではなく、純粋な運動に関する信号であると考えられる。これらAIP野のニューロンは、物体の視覚的な3次元的特徴と運動の情報とのマッチングを行い、適切に運動が行われているかモニターする役割があると推測されている(Sakata et al., 1997)。

一方、AIP野と結合のある腹側運動前野のF5(図5-2)でも、AIP野とよく似た神経活動が認められる(Rizzolatti et al., 1988)が、手指の運動のボキャブラリーをもっていると言われている(keyword 6参照)。AIP野と同じ実験装置を使って、F5のニューロン活動を記録してみると、視覚運動型や運動優位型のニューロン活動が記録される(Murata et al., 1997)。視覚運動型はAIP野と同じく、つかむ物体を見ただけでも反応する。一方で、この領域では視覚反応だけの視覚優位型は見つからない。また、実験では、運動を開始する前にしばらく注視点を見つめながら待機させる。F5の視覚運動型のニューロンは、多くの場合暗いところでも運動開始前の待っている間に、持続的な活動が認められる(Raos et al., 2006)。この持続的な反応は、運動をプランする時の視覚情報から運動の信号への変換過程と考えられるが、このような反応はAIP野ではあまり見られない。つまり、頭頂葉から物体の3次元的な形や特徴に関する視覚情報の供給を受け、腹側運動前野ではそれに応じて適切な運動の選択が起こると考えられる。この時、腹側運動前野で選択された運動の信号は第一次運動野に送られ、一方でAIP野に戻ってきている可能性がある。AIP野の運動優位型や視覚運動型で見られる運動の信号は、腹側運動前野F5からの遠心性コピーを反映していると推測されるのである。

▶ 運動主体感にかかわる頭頂葉のニューロン

この頭頂葉と運動前野のネットワークの中で、運動主体感に重要な感覚フィードバックと遠心性コピーの情報の統合にかかわるニューロン活動が認められている。われわれの研究(Murata & Ishida, 2007)で、頭頂連合野のAIP野のすぐそばにあるPFG野において、運動している時の自分の手を見ている時に反応するニューロンが見つかった。この実験では、モニタにサルの目線で撮影

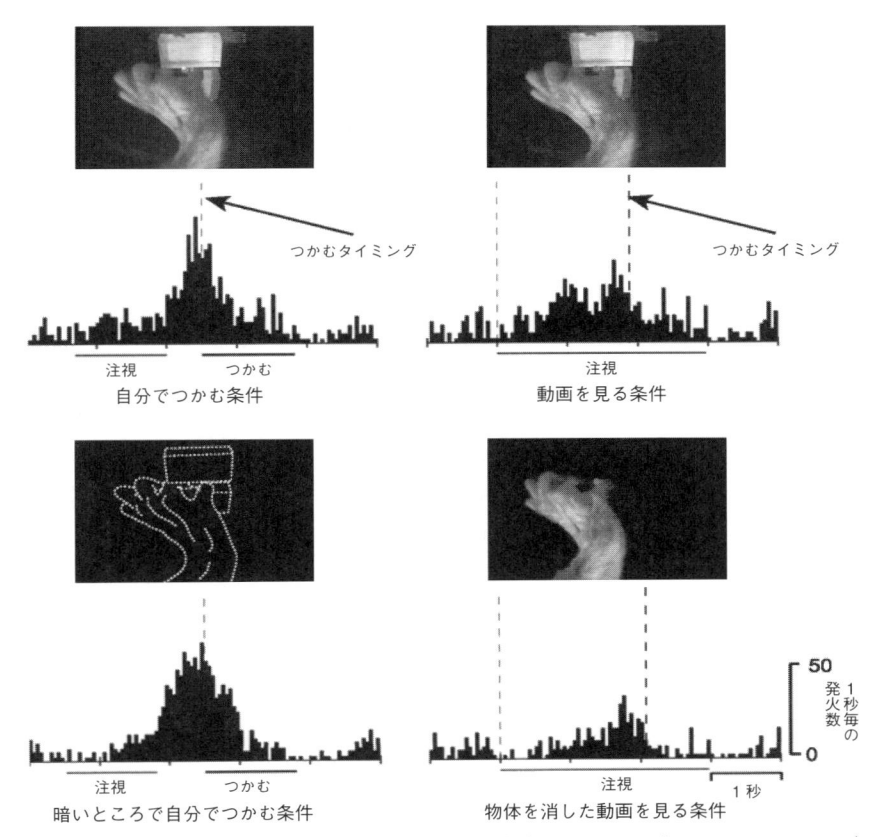

図 5–5　頭頂連合野 PFG 野の自分の手の視覚像に反応するニューロン（Murata & Ishida, 2007）

した物体や手の動きのライブ映像を映して、サルにこれを見せながらいろいろな形の物体をつかませる課題を遂行させた。またモニタには合図の明かり以外はなにも見えない暗い条件でも課題を行わせた。さらに、サル自身が物体をつかんでいる時の動画をモニタ上で見せ、実際には手を動かさずに見ているだけの条件も加えた。すると先に述べた視覚運動型のニューロンは、物体をつかむ動画を見ているだけでも反応した。図 5–5 は、それらのニューロン活動を示している。モニタで物体と手を見ながら運動している時には、物体をつかむ運動に伴って活動が見られている。また、モニタにはなにも映らない条件でも活動を示しており、これは物体をつかんでいる時の遠心性コピーを反映していると

考えられる。さらに、サル自身の手の運動の動画に対する反応は、画像を処理して物体のイメージを消し、手の動きだけにしても見られた。手の動きの視覚的なイメージの信号が反映されていると考えてよいであろう。つまり、運動の遠心性コピーと手の視覚フィードバックが照合されていることが示唆されるのである。

さらに、この PFG 野は、F5 に続いてミラーニューロンが発見された領域である。自己の手の動きに反応するということであれば、他者の手の動きにも反応するかもしれない。そこで、この手のイメージに関連するニューロンが、他者の動作を見た時に反応するかどうか、つまりミラーニューロンとしての性質を調べた。そのために、サル自身の手の運動だけでなく、サルの視線とは違った角度から映した実験者の物体をつかむ時の手の動画を見せることにした。すると、サル自身の手のイメージに反応したニューロンは、他者の動作を見ている時にも反応が見られ、またサル自身が同じ動作をする時にも活動した。まさにミラーニューロンである。つまりミラーニューロンは、元々、運動制御のシステムの中で、視覚フィードバックと遠心性コピーによって運動をモニタリングするような役割をもっているのではないだろうか。こうしたシステムの中で、ミラーニューロンが運動主体感にかかわっていると考えられる。

先に述べたように、運動主体感には感覚フィードバックと遠心性コピーの時間的一致が重要である。もし、実際の手の運動と視覚フィードバックの間に時間的なずれが生じた場合には、ニューロンの反応はどうなるのであろうか。実際に物体をつかんでいる最中にモニタに映る手の動きを、遅れて提示するようにした。サルはモニタ上に映る合図の信号によって手を動かすが、この時にモニタに映る手の動きを 500 ミリ秒または 700 ミリ秒程度遅れるようにして呈示した。この条件で、遠心性コピーと感覚フィードバックとの間に乖離が起こることになる。この実験は始まったばかりで正確なことは言えない。しかし、運動の要素をもち、手の動画に対して視覚的に反応する視覚運動型ニューロンでは、運動に遅れて呈示された手のイメージに対する反応は、本来なら運動に 500 ミリ秒遅れて見られるはずが、なくなったり弱くなってしまう現象が見られ、一方、遅延を 700 ミリ秒にすると反応が再び現れた。これは、遠心性コピーが感覚フィードバックになんらかの影響をおよぼしていることを示してい

るものと考えられる。つまり、頭頂連合野で、運動の実行のために、腹側運動前野から送られてくる運動の信号の遠心性コピーとそれを実行中の感覚フィードバックの間の比較が行われる一つの証拠として考えられる。この比較によって、運動の信号と感覚フィードバックが一致した場合にはそれが自分の身体を自らが主体となって動かしているのだと認識され、そうでない場合には他者の身体が運動しているのだと認識される。

　実は、先に紹介した鳥の歌のミラーニューロンもこれと大変よく似た性質を示す。ムーニーらのグループ (Prather et al., 2008) の実験では、鳥に自分の歌の録音を聞かせた場合、その歌を実際に歌っている場合、そして他の個体の歌を聞かせた場合のニューロンの反応を調べた。記録したのは、歌の表出にかかわる HVC という神経核で、そのニューロンは、自分が歌っている時に、ある音節に関連してよく活動する。また、自分の歌を聞いた時にもよく反応した。一方、別の鳥の異なった音節をもつ歌を聞かせても反応は見られなかったが、自分の歌ではなく他者の音節のよく似た歌を聞かせると反応が見られた。これはまさにミラーニューロンのようである。また、歌っている時の活動は聞こえてくる音に外乱を与えても影響を受けないことから、自分の歌の音の感覚フィードバックではなく、歌う時の運動にかかわる活動と考え、これを随伴発射（＝遠心性コピー）と主張している。しかも、随伴発射のタイミングは歌を聞いているときの反応とまさに一致したのである。

　われわれの実験と同様、鳥の歌のミラーニューロンは自己の歌の感覚フィードバックと随伴発射の比較を行っていると考えられる。彼らはこの結果と、HVC と歌学習にかかわる領域との解剖学的結合から、自己の歌をモニタリングし、自己と他者の歌の違いを認識して、模倣による歌学習にかかわっていると推測している。

　計算論的には、感覚フィードバックと遠心性コピーの比較は異なる座標系（運動の座標系と感覚の座標系）にある数値の比較であるから、なんらかの変換が必要で、これは内部モデルの順モデルが行っていると考えられている（keyword 6 参照）。いまのところ、脳でそうした変換が実際に行われているかどうかはわからない。いずれにしろ、遠心性コピーと感覚フィードバックの照合や相互作用が起こることが重要である。こうしたメカニズムの中で、ミラーニューロン

は元々他者の動作の表現をするというよりも、自他にかかわらず動作そのものを視覚的に表現し、それは運動の実行中には感覚フィードバックとしてはたらいていると推測される。それが発達や進化の過程で、運動の信号と統合され、学習が繰り返されることによって、視覚と運動の両方の性質をもったミラーニューロンが形成されたのではないかと思われる。筆者はミラーニューロンが、他者の動作の認識とともに、自己の身体や他者の身体の認識にかかわりをもっていると考えている。

ここで疑問となるのは、遠心性コピーと感覚フィードバックを照合する頭頂葉が、それらが一致していることを検出するのか、あるいは一致しないというエラーを検出するのかという点である。つまり、自己という意識にかかわるのか、他者という意識にかかわるのかであるが、これは明らかではない。この点においては、ヒトの研究では、少なくとも右の頭頂葉は、一致しない場合によく活動することが明らかになっている（Blakemore & Sirigu, 2003）。

▶ 道具も自分の身体の一部になる

これまで述べたように、脳内での異種のモダリティをもった感覚の統合や、運動の信号と感覚フィードバックの照合の結果、自己の身体保持感、運動主体感が生じる。こうした意識の上にさらに、自己の身体構造に関する意識ともいうべき身体イメージが形作られると考えられる。身体イメージは決して固定されたものではなく、ダイナミックに可塑的に変化しうる。たとえば、コックの帽子やひらひらのドレスなどは、身につけてしばらくするとそれが身体と一体化し、その一部になってしまう。道具もまたしかりで、それを使っているときは身体の一部になる。これは拡張された身体イメージと言われるが、このような現象にかかわる興味深いニューロン活動が知られている。入來（2004）は、サルに熊手のような道具で餌を取らせる訓練をした。その後、サルの頭頂葉のPEaという領域で、手に対する体性感覚の刺激と手の周りに視覚の反応を示すニューロン活動を記録した。サルが熊手をしばらく使っていると、その領域のニューロンは初めは手の周りだけにあった視覚の反応が、熊手の先までのびるのが明らかになった。このような変化から、道具や身体に付随するモノであっても、自己の身体と一緒に随伴性をもって動くモノであれば、遠心性コピー

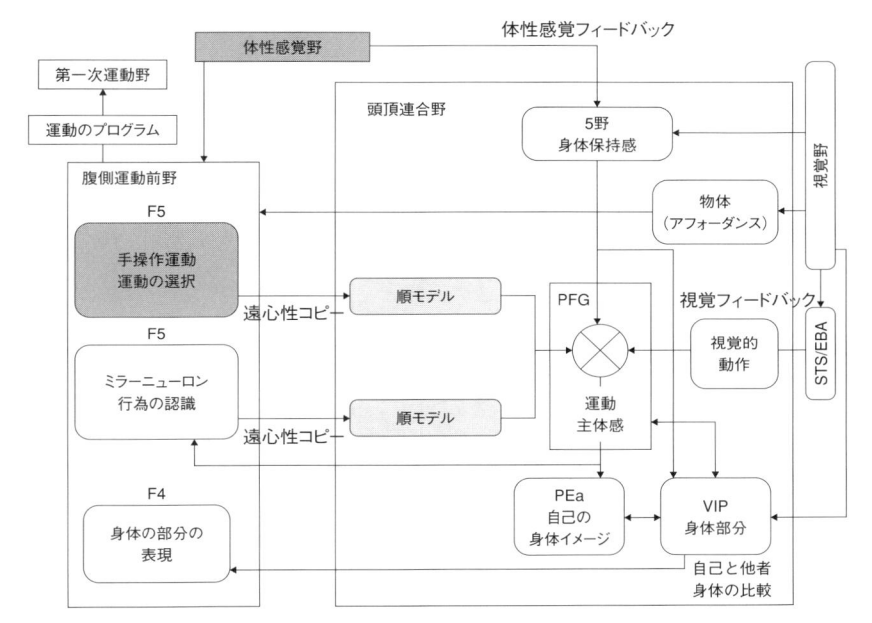

図 5-6 自己と他者の身体を区別するメカニズム

や感覚フィードバックを使って、自己の身体の一部として、常に可塑的に身体イメージを更新する役割があると考えられる。

＊

　これまで、脳の中の最も基本的な自己と他者の表現、つまり身体の表現について述べてきた。ミラーニューロンのような他者動作に対して反応するニューロンの存在は、脳内の他者の身体表現を示唆するものである。実際には、そうした他者の身体表現は自己の身体を参照するような形で行われると考えられる。しかし、同時に脳内には自己の身体と他者の身体を区別するメカニズムが備わっている(図5-6)。このメカニズムは、視覚や体性感覚そして遠心性コピーなどの運動制御に必要な情報を使い、頭頂連合野と運動前野のネットワークを運動制御システムと共有していると考えられる。感覚フィードバックの統合や遠心性コピーとの比較は、脳内の頭頂連合野で起こると推測される。このメカ

ニズムには、ミラーニューロンも運動のモニタリングという形でかかわっていると考えられる。ミラーニューロンは、そもそも運動を制御するためのニューロンであったものが、視覚的な動作表現と運動の信号が結びついて新たな機能をもつようになった、つまり他者の脳の内部状態を推測するような機能がつけ加えられたと考えられるのではないだろうか。脳内では自他の身体を区別するメカニズムと、自己と他者の身体を共有するメカニズムが共存しているということが言えるであろう。

引用文献

Blanke, O., & Arzy, S. (2005). The out-of-body experience: Disturbed self-processing at the temporo-parietal junction. *Neuroscientist*, **11**, 16–24.

Blakemore, S. J., Bristow, D., Bird, G., Frith, C., & Ward, J. (2005). Somatosensory activations during the observation of touch and a case of vision-touch synaesthesia. *Brain*, **128**, 1571–1583.

Blakemore, S. J., Frith, C. D., & Wolpert, D. M. (1999). Spatio-temporal prediction modulates the perception of self-produced stimuli. *Journal of Cognitive Neuroscience*, **11**, 551–559.

Blakemore, S. J., & Sirigu, A. (2003). Action prediction in the cerebellum and in the parietal lobe. *Experimental Brain Research*, **153**, 239–245.

van den Bos, E., & Jeannerod, M. (2002). Sense of body and sense of action both contribute to self-recognition. *Cognition*, **85**, 177–187.

Cisek, P., & Kalaska, J. F. (2004). Neural correlates of mental rehearsal in dorsal premotor cortex. *Nature*, **431**, 993–996.

Claxton, G. (1975). Why can't we tickle ourselves? *Perceptual and Motor Skills*, **41**, 335–338.

Colby, C. L., Duhamel, J. R., & Goldberg, M. E. (1993). Ventral intraparietal area of the macaque: anatomic location and visual response properties. *Journal of Neurophysiology*, **69**, 902–914.

Decety, J., & Sommerville, J. A. (2003). Shared representations between self and other: a social cognitive neuroscience view. *Trends in Cognitive Sciences*, **7**, 527–533.

Duhamel, J. R., Colby, C. L., & Goldberg, M. E. (1998). Ventral intraparietal area of the macaque: congruent visual and somatic response properties. *Journal of Neurophysiology*, **79**, 126–136.

Ehrsson, H. H. (2007). The experimental induction of out-of-body experiences. *Science*, **317**, 1048.

Ferrari, P. F., Rozzi, S., & Fogassi, L. (2005). Mirror neurons responding to observation of actions made with tools in monkey ventral premotor cortex. *Journal of Cognitive Neuroscience*, **17**, 212–226.

Fogassi, L., Gallese, V. et al. (1996). Coding of peripersonal space in inferior premotor cortex (area F4). *Journal of Neurophysiology*, **76**, 141–157.

Fogassi, L., Ferrari, P. F. et al. (2005). Parietal lobe: From action organization to intention understanding. *Science*, **308**, 662–667.

Gallese, V., & Goldman, A. (1998). Mirror neurons and the simulation theory of mind reading. *Trends in Cognitive Sciences*, **12**, 493–501.

Gibson, J. J. (1966). *The senses considered as perceptual system*. Hougton Miffin.

Graziano, M. S., & Cooke, D. F. (2006). Parieto-frontal interactions, personal space, and defensive behavior. *Neuropsychologia*, **44**, 845–859.

Graziano, M. S., Cooke, D. F., & Taylor, C. S. (2000). Coding the location of the arm by sight. *Science*, **290**, 1782–1786.

Holmes, N. P., & Spence, C. (2004). The body schema and the multisensory representation(s) of peripersonal space. *Cognitive Processing*, **5**, 94–105.

von Holst, E. (1953). Relation between the central nervous sysetm and peripheral. *Journal of Animal Behavior*, **2**, 84–94.

入來篤史(2004). 道具を使うサル　医学書院.

Ishida, H., Nakajima, K., Inase, M., & Murata, A. (in press). Shared mapping of own and others' bodies in visuo-tactile bimodal area of the monkey parietal cortex. *Journal of Cognitive Neuroscience*.

岩村吉晃(2001). タッチ　医学書院.

Jacob, P., & Jeannerod, M. (2005). The motor theory of social cognition: a critique. *Trends in Cognitive Sciences*, **9**, 21–25.

Jeannerod, M. (2003). The mechanisms of self-recognition in humans. *Behavioural Brain Research*, **18**, 314–320.

Jellema, T., Baker, C. I., Wicker, B., & Perrett, D. I. (2000). Neural representation for the perception of the intentionality of actions. *Brain Cognition*, **44**, 280–302.

Kohler, E., Keysers, C. et al. (2002). Hearing sounds, understanding actions: Action representation in mirror neurons. *Science*, **297**, 846–848.

Kumashiro, M., Ishibashi, H., Uchiyama, Y., Itakura, S., Murata, A., & Iriki, A. (2003) Natural imitation induced by joint attention in Japanese monkeys. *International Journal of Psychophysiology*, **50**, 81–99.

Luppino, G., Murata, A., Govoni, P., & Matelli, M. (1999). Largely segregated parietofrontal connections linking rostral intraparietal cortex (areas AIP and VIP) and the ventral premotor cortex (areas F5 and F4). *Experimental Brain Research*, **128**, 181–187.

Murata, A., Fadiga, L., Fogassi, L. et al. (1997). Object representation in the ventral premotor cortex (area F5) of the monkey. *Journal of Neurophysiology*, **78**, 2226–2230.

Murata, A., Gallese, V., Luppino, G., Kaseda, M., & Sakata, H. (2000). Selectivity for the shape, size, and orientation of objects for grasping in neurons of monkey parietal area AIP. *Journal of Neurophysiology*, **83**, 2580–2601.

村田哲・石田裕昭(2006). 自己と他者の身体の脳内表現. 電子情報通信学会技術研究報告書, **106**(**410**), 41–44.

Murata, A., & Ishida, H. (2007). Representation of bodily self in the multimodal parieto-premotor network. In S. Funahashi (Ed.), *Representation and Brain*. Springer. pp. 151–176.

村田哲・神代真理(2003). サル運動前野のミラーニューロンとBroca野の機能. 神経研究の進歩, **47**(**5**), 684–693.

明和政子(2004). なぜ「まね」をするのか　河出書房新社.

Obayashi, S., Tanaka, M., & Iriki, A. (2000). Subjective image of invisible hand coded by monkey intraparietal neurons. *Neuroreport*, **11**, 3499–3505.

Prather, J. F., Peters, S., Nowicki, S., & Mooney, R. (2008). Precise auditory-vocal mirroring in neurons for learned vocal communication. *Nature*, **451**, 305–310.

Ramachandran, V. S., & Rogers-Ramachandran, D. (1996). Denial of disabilities in anosognosia. *Nature*, **382**, 501.

Ramachandran, V. S., & Blakeslee, S. (1998). *Phantoms in the Brain: Probing the Mysteries of the Human Mind*. William Morrow. (山下篤子 (訳) (1999). 脳のなかの幽霊 角川書店.)

Raos, V., Umilta, M. A., Murata, A., Fogassi, L., & Gallese, V. (2006). Functional properties of grasping-related neurons in the ventral premotor area F5 of the macaque monkey. *Journal of Neurophysiology*, **95**, 709–729.

Rizzolatti, G., Camarda, R. *et al.* (1988). Functional organization of inferior area 6 in the macaque monkey. II. Area F5 and the control of distal movements. *Experimental Brain Research*, **71**, 491–507.

Rizzolatti, G., & Craighero, L. (2004). The mirror-neuron system. *Annual Review of Neuroscience*, **27**, 169–192.

Rizzolatti, G., Fogassi, L., & Gallese, V. (2001). Neurophysiological mechanisms underlying the understanding and imitation of action. *Nature Reviews Neuroscience*, **2**, 661–670.

Roy, J. E., & Cullen, K. E. (2004). Dissociating self-generated from passively applied head motion: neural mechanisms in the vestibular nuclei. *Journal of Neuroscience*, **24**, 2102–2111.

Sakata, H. (1975). Somatic sensory responses of neurons in the paietal assciation area (area 5) of monkeys. In H. Kornhuber (Ed.), *The Somatosensory System*. Georg Thieme. pp. 250–261.

Sakata, H., Tsutsui, K., & Taira, M. (2005). Toward an understanding of the neural processing for 3D shape perception. *Neuropsychologia*, **43**, 151–161.

Sakata, H., Takaoka, Y., Kawarasaki, A., & Shibutani, H. (1973). Somatosensory properties of neurons in the superior parietal cortex (area 5) of the rhesus monkey. *Brain Research*, **64**, 85–102.

Sakata, H., Taira, M., Kusunoki, M., Murata, A., & Tanaka, Y. (1997). The TINS Lecture. The parietal association cortex in depth perception and visual control of hand action. *Trends in Neurosciences*, **20**, 350–357.

Seki, K., Perlmutter, S. I., & Fetz, E. E. (2003). Sensory input to primate spinal cord is presynaptically inhibited during voluntary movement. *Nature Neuroscience*, **6**, 1309–1316.

Sperry, R. W. (1950). Neural basis of the spontaneous optokinetic response produced by visual inversion. *Journal of Comparative and Physiological Psychology*, **43**, 482–489.

Tanana, K., Obayashi, S., Yokoshi, H. *et al.* (2004). Intraparietal bimodal neurons delineating extrinsic space through intrinsic actions. *Psychologia*, **47**, 63–78.

Tsutsui, K., Taira, M., & Sakata, H. (2005). Neural mechanisms of three-dimensional vision. *Neuroscience Reserch*, **51**, 221–229.

Umilta, M. A., Kohler, E. *et al.* (2001). I know what you are doing: a neurophysiological study. *Neuron*, **31**, 155–165.

Ungerleider, L. G., & Mishkin, M. (1982). Two cortical visual systems. In D. J. Ingle, M. A. Goodale, & R. J. W. Mansfield (Eds.), *Analysis of Visual Behavior*. MIT Press. pp.

549–586.

Weiskrantz, L., Elliott, J., & Darlington, C.（1971）. Preliminary observations on tickling oneself. *Nature*, **230**, 598–599.

頭頂葉と運動前野を結ぶ感覚運動制御のネットワーク ----------- keyword 6

　前頭葉には、第一次運動野以外にいくつかの高次な運動の制御にかかわる高次運動野（運動前野、補足運動野、前補足運動野、帯状回皮質など）と呼ばれる領域がある。頭頂連合野は、その中でも運動前野との結合が強く、感覚運動制御にかかわるいくつかの平行した回路がある。この回路の中で頭頂連合野は、空間内の物体の位置や空間的な特徴を符号化し、また運動をモニタして(Sakata et al., 1997)、腹側運動前野とともに運動のコントロールに重要な役割を果たす。

　頭頂連合野は頭頂間溝をはさんで、上頭頂小葉、下頭頂小葉に分けられ、また、運動前野には背側運動前野と腹側運動前野がある。上頭頂小葉に属するMIP野やV6Aは背側運動前野と、下頭頂小葉に属するAIP野は腹側運動前野のF5との解剖学的相互結合が強い(Rizzolatti & Matelli, 2003：図5-2参照)。頭頂連合野と運動前野を結ぶこうした複数の平行した回路は、ある程度の役割分担があり、処理する空間情報も異なっている。まず、MIP野やV6Aと背側運動前野では、到達運動や把持運動にかかわるニューロン活動が認められる(Galletti et al., 2003)。MIP野やV6Aでは、物体の空間の中での位置に関係したニューロン活動が知られており、また、眼球運動や注視にかかわるLIP野とも結合が認められている。空間位置情報を使って到達運動を達成するのである。また、下頭頂小葉に属するAIP野と腹側運動前野のF5では、把持運動や手指の細かな運動にかかわるニューロン活動が知られている (Taira et al., 1990; Sakata et al., 1997; Rizzolatti & Matelli, 2003)。この領域には、物体の3次元的な形や構造に関連するニューロン活動が認められるが、この視覚情報のもとはAIP野と結合のあるCIP野という領域の3次元の面や軸の傾きに関連したニューロン活動であると考えられている (Sakata et al., 1997)。ただし、これらの平行した経路は完全に分かれているわけではなく、相互の連絡が認められ手指の運動と到達運動の統合が行われていると考えられる。［村田 哲］

Galletti, C., Kutz, D. F., Gamberini, M., Breveglieri, R., & Fattori, P. (2003). Role of the medial parieto-occipital cortex in the control of reaching and grasping movements. *Experimental Brain Research*, **153**, 158–170.

Rizzolatti, G., & Matelli, M. (2003). Two different streams form the dorsal visual system: Anatomy and functions. *Experimental Brain Research*, **153**, 146–157.

Sakata, H., Taira, M., Kusunoki, M., Murata, A., & Tanaka, Y. (1997). The TINS Lecture. The parietal association cortex in depth perception and visual control of hand action. *Trends in Neuroscience*, **20**, 350–357.

Taira, M., Mine, S., Georgopoulos, A. P., Murata, A., & Sakata, H. (1990). Parietal cortex neurons of the monkey related to the visual guidance of hand movement. *Experimental Brain Research*, **83**, 29–36.

内部モデルと遠心性コピー ---------------------------------- keyword 7

　運動を実行する場合には、様々な感覚情報の入力に基づいて運動を企画し、最終的には筋肉に張力を発生させる運動指令が必要である。たとえば、目で見たコップをつかむには、コップの視覚的な位置情報や3次元的な形の情報から、身体を中心にした座標へ変換し、さらに軌道を計画しそれを運動指令へと変換していく(川人, 1994)。実際の脳をみると、空間の情報(コップの場所や3次元的な形)は主に頭頂葉で処理され、そこから高次運動野(keyword 6 参照)へ情報が送られ、そこで運動の信号が生成される。これらの信号は筋肉の張力を直接表現するわけではないが、身体のどの部位をどのように、どのような順序で動かすかというような、運動のプランとでもいうべき信号である。こうした信号は大脳皮質の出口にある第一次運動野に送られ、運動指令として小脳や大脳基底核によって修飾を受けて、脳幹や脊髄を通って筋肉に信号が伝えられる。脳内の運動制御のシステムは、非常にスムースな運動を実現させる。実際に運動が行われている最中には、視覚や体性感覚などの感覚フィードバック信号が脳に伝えられ、フィードバックコントロールを受けるが、これだけではなめらかな運動は表出されない。フィードバックに遅れが生じ、速い運動では間に合わないからである。そこで計算論的に、内部モデルというものが考えられている。内部モデルには、順モデルと逆モデルの二つがある。順モデルは、制御対象のコピーともいうべきもので、運動指令が入力されると軌道を計算する。また逆モデルは、目標とする軌道が入力されるとそれを実現するための運動指令が計算されるもので、制御対象と入出力関係が逆になる。こうした内部モデルは学習によって獲得され、それを使うことによって、実際の感覚フィードバックを必要としない前向き制御(逆モデル)や感覚フィードバックを予測するような制御(順モデル)が可能となる。

　ところで、遠心性コピー(von Holst, 1953)とは、運動指令のコピー信号のことである。これとほぼ同じ意味で、随伴発射(Sperry, 1950)という言葉もある。こうした運動指令のコピーを使うことにより、順モデルによって軌道がシミュレーションされ、実際の運動の時に起こる感覚フィードバックや目標とする軌道との照合を行うことが可能になる。脳内でも、運動領野からの信号が感覚領野に戻ってきている証拠はいくつか知られており、遠心性コピーと考えられる活動が見られる。また、遠心性コピーは、意識にのぼる感覚にも影響を与えると考えられている。たとえば眼で見た物体の大きさは、物体と眼の距離が変わると網膜上では大きさが変化するにもかかわらず、知覚的には大きさが変わらない。これは大きさの恒常性と呼ばれるが、フォン・ホルスト(von Holst, 1957)は、このときに眼の輻輳運動(寄り眼になること)のための遠心性コピーが知覚に影響を与えて、大きさが変化しないようにしていると推測して

いる。また、ブレイクモアらは、自らが自分の身体をくすぐるとくすぐったくない現象を、遠心性コピーが感覚フィードバックに影響を及ぼしていると説明している (Blakemore *et al.*, 1999)。[村田 哲]

Blakemore, S. J., Frith, C. D., & Wolpert, D. M. (1999). Spatio-temporal prediction modulates the perception of self-produced stimuli. *Journal of Cognitive Neuroscience*, **11**, 551–559.
von Holst, E. (1953). Relation between the central nervous sysetm and peripheral. *Journal of Animal Behavior*, **2**, 84–94.
von Holst, E. (1957). Aktive Leistungen der menschlichen Gesichtwahrnehmung. *Stdium Generale*, **10**, 231–430.
川人光男(1994). 運動の計算モデル. 岩波講座　認知科学4　運動　岩波書店.
Sperry, R. W. (1950). Neural basis of the spontaneous optokinetic response produced by visual inversion. *Journal of Comparative Physiological Psychology*, **43**, 482–489.

III

「他者」と出会う
―― 動き・視線・意図の認知 ――

第**6**章

動きに敏感な脳──バイオロジカルモーション知覚の発達

平井真洋

　われわれにとって「他者」とは最も身近な、そして特別な存在であろう。近年の研究によると、脳の特定の部位が他者の身体や身体の運動に対して特異的に活動することが報告されている。本章では、今から30年ほど前に報告されたバイオロジカルモーションと呼ばれる知覚現象を取り上げ、そこからわれわれの脳で処理される「他者の動き」について考えていくことにしよう。

1　他者の情報の検出

▶ 身体への特別なチューニング

　われわれの脳は、他者の身体を単なるモノとしてではなく、特異的に処理することが様々な研究により示されている。たとえば、空間的に異なる位置にそれぞれに一つの点が描かれた2枚の写真を交互に提示したとしよう。通常、われわれは点が最も短い経路上を移動するように知覚する（仮現運動）。ところが、ヒトが腕を回転しようとする時点の写真と腕を回転し終わった時点の写真とを適切な時間間隔で続けて提示すると、われわれは写真に提示されたヒトの腕があたかも回転したかのような曲がった経路を知覚することができる（Shiffrar & Freyd, 1990; Shiffrar & Freyd, 1993）。この知見は、ヒトの身体においては生体力学的な制約が加味された上で曲がった運動の軌跡が知覚されることを示唆しており、身体知覚処理が特異であることを示す一つの証拠と考えられる。このような行動実験の結果を支持するかのように、近年の脳機能イメージング研究では、ヒトの身体に対して特異に活動する部位が存在することを報告している。これまでにもヒトの顔に対して反応する部位、紡錘状回（Fusiform Face Area: FFA）があることが知られているが（Kanwisher *et al.*, 1997）、ヒトの身体に対して特別に反応する部位（Extrastriate Body Area: EBA）の存在が近年報告されている

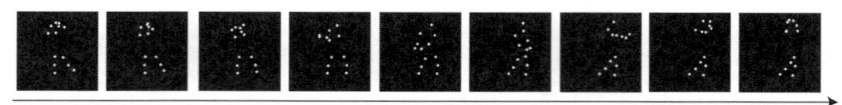

図 6–1 バイオロジカルモーション刺激の例

(Downing *et al.*, 2001)。このようにわれわれの脳は他者の身体に対して「チューニング」され、身体に関する情報は他の物体に関する情報とは処理が異なると言っても過言ではない(詳しくは、Peelen & Downing, 2007)。

▶ 動きのみからの認識——バイオロジカルモーション

われわれは見かけから他者を認識するだけでなく、運動情報のみからでも他者の運動を認識できることが知られている。バイオロジカルモーションとは、光点運動のみから他者行為を知覚することができる現象であり、1895年にマレー、1973年にヨハンソンにより報告されている(Johansson, 1973)。実際、インターネット上にはバイオロジカルモーションに関するデモンストレーションが多数ある(たとえば、http://www.biomotionlab.ca/Demos/BMLwalker.html)。最近では、芸術や広告の分野にも用いられており、これまでにも目にしたことがあるかもしれない(例として、図 6–1 にバイオロジカルモーション刺激の一例を示した。どのような運動かわかるだろうか)。

バイオロジカルモーションは、光点の運動情報のみから単に他者の運動だけでなく、たとえば性別(Kozlowski & Cutting, 1977)や知人かどうか、あるいは運動のカテゴリ(Dittrich, 1993)、さらにはどのくらいの荷物をもっているか(Runeson & Frykholm, 1981)などを認識することが可能である。近年の研究によれば、自己と知人のバイオロジカルモーションを様々な視点から提示した場合、自己のバイオロジカルモーションは視点によらず正答することができたが、知人の場合は提示する視点により正答率が異なるとの報告や(Jokisch *et al.*, 2006)、2人のヒトがダンスやボクシングなどのインタラクションをしているバイオロジカルモーションは、そうでない場合に比べて検出成績が有意に向上するとの報告がある(Neri *et al.*, 2006)。これらの知見は、われわれが限られた運動情報のみから対象を同定し、さらにはヒト同士の意味のある相互作用に至るまでの複雑

な情報を読み取ることができることを示すものである。では、脳内でバイオロジカルモーションはどのように処理されているのであろうか。

2　バイオロジカルモーション知覚の処理と発達

▶ 脳内のメカニズム――上側頭溝の役割と二つの処理過程

　過去10年間、バイオロジカルモーションを知覚している際に活動する脳部位に関する知見が蓄積し、どの部位がバイオロジカルモーション知覚処理において重要な役割を果たしているかが明らかになりつつある。脳機能イメージングの研究によると、バイオロジカルモーションを提示している際には、運動野、小脳、FFAなどの複数の領域が関与していることが報告されているが、特に上側頭溝 (Superior Temporal Sulcus: STS) と呼ばれる領野 (前掲図5-2参照) が活動することが報告されている (Bonda *et al.*, 1996; Grossman *et al.*, 2000)。興味深いことに、STSはバイオロジカルモーション刺激に対して最も強く活動するが、ヒトの形それ自体に対しては強く活動しない (Peuskens *et al.*, 2005)。さらに、ヒト以外の光点運動、たとえば道具に装着した光点運動を提示した場合、STSは活動せず、中側頭回 (Middle Temporal Gyrus) が活動する (Beauchamp *et al.*, 2003)。一方、経頭蓋磁気刺激 (Transcranial Magnetic Stimulation: TMS) を用いてSTS付近の活動を抑制した場合には、バイオロジカルモーションの検出が有意に阻害されるとの報告がある (Grossman *et al.*, 2005)。また、近年の脳損傷患者による大規模な研究によっても、STSおよび運動前野がバイオロジカルモーションの知覚に必要であることが報告されている (Saygin, 2007)。これらの報告は、STSがバイオロジカルモーションを特異的に処理していることを示している。

　STSは二つの視覚処理経路＊、すなわち物体の処理にかかわる腹側経路と空間情報処理にかかわる背側経路の合流点であり、高次視覚情報処理を担っていることが知られている (Ungerleider & Mishkin, 1982)。さらに、STSは感覚モダリティによらないヒトの運動に関する処理を行う部位として知られている。たとえば、ヒトの足音を聞かせた場合でもSTSが活動すると報告されており、ヒトの運動に関連した聴覚情報処理も行うと考えられている (Bidet-Caulet *et al.*,

2005)。興味深いこと、STSは視線や身体の動き、口の動きなどのいわゆる「社会的刺激」に対して反応することが多数報告されている (Allison et al., 2000)。これはSTSが単に高次の視覚処理を行うだけでなく、モダリティを超えた社会的に関連のある刺激を処理する可能性を示唆するものであろう。

バイオロジカルモーションはわずか200ミリ秒程度の提示であっても行為を同定することが可能であることが報告されている (Johanson, 1976)。これは、われわれの脳がバイオロジカルモーションを高速に処理していることを示唆するものである。では、脳の中でバイオロジカルモーションはどのようなタイミングで処理されているのであろうか。この問いに答えるため、筆者らは事象関連電位[*]を計測することにより、バイオロジカルモーション知覚時の脳活動の時間特性をミリ秒単位で明らかにした (Hirai et al., 2003)。実験では、バイオロジカルモーション（ヒト歩行を知覚できる光点アニメーション）と、統制刺激としてそれぞれの光点数、光点の速度ベクトルは同一であるが、その初期位置をランダマイズしたスクランブルモーション刺激を用いた（図6–2）。その結果、バイオロジカルモーション刺激提示時には二つの陰性方向の活動が、刺激提示後200ミリ秒および240–400ミリ秒に見出された。さらに両成分の振幅はバイオロジカルモーション刺激に対するほうがスクランブルモーション刺激よりも増大することが判明した（図6–3）。ほかの研究グループも同様の実験を行い、正立、倒立のバイオロジカルモーション、および正立のスクランブルモーションの計3種類の刺激を用いた (Jokisch et al., 2005)。その結果、筆者らの結果と同様に二つの陰性成分が見出され、特に初期成分の振幅は、正立バイオロジカルモーション刺激提示時が倒立バイオロジカルモーション、スクランブルモーション刺激よりも大きく、後期成分の振幅では正立・倒立にかかわらずバイオロジカルモーション刺激提示時がスクランブルモーション刺激よりも大きいことが判明した。これら二つの事象関連電位計測による実験の結果から、バイオロジカルモーション知覚処理には、少なくとも二つの処理過程が刺激提示後200–400ミリ秒の間に関与する可能性が示唆された。特に初期成分の振幅は、正立バイオロジカルモーション刺激で大きかったことから、最初のフレームで知覚されるヒトの形に関する処理 (Stekelenburg & de Gelder, 2004)、もしくは先行研究で知られている一般的な運動視処理または局所的な運動情報処理を反映している可

能性が考えられる。一方、後期成分については、提示方向によらずバイオロジカルモーション刺激で振幅が大きかったことから、生物らしい運動パターンあるいは光点運動から知覚されるヒト運動（大域的な運動情報）に関する処理を反映しているのではないかと考えられている。筆者らの脳磁図による研究によっても、バイオロジカルモーション処理に関連した成分を刺激提示後300–400ミリ秒付近にSTS後部で見出している（Hirai *et al.*, 2008）。

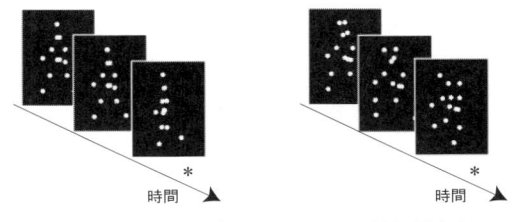

図6–2　バイオロジカルモーション刺激（左）とスクランブルモーション刺激（右）

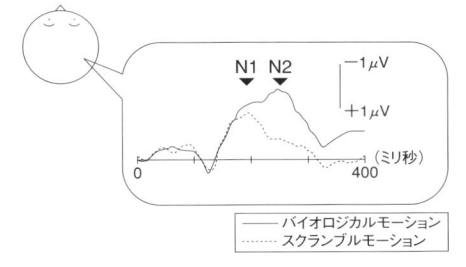

図6–3　バイオロジカルモーション刺激とスクランブルモーション刺激に対する脳活動（Hirai *et al.*, 2003）

　このような二つの処理過程は、近年提案されているバイオロジカルモーション知覚処理に関する階層モデルとうまく整合しているかもしれない。トローヤによる階層モデルでは、まず、各光点についての生物らしさが検出され（life detection）、その後、ヒトの形（structure-from-motion）、行為の認識（action recognition）および、感情や意図などの認識（style recognition）に関する処理が行われるとしている（Troje, 2008）。さらにプースケンスらは階層的な処理を脳部位と対応付けしている。具体的にはMT/V5野において複雑な運動パターンを解析し、さらに下側頭回においてヒトの形に関する情報を処理する。その後、両部位からの出力がSTSに入力され、ヒトの行為に関する情報が処理されるのではないかと提案している（Peuskens *et al.*, 2005）。これらの階層モデルを筆者らの知見とつき合わせると、より詳細な処理の時間動態が明らかになるかもしれない。つまり、バイオロジカルモーションを提示してから200ミリ秒後MT/V5野で運動情報が処理され、300–400ミリ秒後STSでそれぞれの光点運動を統合し、ヒトに関する運動情報が処

理される可能性が考えられる。

▶ いつから検出できるようになるか

前項までは脳機能が成熟した成人のバイオロジカルモーション処理について概観した。では、われわれは、いつからバイオロジカルモーションをヒトの運動として認識できるのだろうか。生まれてすぐの乳児は、バイオロジカルモーションをヒトの運動として認識することが可能なのだろうか。

乳児を対象とした実験では、たとえば選好注視法、馴化・脱馴化法と呼ばれる手法を用いることにより、二つの刺激を弁別できるのかどうかを明らかにする。これらの手法により、すでに生後2日の新生児が正立のバイオロジカルモーション刺激に対して選好があることが明らかにされている（Simion et al., 2008）。また、生後3–5ヶ月の乳児においても、バイオロジカルモーション刺激と光点配置をランダマイズした刺激、光点の位相をずらした刺激を弁別することができるとの報告がある（Fox & McDaniel, 1982; Bertenthal et al., 1987a, 1987b; Bertenthal & Pinto, 1993）。特に、3ヶ月児では、各光点の位相関係をずらしたバイオロジカルモーションと通常のバイオロジカルモーションを提示した場合、刺激の提示方向にかかわらず、刺激の弁別が可能である一方、5ヶ月児においては正立条件のみで刺激の弁別が可能であったと報告されている。この結果は、3ヶ月児においては光点の局所的な情報を使って弁別しているのに対し、5ヶ月児においてはより大域的な情報を使って両者を弁別している可能性を示唆している。

では、バイオロジカルモーションの検出は幼児期から児童期にかけてどのように発達していくのだろうか。フレイルらは、バイオロジカルモーション刺激にノイズとして刺激と同じ光点を加え、どのくらい光点を加えていくとバイオロジカルモーションが検出できなくなるかを、6歳児、9歳児および成人を対象に調べた（Freire et al., 2006）。その結果、9歳児では成人とほぼ同様の成績であったが、6歳児では9歳児と比較して成績が悪いことが判明した。一方、ノイズを加えない場合、バイオロジカルモーションの検出は5歳までに成人と同様の傾向を示すものであった（Pavlova et al., 2001）。

これらをまとめると、バイオロジカルモーションの検出メカニズムは、生得

的に備わっていると考えても差し支えないだろう。その後、光点運動に関する処理が生後数ヶ月の間に大域的なものから局所的なもの、あるいは局所的なものから大域的なものへというようにダイナミックに変化している可能性がある。さらに5歳までにはバイオロジカルモーションの検出成績は成人のそれに近くなっている。しかし、ノイズに埋め込まれたバイオロジカルモーションの検出に関しては、9歳頃になり、ようやく成人の成績に近づくと考えられる。

▶ 脳活動の発達に伴う変化

これまでの乳児期から児童期におけるバイオロジカルモーション知覚の研究は、いずれも注視時間、ボタン押し、言語報告など行動指標によるものであり、バイオロジカルモーション知覚処理に伴う脳活動が発達に伴ってどのように変化するかについては不明であった。そこで筆者らは、前述した事象関連電位計測法により、乳児のバイオロジカルモーション刺激に対する脳活動を調べた (Hirai & Hiraki, 2005)。成人の実験と同様に、バイオロジカルモーション刺激とその初期位置のみをランダマイズしたスクランブルモーション刺激を用いて成人および生後8ヶ月の乳児7人を対象とした実験を行った。刺激提示後200–300ミリ秒の間での平均電位を比較した結果、成人においても8ヶ月児においても、右半球においてスクランブルモーション刺激よりもバイオロジカルモーション刺激で陰性方向の活動が有意に増大した(図6–4)。

では、児童期においては、バイオロジカルモーション知覚処理に伴う脳活動はどのように変化するのだろうか。これまでにも顔知覚処理に関する横断的な研究 (Taylor et al., 2004) は報告されているが、バイオロジカルモーション知覚処理に関する報告はなされていない。そこで、筆者らは乳児を対象とした実験と同様の刺激を用い、小学1年生から中学3年生まで約100人を対象とした事象関連電位計測を行った (Hirai et al., submitted)。その結果、100ミリ秒後に見られる陽性成分の振幅は年齢とともに減少するのに対し、バイオロジカルモーション刺激に対する二つの陰性成分の振幅は、全年齢群において、スクランブルモーション刺激に対する成分の振幅よりも有意に増大していることが明らかになった。一方、200ミリ秒付近で見られる初期陰性成分のピークに至るまでの時間(潜時)は発達に伴い減少したが、300–400ミリ秒付近で見られる後期陰

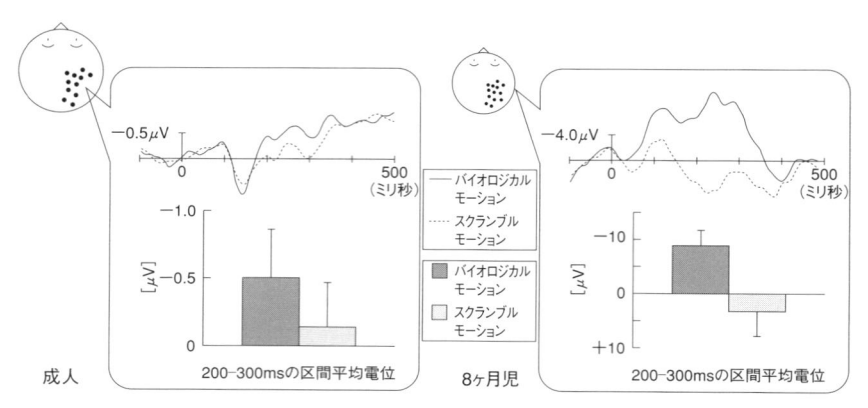

図6-4 成人と8ヶ月児のバイオロジカルモーション刺激・スクランブルモーション刺激に対する事象関連電位(Hirai & Hiraki, 2005)

性成分の潜時については発達に伴う変化は確認されなかった。一方、ヒト歩行のCGアニメーションを7–10歳の児童に提示した場合、STSの活動が振り子時計などの生物ではない運動のアニメーションを提示した場合よりも活動が有意に増加し、さらに発達に伴い活動量が増加するとの報告がある(Carter & Pelphrey, 2006)。このような発達に伴う脳活動の変化は、顔知覚処理においても見られる。たとえば顔刺激を提示した場合の12歳における紡錘状回(FFA)の活動は成人のものより広範囲に分布しているとの報告(Passarotti et al., 2003)や、顔刺激に対するFFAの活動は5–8歳まで見られないとの報告がある(詳しくは、Cohen & Johnson, 2007)。また、皮質灰白質の構造自体も児童期から青年期にかけてダイナミックに変化することが報告されている。たとえば、上側頭回は発達に伴う構造変化が前部では見られないが、後部ではゆるやかに変化する(Gogtay et al., 2004)。

このように、少なくとも生後8ヶ月の段階においてバイオロジカルモーション刺激に対する脳活動はコントロール刺激に対するよりも大きくなるが、その後の発達に伴う脳の構造的な変化などにより、処理のタイミングが変化する可能性がある。実際、テイラーらの報告によっても顔知覚処理に関する事象関連電位の成分の振幅および潜時が児童期において単調に変化しないことが指摘されている(Taylor et al., 2004)。このように児童期から青年期にかけてもなお、バ

イオロジカルモーション知覚処理に関連した神経活動のタイミングは変化する可能性がある。

3 生物らしさの鍵となる見かけと動き

前節では、特にヒトの身体運動から生成されるバイオロジカルモーションの知覚処理に関する神経メカニズムとその発達的変化について概観した。むろん、われわれは運動情報のみからでもかなりの確率で他者を同定することが可能であるが、「見かけ」の情報も重要であろう。本節では、「見かけ」と「運動」の相互作用がヒトらしさの知覚にどのように影響するかについて考える。

▶「見かけ」がロボットをモノにする？

近年のロボティクスの発達に伴い、ロボットの見かけがヒトに限りなく近づいている（topic 9 参照）。では、われわれはヒトに近いロボットをヒト（生物）と見なしているのだろうか。それとも単なるモノ（オブジェクト）として見なしているのだろうか。たとえばペルフリーの実験によれば、CG により作成された正立のヒト歩行、ロボット歩行、振り子時計、ロボットの関節をはずした運動の4種類を提示した際の脳活動を調べた場合、STS の活動は振り子時計よりもそれ以外の刺激で増大した（Pelphrey et al., 2003）。これは STS が、外見によらずバイオロジカルモーションそれ自体により活動が増加していることを示すものである。一方、タイらは、ロボットおよびヒトがそれぞれリーチングする映像を提示した際の脳活動を計測し、その差分を調べた（Tai et al., 2004）。その結果、ロボットよりもヒトに対して左半球の運動前野における活動が有意に増加することを示したが、STS 付近での活動に差は見られなかった。これらの知見は STS の活動は対象の見かけに影響を受けないことを示唆している。しかし、「見かけ」の影響は本当にないのだろうか。筆者らはバイオロジカルモーション知覚処理における見かけの影響を調べるため、異なる外見をもつ物体（ヒト、ロボット、光点）に対して同一の歩行運動をする CG を作成し、それらを正立および倒立して提示した際の倒立効果を事象関連電位計測により検討した（Hirai & Hiraki, 2007：図6–5）。事象関連電位における倒立効果とは、正立条件

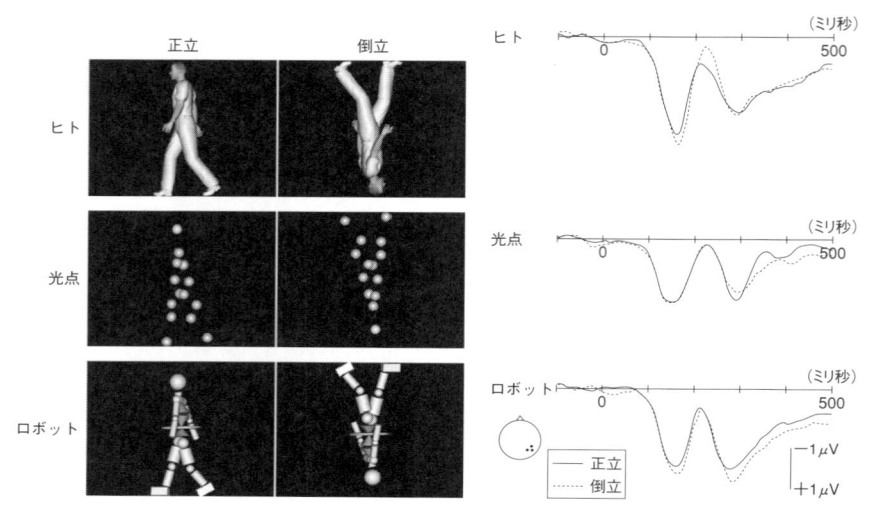

図6–5　事象関連電位における倒立効果（Hirai & Hiraki, 2007）

よりも倒立条件で顔および身体に特徴的に見られる陰性成分の振幅が大きく、潜時が長いことにより特徴づけられる。先行研究により、ヒトの身体においては倒立効果が生じるが、靴や家などのオブジェクトでは生じないとの報告がされている（Stekelenburg & de Gelder, 2004）。そこで、もしロボットの身体がヒトの身体と同様に処理されているのであれば倒立効果が生じるが、オブジェクトのような処理がなされているとしたら生じないであろうという仮説を立て検証した。その結果、ヒト歩行運動では倒立効果が認められたが、ロボット歩行運動では認められなかった。全条件において、運動情報は同一であるので、倒立効果に影響を与えた要因は「見かけ」情報であることが考えられる。これは運動情報だけでなく、「見かけ」情報も生物らしさの知覚には影響を与えていることを示唆する知見であろう。

アンドロイド　　topic 9

　人間社会で働くロボットにおいては、ヒトとかかわる機能が重要となる。この機能において、動きの問題だけでなく、見かけの問題も研究するために開発したのがアンドロイドである。すなわち、アンドロイドはそれ自体が実用的なロボット開発を目指しているのではなく、むしろヒトとヒト、ヒトとロボットのかかわりにおけるヒトの特性を理解するための試金石で

ある。そして、このアンドロイドを用いた研究を通して得られる知見は、ヒトとかかわるメディアや機械の設計に生かせるものと期待される。

アンドロイドと他のロボットの最も大きな違いは、そのヒトに酷似した見かけにある。この見かけにより、人々のアンドロイドへの接し方も大きく変わってくる。ロボットらしいロボットであれば、ためらわずに触れることができるが、アンドロイドに触れるときは躊躇してしまう。このような現象は見かけが人間らしいアンドロイドだけでなく、人間らしく話をするロボットに対しても起こる。ヒトは対話の対象を擬人化する傾向にあるといわれるが、それゆえに、このような反応を示すものと考えられる。すなわち、ヒトの脳の中にあるであろう、ヒトを認識するモデルに刺激を与えるのがアンドロイドであり、その見かけや動きなどを通して、ヒトが感じる人間らしさを研究することができる。

アンドロイドに遠隔対話の機能を備え付ければ、操作者が遠隔地から自分そっくりのアンドロイドの身体に乗り移り、対話することも可能になる。このアンドロイドをジェミノイド（図：双子という意味）と呼ぶ。ジェミノイドのシステムで興味深いのは、対話をしばらく続けると、ジェミノイドを操作する操作者も、ジェミノイドと対峙する訪問者も、あたかもそれが操作者本人であるかのような、錯覚を起こすことである。無論、区別がつかなくなるわけではない。しかし、訪問者は自然にジェミノイドの目を見て話すようになり、アンドロイド以上に身体にさわることを躊躇する。一方、操作者はジェミノイドの身体に触れられると、自分の身体に触れられたような気分になる。このようにジェミノイドは人間らしさの研究だけでなく、人間の存在感にかかわる問題にまで研究を深めることができる。［石黒 浩］

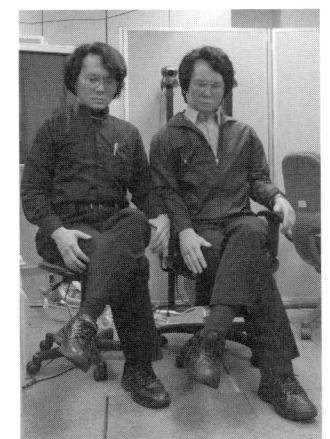

図 筆者（左）とジェミノイド（右）
（ATR 知能ロボティクス研究所開発）

▶ ロボットに対してはふるまいが変わる

さらに、ヒトとロボットの運動知覚の処理の違いは視覚系だけにとどまらず、運動系にも影響を与えることが示されている。ヒトとロボットの腕の運動を知覚した際に、出力する運動の軌跡が異なるとの報告もされている（Kilner *et al.*, 2003）。ヒトの腕振り運動かロボットの腕振り運動を観察し、その運動とは直交する運動（たとえば、相手のヒトあるいはロボットが垂直方向に腕振り運動をした場合、水平方向に腕振り運動）をするように指示し、その腕の運動の軌跡をモーションキャプチャ装置により記録する。その運動のばらつき（上記の例であれば垂直方向の運動の分散）を計算し、指標としたところ、相手がヒトである場合はロ

ボットである場合よりも有意に分散が増大することが示された。さらに、キルナーらは速度の与える影響を検討した(Kilner *et al.*, 2007)。実験では、2種類の運動条件(生物的な運動、一定速度)と2種類の外見条件(ヒト、ボール)の要因を組み合わせ、先と同様に観察した運動によって腕振り運動の軌跡の分散がどのように影響されるかを調べた。その結果、ヒトの外見条件では生物的な運動を観察した場合にのみ腕振り運動が影響されたが、ボール運動を観察した場合には、両方の速度条件で腕振り運動に影響がみられた。これらの実験結果は「見かけ」と「運動」の違いが視覚系にとどまらず、運動系に影響を及ぼすこと、さらには対象の「見かけ」によって腕振り運動に作用する運動の種類が限定されることを示すものである。

さらに今後の研究において対象の「見かけ」のどのような要因が腕振り運動に影響を与えるのかを特定することが必要ではあるが、これらの知見は「人らしい」ロボットの設計原理を考える上で一つの指針を与えるだろう。

4　社会的知覚の基盤としてのバイオロジカルモーション

本章では、①バイオロジカルモーション知覚処理の神経機序、②その発達的変化、③「見かけ」と「運動」がバイオロジカルモーション知覚に与える影響の3点を概観した。これらの知見により、①STSに代表されるバイオロジカルモーション知覚処理にかかわる重要な部位があること、そしてその処理には二つの処理過程が刺激提示後400ミリ秒以内に関与すること、②生後すぐでも正立バイオロジカルモーションに対する選好があるが、その処理は発達に伴って変化する可能性があること、さらに、脳活動も生後8ヶ月頃から違いが生じること、③「動き」情報とともに「見かけ」情報もヒトらしさの知覚には影響を与える可能性があること、が明らかとなった。

前節に示した通り、バイオロジカルモーション知覚処理は視覚系だけにとどまらず、運動系にも影響を及ぼしていることが明らかになりつつある。一方、自己の運動がバイオロジカルモーション知覚に影響を与える報告もある。カシルらは、通常の歩行では起こりえない(通常では手と足の位相は180°ずれているが、そのずれを220°および270°ずらした刺激)バイオロジカルモーション刺激を

作成し、目隠しをした歩行運動訓練の前後で、その刺激の弁別課題を行った(Casile & Giese, 2006)。その結果、視覚学習を行っていないにもかかわらず運動学習後においては学習した歩行パターンのバイオロジカルモーションの弁別成績が向上した(270°位相がずれた歩行運動を学習後には、その運動パターンのバイオロジカルモーションの弁別成績が有意に向上した)と報告している。また、カルボ−メリノらは運動観察時の脳活動が運動経験により変化すると報告している(Calvo-Merino et al., 2005)。具体的には、カポエイラの熟達者がカポエイラを観察した場合、バレエを観察した場合と比較して、頭頂葉、運動前野、STSにおいて強い活動が見られ、バレエの熟達者の場合は逆にバレエを観察した場合、これらの部位の活動が有意に増大した。このような報告は、他者の行為が単なる視覚情報としてとらえられるのではなく、自己の運動としてとらえられている可能性(シミュレーション仮説：第4章参照)を示すものであり、他者行為の意図の理解、さらには他者への共感(第9章参照)などの基盤となることが考えられる。

　また、バイオロジカルモーションは知覚現象として興味深いだけでなく、いわゆる「社会的知覚」の一つであることが指摘されている(Allison et al., 2000)。特に自閉症児を対象とした研究報告は興味深い。症例報告としてクリンらは、生後15ヶ月の定型発達児および自閉症児を対象に、聴覚刺激を伴う正立と倒立のバイオロジカルモーション刺激を提示した(Klin & Jones, 2008)。その結果、自閉症児は手をたたく音と手をたたくバイオロジカルモーションが同時に提示された場合(物理的な随伴性がある場合)には正立バイオロジカルモーションを選好する傾向があったが、たとえば、「バイバイ」と言いながら手を振るバイオロジカルモーションが提示された場合(社会的文脈に合致している場合)には選好が見られなかった。一方、定型発達児はいずれの刺激に対しても正立バイオロジカルモーションに対する選好があった。また、ブレイクらは(Blake et al., 2003)自閉症児(5–10歳)と定型発達児(8–10歳)を対象に、静止した線分のまとまりを検出する課題とバイオロジカルモーションを検出する課題を行った。その結果、静止した線分のまとまりを検出する課題では自閉症児と定型発達児で有意差はなかったのに対し、バイオロジカルモーション検出課題では自閉症児は定型発達児と比較して検出が不得手であった。一方、ムーアらは14歳の児童を

対象にバイオロジカルモーションの検出課題（光点運動がヒトによるものなのか、それともオブジェクトによるものなのかを判定させる課題）を行った結果、自閉症児は定型発達児と比較して検出が不得手であったが、その検出成績に有意差はみられなかったと報告している（Moore et al., 1997）。では、このような一部の報告にあるバイオロジカルモーションの検出を阻害する要因は何であろうか。一つの理由として、STSの機能障害が考えられる（Zilbovicius et al., 2006）。これまでにも自閉症者の視線処理におけるSTSの機能障害が報告されている（詳しくは第8章参照）ことから、その可能性は十分考えられる。しかしながら、現時点において、自閉症者を対象とした（バイオロジカルモーションを用いた）脳機能イメージング研究はようやく始まったばかりであり（たとえばFreitag et al., 2008）、確定的なことはまだ不明である。

このようにバイオロジカルモーションは現象の面白さに加え、「社会的知覚」処理のメカニズムを明らかにするための一つのツールとして利用することが可能であろう。さらにこれまで用いられてきた（一人の）バイオロジカルモーションに加え、ヒト同士の相互作用によるバイオロジカルモーション研究も始まっている（Neri et al., 2006）。今後、このような刺激を用いることにより、他者行為の検出から、社会的な相互作用といったより複雑な社会的認知のメカニズムも明らかにされることが期待される。

謝辞　生理学研究所感覚運動調整部門の柿木隆介教授、渡邉昌子助教に感謝いたします。

引用文献

Allison, T., Puce, A. *et al.* (2000). Social perception from visual cues: Role of the STS region. *Trends in Cognitive Sciences*, **4** (**7**), 267–278.

Beauchamp, M. S., Lee, K. E. *et al.* (2003). FMRI responses to video and point-light displays of moving humans and manipulable objects. *Journal of Cognitive Neuroscience*, **15** (**7**), 991–1001.

Bertenthal, B. I., & Pinto, J. (1993). Complimentary processes in the perception and production of human movements. In L. B. Smith, & E. Thelen (Eds.), *A Dynamic Systems Approach to Development: Applications*. MIT Press. pp. 209–239.

Bertenthal, B. I., Proffitt, D. R. *et al.* (1987a). Perception of biomechanical motions by infants: Implementation of various processing constraints. *Journal of Experimental Psychology: Human Perception & Performance*, **13**, 577–585.

Bertenthal, B. I., Proffitt, D. R. *et al.* (1987b). Infants' encoding of kinetic displays varying in relative coherence. *Developmental Psychology*, **23**, 171–178.

Bidet-Caulet, A., Voisin, J. et al. (2005). Listening to a walking human activates the temporal biological motion area. *NeuroImage*, **28**, 132–139.

Blake, R., Turner, L. M. et al. (2003). Visual recognition of biological motion is impaired in children with autism. *Psychological Science*, **14** (2), 151–157.

Bonda, E., Petrides, M. et al. (1996). Specific involvement of human parietal systems and the amygdala in the perception of biological motion. *The Journal of Neuroscience*, **16** (11), 3737–3744.

Calvo-Merino, B., Glaser, D. E. et al. (2005). Action observation and acquired motor skills: an FMRI study with expert dancers. *Cerebral Cortex*, **15** (8), 1243–1249.

Carter, E. J., & Pelphley, K. A. (2006). School-aged children exhibit domain-specific responses to biological motion. *Social Neuroscience*, **1** (3), 396–411.

Casile, A., & Giese, M. A. (2006). Nonvisual motor training influences biological motion perception. *Current Biology*, **16** (1), 69–74.

Cohen Kadosh, K., & Johnson, M. H. (2007). Developing a cortex specialized for face perception. *Trends in Cognitive Sciences*, **11** (9), 367–369.

Dittrich, W. H. (1993). Action categories and the perception of biological motion. *Perception*, **22** (1), 15–22.

Downing, P. E., Jiang, Y. et al. (2001). A cortical area selective for visual processing of the human body. *Science*, **293** (5539), 2470–2473.

Fox, R., & McDaniel, C. (1982). The perception of biological motion by human infants. *Science*, **218** (4571), 486–487.

Freire, A., Lewis, T. L. et al. (2006). The development of sensitivity to biological motion in noise. *Perception*, **35** (5), 647–657.

Freitag, C. M., Konrad, C. et al. (2008). Perception of biological motion in autism spectrum disorders. *Neuropsychologia*, **46** (5), 1480–1494.

Gogtay, N., Giedd, J. N. et al. (2004). Dynamic mapping of human cortical development during childhood through early adulthood. *Proceedings of the National Academy of Sciences of the United States of America*, **101** (21), 8174–8179.

Grossman, E., Battelli, L. et al. (2005). Repetitive TMS over posterior STS disrupts perception of biological motion. *Vision Research*, **45** (22), 2847–2853.

Grossman, E., Donnelly, M. et al. (2000). Brain areas involved in perception of biological motion. *Journal of Cognitive Neuroscience*, **12** (5), 711–720.

Hirai, M., Fukushima, H. et al. (2003). An event-related potentials study of biological motion perception in humans. *Neuroscience Letters*, **344** (1), 41–44.

Hirai, M., & Hiraki, K. (2005). An event-related potentials study of biological motion perception in human infants. *Cognitive Brain Research*, **22** (2), 301–304.

Hirai, M., & Hiraki, K. (2007). Differential neural responses to humans vs. robots: An event-related potential study. *Brain Reseach*, **1165**, 105–115.

Hirai, M., Kaneoke, Y., Nakata, H., & Kakigi, R (2008). Neural responses related to point-light walker perception: A magnetoencephalographic study. *Clinical Neurophysiology*, **119** (12), 2775–2784.

Johansson, G. (1973). Visual perception of biological motion and a model for its analysis. *Perception & Psychophysics*, **14**, 201–211.

Johansson, G. (1976). Spatio-temporal differentiation and integration in visual motion perception: An experimental and theoretical analysis of calculus-like functions in visual data

processing. *Psychological Research*, **38** (**4**), 379–393.
Jokisch, D., Daum, I. *et al.* (2005). Structural encoding and recognition of biological motion: Evidence from event-related potentials and source analysis. *Behavioural Brain Research*, **157** (**2**), 195–204.
Jokisch, D., Daum, I. *et al.* (2006). Self recognition versus recognition of others by biological motion: viewpoint-dependent effects. *Perception*, **35** (**7**), 911–920.
Kanwisher, N., McDermott, J. *et al.* (1997). The fusiform face area: A module in human extrastriate cortex specialized for face perception. *The Journal of Neuroscience*, **17** (**11**), 4302–4311.
Kilner, J., Hamilton, A. F., & Blakemore, S. J. (2007). Interference effect of observed human movement on action is due to velocity profile of biological motion. *Social Neuroscience*, **2** (**3–4**), 158–166.
Kilner, J. M., Paulignan, Y. *et al.* (2003). An interference effect of observed biological movement on action. *Current Biology*, **13** (**6**), 522–525.
Klin, A., & Jones, W. (2008). Altered face scanning and impaired recognition of biological motion in a 15-month-old infant with autism. *Developmental Science*, **11** (**1**), 40–46.
Kozlowski, L. T., & Cutting, J. E. (1977). Recognizing the sex of a walker from a dynamic point-light display. *Perception & Psychophysics*, **21**, 575–580.
Meary, D., Kitromilides, E. *et al.* (2007). Four-day-old human neonates look longer at non-biological motions of a single point-of-light. *PLoS ONE*, **2** (**1**), e186.
Moore, D. G., Hobson, R. P. *et al.* (1997). Components of person perception: An investigation with autistic, non-autistic retarded and typically developing children and adolescents. *British Journal of Developmental Psychology*, **15**, 401–423.
Neri, P., Luu, J. Y. *et al.* (2006). Meaningful interactions can enhance visual discrimination of human agents. *Nature Neuroscience*, **9** (**9**), 1186–1192.
Passarotti, A. M., Paul, B. M. *et al.* (2003). The development of face and location. processing: An fMRI study. *Developmental Science*, **6** (**1**), 100–117.
Pavlova, M., Krageloh-Mann, I. *et al.* (2001). Recognition of point-light biological motion displays by young children. *Perception*, **30** (**8**), 925–933.
Peelen, M. V., & Downing, P. E. (2007). The neural basis of visual body perception. *Nature Reviews Neuroscience*, **8** (**8**), 636–648.
Pelphrey, K. A., Mitchell, T. V. *et al.* (2003). Brain activity evoked by the perception of human walking: Controlling for meaningful coherent motion. *The Journal of Neuroscience*, **23** (**17**), 6819–6825.
Peuskens, H., Vanrie, J. *et al.* (2005). Specificity of regions processing biological motion. *The Europian Journal of Neuroscience*, **21** (**10**), 2864–2875.
Runeson, S., & Frykholm, G. (1981). Visual perception of lifted weight. *Journal of Experimental Psychology: Human Perception & Performance*, **7** (**4**), 733–740.
Saygin, A. P. (2007). Superior temporal and premotor brain areas necessary for biological motion perception. *Brain*, **130** (**9**), 2452–2461.
Shiffrar, M., & Freyd, J. (1990). Apparent motion of the human body. *Psychological Science*, **1**, 257–264.
Shiffrar, M., & Freyd, J. (1993). Timing and apparent motion path choice with human body photographs. *Psychological Science*, **4**, 379–384.
Simion, F., Regolin, L., & Bulf, H. (2008). A predisposition for biological motion in the

newborn baby. *Proc Natl Acad Sci USA*, **105**, 809–813.

Stekelenburg, J. J., & de Gelder, B.（2004）. The neural correlates of perceiving human bodies: An ERP study on the body-inversion effect. *Neuroreport*, **15**（**5**）, 777–780.

Tai, Y. F., Scherfler, C. *et al.*（2004）. The human premotor cortex is 'mirror' only for biological actions. *Current Biology*, **14**（**2**）, 117–120.

Taylor, M. J., Batty, M. *et al.*（2004）. The faces of development: A review of early face processing over childhood. *Journal of Cognitive Neuroscience*, **16**（**8**）, 1426–1442.

Troje, N. F.（2008）. Biological motion perception. In A. Basbaum *et al.*（Eds.）, *The senses: A comprehensive references*. Elsevier, pp. 231–238.

Ungerleider, L. G., & Mishkin, M.（1982）. Two cortical visual systems. Analysis of visual behavior.

Zilbovicius, M., Meresse, I. *et al.*（2006）. Autism, the superior temporal sulcus and social perception. *Trends in Neuroscience*, **29**（**7**）, 359–366.

身体意識にかかわる症状 -- keyword 8

病態失認 脳研究において、非常に古典的でかつ重要な方法は、脳の障害によって起こる神経症状を研究することである。たとえば、脳梗塞や脳出血などにより脳の破壊がある限られた領域で起こった場合、その時に現れる症状を調べれば、その領域の機能を明らかにすることができる。頭頂連合野は大脳皮質の頭頂葉にあって、空間情報を処理する領域であるが、そこが壊れると身体の感覚や意識が障害されることが知られている。右大脳半球に障害が起こった場合、左手足の麻痺や感覚障害も伴う場合が多く、頭頂葉を含んで障害されていると、その患者はその麻痺した自分の左手足が麻痺していないと主張することがある。これが病態失認である。興味深いことに、病態失認の患者には他者の麻痺症状を否認する症例が報告されている。

身体失認 病態失認に伴って起こる症状として身体失認も知られている。この場合には、自己の身体の麻痺した手や足が、自分のものではないと主張する。医者や看護師の手や足であると言ったりする。自分の身につけているものまで自分のものではないと主張することもある。たとえば、ある症例では、自分の目の前のテーブルに結婚指輪がおかれていると自分のものだとわかるのに、自分の左手の指につけてしまうと自分のものではないと言う（Berlucchi & Aglioti, 1997）。自己の身体の部分の保持感の障害と言っていい。

半側空間無視 右の頭頂葉の障害では、左の半分の空間を認識しない左半側空間無視という症状も知られている。左の半分の空間があたかもなくなってしまったかのように無視してしまう。たとえば、トレーに乗せられた食事の左半分を残したり、簡単な絵の模写をさせてみると元の絵の左半分を書かなかったりする。部屋から出て行く時には身体の左半分を戸口にぶつけやすい。こうした左半側空間無視は、自分の前に広がる空間だけでなく、自己の左の身体そのものも無視する傾向にある。たとえば、化粧をするときに左半分化粧をしなかったり、服を着ても左半分をきちんと着られなかったりする。

運動主体感の障害 自分が行っているのに、自分の運動として認識されない症状が知られている。ある実験では手の運動をビデオカメラで撮影しながら、被験者本人にモニターで見せた。その時、本人の手の動きは直接には見えないようにし、また、別のカメラで他人の手の同じ運動を撮りながら、時々モニタの映像を本人の手の動きの映像から他人のものに切り替えた。被験者に映像が自分の手の運動か、他人のものかを判断させると、健常者では微妙な手の動きの違いから判断できるが、左の頭頂葉に障害のある患者では判断できない（Sirigu *et al.*, 1999）。これは身体図式の障害とも言われる。

身体部位失認　名前で提示された自己の身体部位を指さすことができない症状で,主に左の頭頂葉の障害によって起こる。これは左半球にある言語機能とのかかわりもあるが,それだけでなく自己の身体構造の表現の障害であると言われている(Sirigu et al., 1991)。[村田　哲]

Berlucchi, G., & Aglioti, S. (1997). The body in the brain: Neural bases of corporeal awareness. *Trends in Neuroscience*, **20**, 560–564.

Sirigu, A., Daprati, E., Pradat-Diehl, P., Franck, N., & Jeannerod, M. (1999). Perception of self-generated movement following left parietal lesion. *Brain*, **122** (**Pt. 10**), 1867–1874.

Sirigu, A., Grafman, J., Bressler, K., & Sunderland, T. (1991). Multiple representations contribute to body knowledge processing: Evidence from a case of autotopagnosia. *Brain*, **114** (**Pt. 1B**), 629–642.

第7章

目はこころの窓——視線認知の比較認知発達

友永雅己

1 はじめに

　……それまで声援や歓声で満ちていたコート内に一瞬の緊張が訪れた。山王の沢北の手にボールが渡ったのだ。しかも目の前には湘北の流川が立ちはだかる。エース同士の1オン1。ゆっくりとボールを弾ませながら流川を見つめつづける沢北。次の瞬間、沢北の視線が左にそれる。と同時に沢北は流川の右サイドを一陣の風のごとく駆け抜けていく。残されたのは左にわずかばかり体の重心がずれた流川。沢北はそのまま軽々とレイアップシュートでゴールをあげた。

　これは筆者の大好きなバスケットマンガ『スラムダンク』第26巻（井上，1995）における1シーンだ。なぜ、この話からスタートしたのかというと、ここで沢北が見せた「フェイク」こそが本章のテーマだからである。

　沢北がこの場面でなんらかのフェイクをいれてくるであろうことは、流川は百も承知であったはずだ。つまり、「沢北が左を見ればほぼ確実に彼は自分の右を抜けていく」。しかし、それでも流川は沢北の視線移動を見た瞬間、「反射的に」その視線の方向に注意を向けてしまったのだ。卓越したアスリートでさえこうだ。われわれ凡人が「あっち向いてホイ」に苦労するのも無理はない。

　ここで起きている現象は、視線による反射的な注意の移動と呼ばれ、近年社会的認知の領域において数多くの研究がなされてきている。その理由の一つは、この現象が共同注意と呼ばれる現象の基盤にあるものかもしれないという期待、そして共同注意あるいは注意の共有こそが心の理論など他者理解能力の発達の第一歩であると考えてよさそうな知見が数多く蓄積されてきたからだ。

　そこで本章では、この視線認知の問題を「比較認知発達神経科学」という視点からみていこうと思う。比較認知発達神経科学とは、脳機能の発現である認

知能力を進化と発達という二つの時間軸でもって統合的に理解しようという研究領域である。つまり、「(ヒトの)認知システムはいかに発達するか(そしてそれはなぜか)」、「そのような認知発達のプロセスはいかに(そしてなぜ)進化してきたのか」。このような問いかけのもと、筆者が数多くの研究者と共同でこれまで行ってきた、チンパンジーを対象とした視線認知の研究について概観していくことにする。

▶ 社会的認知における視線の役割

ヒトの社会的認知の発達のプロセスをごく大まかに見ていくと、大きく二つの重要な発達的変化のエポックがあることがわかる(topic 10参照)。まず一つは、生後2ヶ月頃に起きる「ほほえみ革命」とでも言ってよいものである(Rochat, 2001)。この時期の乳児は養育者(たとえば母親)との見つめあいの頻度を増大させ、それにあわせて口を大きく開けて「ほほえむ」ようになっていく。自分と他者の間に社会的コミュニケーションが成立するようになるのだ。目と目をあわせるというアイコンタクトの重要性を指摘することができるだろう。

第二の、そしてきわめて重要な発達的変化の時期が訪れる。「9ヶ月の奇跡」や「9ヶ月革命」などとも呼ばれている(Tomasello, 1999)。自分と養育者と外界の事物の間に「3項関係」あるいは「二次の間主観性」と呼ばれる複雑な相互交渉の形態が成立するようになる(Bråten, 1998)。そして、この3項関係が成立する上で非常に重要な役割を果たしているのが本章のテーマである視線なのである。3項関係の中で醸成される注意の共有、意図の共有、共感などの能力を基盤として、他者の心を理解する能力である「心の理論」が4–5歳にかけて成熟した形で発現する(Mitchell, 1996)。

ほほえみ革命と9ヶ月の奇跡　　topic 10

ヒトの認知発達の過程を眺めてみると、大きく二つのターニングポイントがあるようだ。第一の変化の時期は生後2ヶ月だ。前適応的なシステムを基盤として、直接的に知覚し行動している新生児が、2ヶ月齢を過ぎる頃から質的な変化を示すようになる(Rochat, 2001)。つまり、環境からの刺激に対して「反射的」「受動的」に行動していたのが、より能動的にふるまい、考え、行動を計画し、その結果を評価できるようになっていく。この時期の発達的変化は、様々な名前で呼ばれているが、ここでは、その最も顕著な特徴である「社会的微笑」から、「ほほえ

み革命」と呼ぶことにしよう。まさにこの時期、新生児は外界に他者を知覚し、その他者との間に視線のやりとりが成立する。このような他者との相互関係が成立する証として、社会的微笑が出現するようになる。この社会的相互作用の萌芽を、自己と他者の間に成立する「2項関係的交渉」、あるいは「一次の間主観性」ともいう。

　社会的認知の発達という観点から考えると、次の重要な発達的変化は「9ヶ月の奇跡」と呼ばれるものである。この時期の発達的変化を一言で表現するならば、「3項関係の出現」ということになるだろう。移動運動が可能になってくると、乳児は環境の中を一人で探索できるようになる。最も緊密な社会的存在である両親などと2項関係的にかかわるだけでなく、積極的に外界の物体などを探索しようとし始める。乳児は社会的近接と環境の探索という二つの欲求の間を行ったり来たりし、それが、養育者を「安全基地」とする探索行動の増加として現れるようになる。この二つの欲求を同時に満たすことはそう簡単ではない。ところが、ヒトでは、9ヶ月齢くらいになると、探索行動の中に社会的なパートナーを取り込むことによって、このジレンマを解消できるようになっていく。つまり、他者と一緒に探索を行ったり（共同の関与：joint engagement）、他者が見ている方向を自らも追いかけたり（視線追従）、さらには、他者が注意を向けている対象を共有したり（共同注意）するようになっていく。生後9ヶ月頃から始まるこのような第二の質的変化は、それまでの「自己―他者」、「自己―モノ」の2項関係を統合して、「自己―他者―モノ」という三者が互いに関係しあいながらかかわりあう「3項関係的交渉」あるいは「二次の間主観性」の成立によって特徴づけられるのだ。トマセロ（Tomasello, 1999）は、9ヶ月から15ヶ月にかけての3項関係的交渉の発達的変化を以下のようにまとめている。乳児は9ヶ月以前の段階ですでに他者が見ている方向をおおざっぱに追従できるが、9–12ヶ月にかけて、他者と共同でモノにかかわっている時に、他者の注意がどこに向けられているのかをチェックするようになる。そして、このようなスキルを基盤として、さらに、他者の視線や指さしによって示される注意に追従できるようになる。あるいは、他者からの情報を積極的に参照して自らの行動を調整できるようになる（社会的参照）。このような時期を経て、最終的に15ヶ月になる頃には、今度は子どものほうから、積極的に他者の注意を自分の興味の対象に向けさせるような行動が発現するようになる。

　この時期の発達的変化は社会的認知の発達にとってきわめて重要であることは言うまでもない。このような視線追従や注意の共有を基盤とした「3項関係」の中から、他者の心的状態の理解につながる能力の芽生えが現れてくるからだ。また、これまでの知見からは、このような発達的変化は、ヒト以外の霊長類ではほとんど認められないからである。[友永雅己]

▶ 視線認識の進化的起源を探る

　ヒトでは視線が社会的認知の発達の要所要所できわめて重要な役割を果たす。まさに「目はこころの窓」だ。では、前述の発達的起源だけでなく、進化的起源についてはどの程度わかっているのだろうか。

　心の進化を総合的に研究しようとする比較認知科学においても、ここ十数年

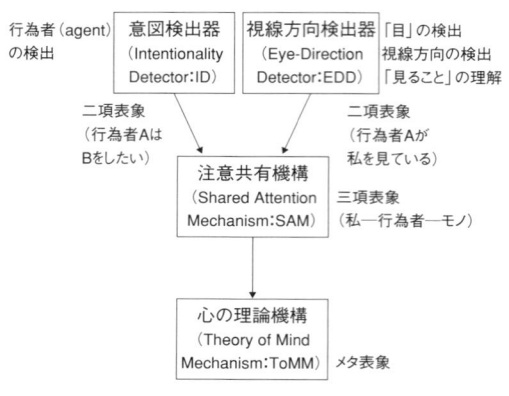

```
行為者(agent)   意図検出器        視線方向検出器    「目」の検出
の検出          (Intentionality   (Eye-Direction    視線方向の検出
                Detector:ID)      Detector:EDD)    「見ること」の理解
                    │                 │
                二項表象           二項表象
                (行為者Aは          (行為者Aが
                Bをしたい)          私を見ている)
                    ↓                 ↓
                  注意共有機構
                  (Shared Attention          三項表象
                  Mechanism:SAM)             (私─行為者─モノ)
                        │
                        ↓
                  心の理論機構
                  (Theory of Mind
                  Mechanism:ToMM)    メタ表象
```

図7–1 他者のこころを読むために必要な能力とその相互関係(Baron-Cohen, 1995)

にわたって社会的認知の問題が非常に精力的に研究されてきた。これは1978年に発表されたプレマックとウッドラフによる論文(Premack & Woodruff, 1978)に端を発し、1980年代前半に火がついた発達心理学の領域での心の理論研究の興隆と、1980年代後半に提唱されたヒトの知性の進化に関する「マキャベリ的知性仮説」(keyword 9参照)によるところが大きい。つまりわれわれが「知性」と呼んでいる認知能力は、社会生活とそれがもたらす複雑さの諸問題に対処するために進化してきたのだ。本書のタイトルにもなっている「ソーシャルブレイン」という考えも、このマキャベリ的知性仮説とリンクしている。そして、社会的な場面において知性が発揮されるためには、「心の理論」のような他者理解能力が必須である。さらにその能力の発現を可能とする下位能力のうち最も重要なものの一つが視線の認識なのである。バロン‐コーエン(Baron-Cohen, 1995)はこれらを総合して図7–1に示すような心を読むためのシステムを提唱した。このシステムの発達障害が自閉症スペクトラム(keyword 13参照)の一次的な原因であるとした彼の仮説は、現在では修正を余儀なくされているようだが、彼の提唱したこの枠組み自体は社会的認知能力の間の関係を探る上でまだ重要性を失ってはいないだろう。

本章では、このモデルの「視線方向検出器(EDD)」、「注意共有機構(SAM)」、そして両者の間のリンクがいかに進化してきたのかについて、特に、チンパンジーを対象にこれまで行ってきた研究を概観しつつ見ていくことにしよう。

2　目はどこにあるか──顔の認識

本章では、「視線(gaze)」という語を、顔の向き、指さしなどの動作に伴う視

点の移動なども含めて、「他者がどこかを見ている状態」という意味で用いることにする。さて、他者の視線がもつ役割とはなんだろうか。特に社会的相互交渉の基盤としての視線のもつ役割とは、① 自らの注意を他者に向け（注意の捕捉: capture）、② 他者の注意の移動とともに自らの注意も他者そのものに対する注意から解放され（disengagement）、③ 他者が注意を向けた方向、対象に自らの注意を移動させる（shift）ための手がかり、ということになるだろう。

このような機能を担う目そのものはどこにあるか。言うまでもなくそれは顔である。顔認識と視線認識はそれぞれ異なる脳部位が主として担っているという報告がある一方で、関連性があると主張する研究者もいる（Allison *et al.*, 2000; Pageler *et al.*, 2003）。だが、顔認識と視線認識を完全に切り離して論じることは不可能だろう。そこで、まずは社会的注意を捕捉する存在としての顔の問題から始めることにする。

▶ 倒立効果と正立優位効果

顔刺激からわれわれは様々な情報を入手することができる。それが誰なのか、何歳か、性別はどうか。さらに言えば、いま怒っているのか悲しいのか、健康状態はどうか。そしていまどこに注意を向けているのか。このように、顔はわれわれが社会生活を送る上できわめて重要な情報をもたらしてくれる。

社会的認知にとって非常に重要な顔刺激の処理が、他の複雑な視覚刺激とは異なるということは昔から知られていた。その特殊性の中で最も有名なのは「倒立効果」と呼ばれるものである（Yin, 1969）。われわれは、見知った人の顔でさえ上下逆さまに見せられると、それが誰であるか、どのような表情をしているかを把握するのに困難を感じる。これは、われわれが顔刺激を個々の要素的な特徴に基づいて局所的に処理しているからではなく、それら要素間の空間的布置に基づいて全体的に処理しているためである、と考えられてきた（Diamond & Carey, 1986）。

このような処理様式はチンパンジーでも見られる。われわれの研究室でもヒトの正面顔写真を用いた見本あわせ課題で倒立効果について検討した（Tomonaga, 1999）。見本あわせ課題とは、まず写真（見本刺激）を提示し、その後で提示される複数の写真（比較刺激）の中から見本刺激と対応するものを選択するとい

う課題である。この実験では、正立して提示された顔が見本刺激の場合のほうが、倒立して提示された場合よりも成績がよく、かつ反応時間も速いという結果が得られた。このような結果は、家の写真を用いた場合には認められず、倒立効果の顔特異性がチンパンジーでも例証されたと言える。

さらに、視覚探索課題を用いると、倒立効果と密接に関連する現象も見つかった(友永, 1999)。視覚探索課題では、画面中にたくさんの刺激が提示される。チンパンジーはその中から前もって定められたターゲット(標的刺激)を見つけ出さなくてはならない。この課題を用いて顔写真の方向弁別をチンパンジーで検討した。ある条件では、正立した顔写真を複数枚の倒立した顔写真(妨害刺激と呼ぶ)の中から見つけ出す。別の条件ではその逆だ。さらには、横倒しの顔写真と倒立した顔写真を組み合わせた条件も用意した。その結果、チンパンジーにとっては正立した顔を見つけ出すほうが他の向きで提示された顔の探索よりも容易であることがわかったのだ。筆者はこの現象を「正立優位効果」と名づけた。興味深いことに、この現象は、ヒトの顔だけでなく、同種他個体(つまり他のチンパンジー)の顔やイヌの顔、さらには似顔絵のように誇張された顔でも、(^_^)のような高度に図式化された顔でも認められた。その一方で、家の写真や椅子の写真などでは正立優位効果は見られなかった。さらに、目や鼻、口などを単独で提示することによって、顔の全体的処理を阻害するような条件でテストすると、この効果は消失した。つまり、この正立優位効果も、倒立効果同様、顔の全体的処理を基盤として生じる現象であることが確認されたのである(Tomonaga, 2007a)。

▶ 顔は目立つ——顔刺激による注意の捕捉

顔刺激は言うまでもなく「社会的」な刺激だ。社会生活を送る上で重要な刺激である顔にわれわれの注意が向けられやすくなっているのは、適応的に見ても意味のあることだと言える。実際、顔刺激がわれわれの空間的注意を捕捉することが実験によって確かめられている(topic 11 参照)。たとえば、ラングトンら(Langton et al., 2008)は、ターゲットにチョウの写真、妨害刺激には様々な植物の写真を用いて視覚探索課題を行った。この時、ある試行では妨害刺激に顔写真が1枚加えられたのである。その結果、顔刺激が妨害刺激に付加された場

合のほうが反応時間が遅くなるという「注意の捕捉」現象が観察された。興味深いことにこの効果は写真を倒立して提示すると消失した。

筆者らも、チンパンジーを対象にターゲット検出課題を用いて顔刺激による空間的注意の捕捉を検討した(友永・伊村, 2006a)。チンパンジーに与えた課題はきわめてシンプルだ。彼らに要求されたのはスタートキイを押した後、コンピュータ画面の左右いずれかに提示される青い円(ターゲット)にできるだけ速く触れることだけである。ただし、ターゲットが提示される前に左右の提示位置に写真が200ミリ秒だけ提示される。ある時にはバナナの写真と別の写真が対提示され、別の条件ではチンパンジーの顔写真と別の写真が対提示された。このような条件下でチンパンジーたちのターゲット検出に要する反応時間を測定すると、ターゲットがチンパンジーの顔写真が提示された場所に出現した場合のほうが逆側に提示された場合よりも短い時間で検出できることがわかった。またこのような効果はバナナの写真が提示された場合には見られなかった(図7–2)。この結果は、チンパンジーの空間的注意が顔刺激によって選択的に捕捉された可能性を示唆している。

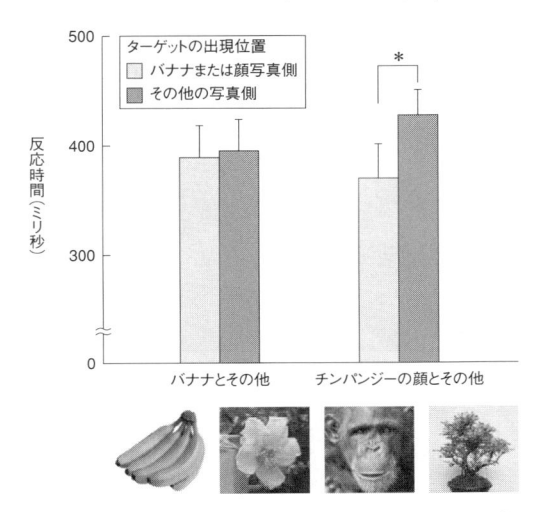

図 7–2 顔刺激による注意の捕捉(友永・伊村, 2006a)
顔写真が提示された場所にターゲットが出現すると，検出に要する時間が短くなる．

さらに筆者らは、視覚探索課題を用いて顔刺激が容易にチンパンジーの注意を捕捉することを検証した。図7–3に示すように、この実験では、チンパンジーは顔を他の物体の中から見つけ出すことを要求された(友永・伊村, 2006b, 2007)。また別の条件では車の写真を見つけ出さなくてはならなかった。実験の結果はきわめて興味深いものだった。彼らにとって、車の写真を雑多な写真の中から見つけ出すのがきわめて困難だったのに対し、チンパンジーの顔は苦

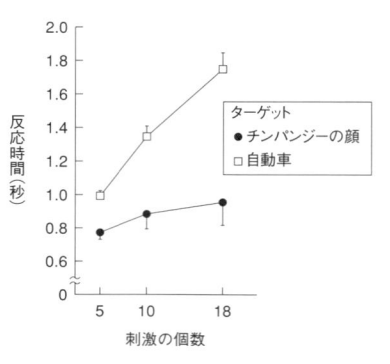

図7-3 チンパンジーを探せ！（友永・伊村, 2006b, 2007）
チンパンジーの顔は自動車に比べてはるかに見つけやすい．

もなく見つけ出せたのである（図7-3）。このような顔刺激のポップアウト＊はヒトにおいても報告されている（Hershler & Hochstein, 2005）。さらに興味深いことに、前述のラングトンらの実験同様、写真を倒立すると顔写真であっても見つけ出すのが難しいこともわかった。つまり、複雑な視覚環境の中から顔を効率よく検出するためには顔の全体的処理が前提となっていることが強く示唆されるのである。

顔検出の優位性　　　　　　　　　　　　　　　　　　topic 11

　乳児は顔が大好きであり、生まれて間もない新生児でも、目や口などのパーツをもったヒトの顔のような刺激を好んで注視することが知られている（Farroni et al., 2005）。このような、生まれてすぐに見られる、顔を特別に検出する特徴は、脳内の上丘や視床、扁桃体を含む皮質下の「顔検出ネットワーク」によるのではないか、と考えられている（Johnson, 2005）。
　成人を対象とした研究でも、顔に対する注意は特別であることが示されている。たとえば、変化の見落とし（change blindness）を利用した間違い探し課題では、顔の変化を見つけるのはモノの変化を見つけるより早く、顔には素早く頻繁に注意が向けられていることが示唆された（Ro et al., 2001; Humphreys et al., 2005）。また、ターゲットの有無を判断する視覚探索課題では、顔がターゲットである場合は、顔を見つけるのは早く、逆に顔がターゲットでない場合は、顔に注意が引きつけられてしまうため、ターゲットであるモノを見つけるのが遅くなることが明らかになった（Langton et al., 2008）。
　このような顔検出の優位性は、顔が社会的に重要だからだと考えられるが、対人コミュニケーションに困難を抱える自閉症者ではどうだろうか。菊池らは、小中学生の自閉症児・定型発達児を対象に、変化の見落としを利用した間違い探し課題を行い、顔への注意とモノへの注

意を比較した。その結果、定型発達児では、定型発達成人を対象としたこれまでの研究と同様に、顔の変化を見つけるのはモノの変化を見つけるより早く、顔検出の優位性が見られたが、自閉症児では、そのような顔検出の優位性は見られなかった(Kikuchi *et al.*, 2009)。

以上のように、様々な研究から顔検出の優位性が示唆され、顔には目立ちやすさが備わっていると考えられる。さらに、対人コミュニケーションに困難を抱える自閉症児では、顔検出の優位性は見られなかったことからも、定型発達においていかに顔が社会的に重要であり、いかに顔に特別な注意が向けられているかがわかる。[**菊池由葵子**]

3 見つめあう目

視線という社会的な情報の発信源である顔は、われわれヒトのみならずチンパンジーの注意も引きつける。このこと自体は特に驚くことではない。では、次に視線の問題に注意をシフトさせよう。ここまでは顔が注意を捕捉するという話だったが、実は、目の部分だけでもおそらくわれわれの注意をひきつけるには十分なのかもしれない。つまり、「自分と目があっている」ということ自体がわれわれの注意を捕捉するのではないか。もしかすると、視線のあった顔のほうが視線がそれている顔よりも見つけやすいということがあるのかもしれない。本節では「目があう」ことの社会認知的意義について、実験室での研究と比較発達の視点からの研究の両面から見ていくことにする。

▶ 誰かがあなたを見つめている

先の実験で示されたように顔が雑多な刺激の中からポップアウト*するのは、もしかすると顔そのものではなく、「目があっている」ということがわれわれの注意をひきつけるからかもしれない。そのことを傍証する実験結果も得られている。正面顔ではなく、横顔をターゲットにした場合は、正面顔に比べて反応時間が長くなる傾向が見られたのだ(図7–4)。

街の雑踏の中でふと自分を見つめる視線を感じるという経験はないだろうか。この現象はある程度は正しいことが実験からわかっている。フォン＝グルナウとアンストン(von Grünau & Anston, 1995)は、視覚探索課題を用いて、目があっている顔(実際には目領域のみを提示)をそれている顔の中から見つけ出すほうがその逆にそれている顔を見つけ出すよりも容易であることを発見した。彼

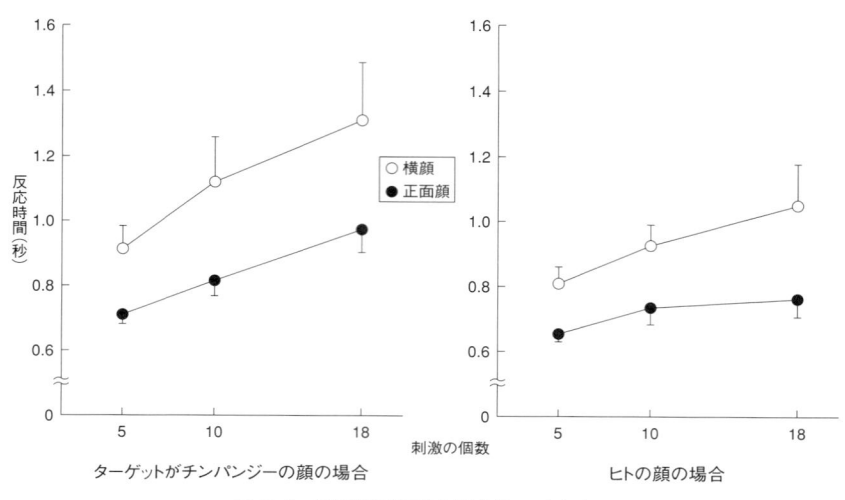

図 7-4 正面顔は横顔よりも見つけやすい
（友永・伊村，2006b, 2007）

らの研究で興味深いのは、この結果が顔全体でなく目の領域のみを提示しても得られたという事実だろう。先にも述べたように、顔認識と視線認識は処理を担う脳領域が異なると言われている（大まかに言えば、顔認識は紡錘状回、視線認識は上側頭溝）。彼らの結果は、視線認識には顔認識を特に前提としない場合もあることを示唆しており、これら二つの領域が比較的独立に働いている可能性を示唆しているともいえる。また、目と形態的に類似している（中央部に黒い部分があり周りに白い部分がある）が、目とは認識できない幾何図形を用いた実験では、前述のような効果が得られていない。

筆者らはチンパンジーで同様の実験を行ってみた（Tomonaga & Imura, 2008）。しかし、一つ注意をしておかなくてはいけないことがある。チンパンジーの目はヒトの目ほど横長ではなく、また白目（強膜）の部分がヒトほど露出していない。さらに、露出している部分の強膜も白くはない。ほとんど瞳の部分と色が変わらない個体や、逆に瞳のほうが明るい個体などもいる。白い強膜が目立つのは霊長類でもヒトだけなのである（Kobayashi & Kohshima, 1997）。このような目は遠くからでもどこを見ているかがわかる。しかし、そのような目をチンパンジーはもたない。このことは、チンパンジーでは日常的に同種他個体との間

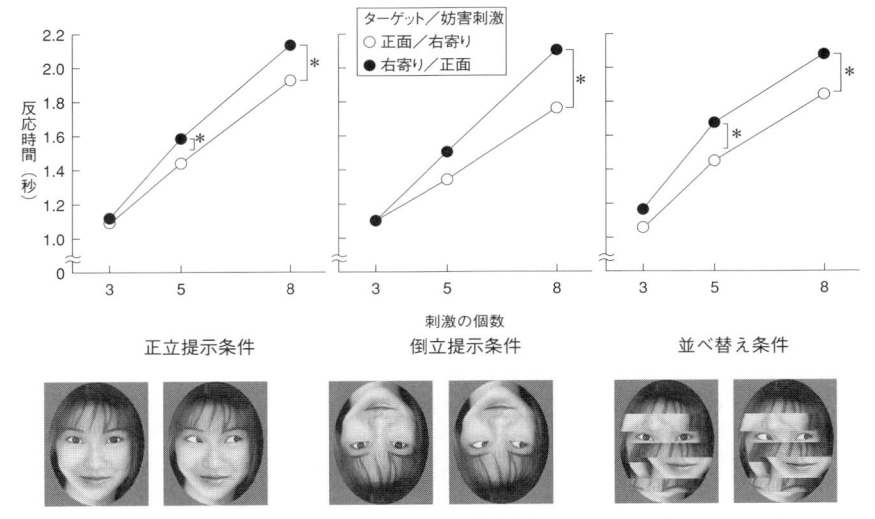

図 7–5 チンパンジーにおける視線方向の視覚探索(Tomonaga & Imura, 2008)
写真の提示方向やパーツの並べ替え操作にかかわらず，自分を見ている顔のほうが視線がそれている顔よりも見つけやすい．

　では「目領域内での虹彩の位置」という狭義の「視線」はあまり重要な意味をもたず，飼育環境下でヒトとの相互交渉を重ねる中でヒトの視線の意味を学習していく，という一種の「文化化(enculturation)」が生じている可能性を示唆している。そこで、このようなこともふまえた上で、われわれの実験ではヒトの顔写真を刺激として用いることにした。

　実験では視覚探索課題を用いた。複数のヒト正面顔写真から、虹彩が目領域の中央にある写真(direct-gaze)と顔は正面だが虹彩は右に寄っている写真(averted-gaze)を用意し、これらをターゲットと妨害刺激とした。また、顔刺激を正立で提示するだけでなく、倒立で提示する条件、さらには、目の高さは変えずに他の部分を並べ替えた刺激を提示する条件も用意した。その結果、正面を見つめている顔を視線がそれている顔の中から見つけ出すほうが、その逆の場合よりも効率的であることがわかった。興味深いことに、倒立提示条件や並べ替え条件でもこの効果は維持された。つまり、チンパンジーにとっても視線の認識と顔の認識が比較的独立に行われている可能性が示唆されたのである(図 7–5)。

図7-6 ワラストン錯視の例

ただし、ヒトの結果との相違点もある。ヒトでは、自分に向けられた視線の検出は提示された刺激数の影響を受けない、つまりポップアウトすることが報告されている (von Grünau & Anston, 1995)。しかし、今回のチンパンジーの結果は、こちらを見つめている顔のほうがそうでない顔よりも検出しやすいが、ポップアウトはしなかった。提示される顔の数が増えるにつれて反応時間は長くなっていったのである。この結果には、先に述べた飼育下のチンパンジーを取り巻く社会的環境が影響している可能性がある。つまり、生後の社会的環境の中でヒトの視線の意味を学習していかなくてはならないチンパンジーでは、ヒトほどには頑健な視線に対する熟達化 (expertise) が生じていなかったのかもしれない。

視線を弁別するための手がかりは目領域内の虹彩の位置であると述べてきた。しかし、これだけでは不十分であることも確かである。図7-6は筆者の顔写真だが、視線の方向が2枚の写真で異なることは一見すればわかる。しかし、この2枚の写真を詳細に観察すると、実は、目以外の部分が左右反転しているが、目の部分は両者で同じであることがわかるだろう。このような現象は初めて報告した人物の名前をとって「ワラストン錯視」と呼ばれている (Todorović, 2006)。これは、視線の判断には頭部の向きがきわめて重要な役割を果たしていることをきわめて明瞭な形でわれわれに教えてくれている。

チンパンジーも、複数の手がかりを統合する形で写真の視線を弁別しているのだろうか。言い換えるならば、チンパンジーがこの実験で獲得したものは「目があっている―いない」という二者間の関係に基づくものだったのか、それとも、単に虹彩の位置の弁別だったのだろうか。このことを検討するため、われわれは、正面顔での視線の弁別が頭部の向きによって定義された視線方向の弁別に般化するかテストしてみた。その結果、頭部の向きの情報をこのチンパンジーはほとんど利用していないことが明らかとなった。それだけでなく、われわれから見れば明らかに視線があっていない顔でも、顔の向きに関係なく虹彩が目領域の中心部に位置していればそれを"direct-gaze"であると判断す

る傾向が強く認められたのである。この結果は、実験全体を通じてずっと正面顔での視線弁別を行ってきたので、参加したチンパンジーが目領域にのみ選択的注意を向けることを学習してしまった可能性を示唆している。訓練の段階から顔の向きにもバリエーションをもたせた写真を多数用意しておけば、結果も少し変わったものになったかもしれない。

　また、チンパンジーのもつコントラストの低い目という制約を考えると、虹彩の位置ではなく顔の向きによって定義される視線の弁別を課した場合には、自分のほうを見つめている顔をより効率的に検出できるかもしれない。ヒトでは、虹彩位置によって定義される視線方向の弁別閾値と頭部の向きの弁別閾値がほぼ同程度（約2–3度）であることがわかっている (Gibson & Pick, 1963; Wilson et al., 2000)。チンパンジーとヒトでは、この基礎的な弁別特性にすでに違いがある可能性もある。さらに、チンパンジーの写真を用いた場合には結果はどうなるか。ヒトはチンパンジーの虹彩位置によって定義された視線をどの程度正確に識別できるのだろうか。それぞれに興味深い問いかけである。これらは今後の検討課題としたい。

▶ 見つめあいの比較発達

　大人のチンパンジーは少なくともヒトの視線方向の弁別が可能であることがわかった。では、このような他者の視線の方向を検出する能力はどのように発達するのだろうか。ヒトでは生後直後に近い日齢から、目が自分のほうに向けられている写真をそうでない写真より長い時間注視することが報告されている (Farroni et al., 2002)。ヒトの新生児には生後の十分な経験がなくとも他者の顔の目の領域に注意を向けるような生得的なバイアスがあるようだ (topic 11 参照; Farroni et al., 2005)。おそらくこれらの能力は新生児が顔様の刺激パターンを選好するという皮質下制御のメカニズム、コンスペック (Johnson & Morton, 1991) ときわめて類似したものなのかもしれない。そしてこのようなメカニズムが下地として存在するからこそ、その後の養育者との間の見つめあいと微笑を基盤とした2項関係的相互交渉が生後2ヶ月頃に成立するようになるのだろう。

　では、チンパンジーではどうだろうか。残念ながら、生後1ヶ月までの新生児期の視線認識に関する研究は、チンパンジーではない。ただし、チンパン

144 ◀ III「他者」と出会う

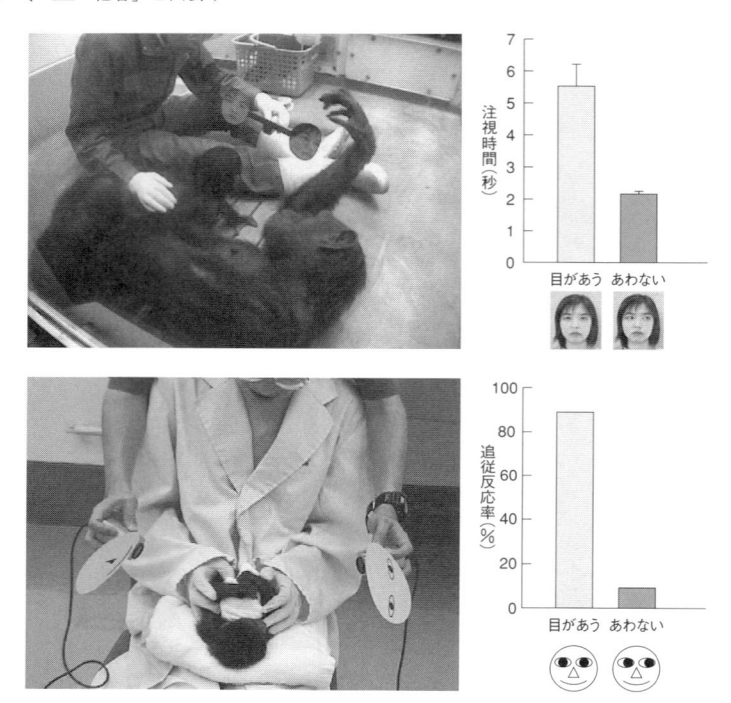

図 7-7 チンパンジー（上）とテナガザル（下）の乳児における視線方向の弁別
（Myowa-Yamakoshi *et al*., 2005; Myowa-Yamakoshi & Tomonaga, 2001）

ジーの母子が比較的リラックスした状態ですごしている時のやり取りを縦断的に観察した研究から、生後2ヶ月になる頃から母子間の見つめあいの頻度が急激に増加することがわかった。この時期の母子は約2分に1回はお互いに見つめあうのだ（Bard *et al*., 2005）。生後1ヶ月の頃は見つめあいの頻度がさほど多くはないため、おそらくはこの時期に子どもの側になんらかの発達的変化が生じたものと考えるのが妥当だろう。その発達的変化の一つの指標として、われわれはチンパンジー乳児の視線に対する「好み」について選好注視法を用いて検討することにした（Myowa-Yamakoshi *et al*., 2003）。それまでの縦断的観察から、生後1ヶ月までには母親のチンパンジーの顔を未知のチンパンジーの顔から区別し、母親の顔のほうをより長く注視することがわかっている（Myowa-Yamakoshi *et al*., 2005）。これらチンパンジーの子どもたちが2ヶ月齢になった

あたりから、子どもたちのほうに視線を向けているヒトの顔と視線がそれている顔を 15 秒間対提示し、どちらをどのくらいの時間注視するかを測定した（図 7–7 上）。その結果、3 個体の 2 ヶ月児すべてにおいて目があっているほうの顔をより長く注視することがわかったのだ。ヒトの顔というコントラストの強い目を刺激に使っているということも考慮しなくてはならないが、この時期のチンパンジー乳児には、顔刺激に注意を向け、さらに目があっていることを検出するメカニズムがすでに備わっているのかもしれない。興味深いことに、同様の結果は生後 1–2 ヶ月のテナガザルにおいても確認されている（図 7–7 下: Myowa-Yamakoshi & Tomonaga, 2001）。つまり、発達初期における他者の視線に対する感受性はその発現時期にばらつきがあるものの、ヒト上科において共有されているのだ。

　以上のように、チンパンジーにおける 2 項関係的な視線の認識、すなわち「見つめられる」ことへの感受性については、ヒトとほぼ同様の発達過程を経ることがわかった。ここでは詳細を述べなかったが、この生後 2 ヶ月を境に急激に増加する「社会的微笑」（Mizuno et al., 2006）と「見つめあい」を軸に、「私とあなた」という二者関係が醸成されていく。ヒトでは、その先にあるのは、共同注意を基盤とした「私―あなた―モノ」の 3 項関係的相互交渉である。ここまでくれば他者の心の入り口近くにまでやってきたことになる。

　では、チンパンジーはどうだろうか。

4　分かちあう目

▶ 視線のもう一つの意味

　前節までは、顔や視線などの社会的刺激がいかにチンパンジーの注意を捕捉するのかについて見てきた。社会的な刺激、特に視線にはもう一つ大きな機能がある。それは、観察者の注意を引きはがし、別の場所に向けさせる、解放（disengagement）と移動（shift）である。自分のほうを向いていない視線は顔への注意を別の場所にそらす働きがある。しかも顔（目）から離れた注意は所在なく空間を「漂って」いるわけではない。われわれの注意は他者の視線によってガイドされ、他者が見ているもの、つまり他者が注意を向けているもののほうに

移動する。このように、他者の視線を追従し、その先にある事物へと注意を向ける行動はおそらく、バロン-コーエンの言う視線方向検出器によって支えられているのだろう。そして、この能力をもとに、ヒトでは「共同注意」と呼ばれる能力が生後9ヶ月頃から見られるようになってくる。単に、他者の視線の方向を追従するだけでなく、その先にある対象への注意を共有し、一緒にかかわっていこうとする。先にも述べた3項関係的な相互交渉の始まりである。1歳から2歳にかけてヒトの子どもたちは、より複雑な社会的交渉を発達させていく。

▶ 共同注意の比較発達

チンパンジーなど、ヒト以外の霊長類も他個体の視線を追従することができる。板倉の研究(Itakura, 1996)ではマカクザルやオマキザルのような真猿類やチンパンジーなどの大型類人では、ヒト実験者の提示する指さしや頭部の指示する方向を見る傾向が報告されている。さらに、トマセロら(Tomasello et al., 1997)は、チンパンジーや真猿類は、ヒト実験者の視線だけでなく同種他個体の視線も追従していることを報告している。この他にも数多くの研究が半自然場面や実験場面で行われているが(Emery, 2000)、その比較発達を詳細に検討した研究は非常に少ない。そこでわれわれは、生後7ヶ月になった頃から、チンパンジーの子ども(アユム)に対して、視線追従の実験を縦断的に行い、その発達的変化について検討した(Okamoto et al., 2002, 2004)。実験ブース内にいるアユムに左右1対の同じおもちゃを提示し、その一方に対して指さす、顔を向ける、目だけ動かして見つめるなどの手がかりをヒト実験者がブース外から与え、その際のアユムの行動を観察した(図7-8右)。その結果、アユムは生後9ヶ月から1歳にかけて実験者の提示する視線手がかりを正しく追従できるようになることが明らかになった。これは、ヒトにおける同様の行動の成立時期に匹敵するものであるといえる(大神, 2002)。しかしこの時点では、自分の視野外にあるものを指示されても振り向くことはできなかった。このような視野外への追従が可能になるのは2歳以降であることが引き続き行われた実験から明らかになった(図7-8左)。この出現時期はヒトと比べるとかなり遅れている。

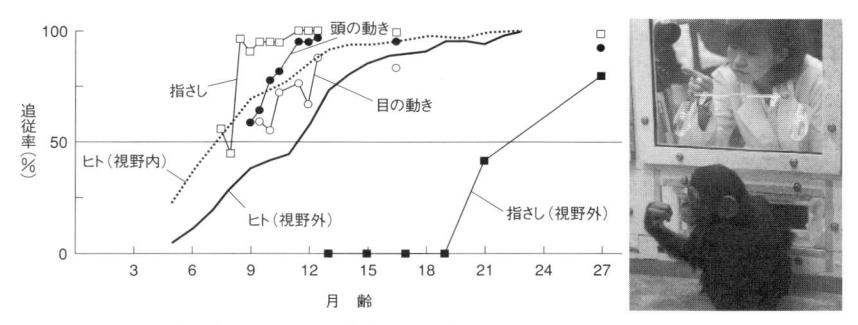

図 7–8　チンパンジーとヒトの視線追従の発達（Okamoto *et al*., 2002, 2004；大神, 2002）

▶ 3項関係は成立するか

　さらに、ヒトの子どもとの大きな違いがもう一つある。それは、「共同注意」には必須である「見つめあい」の生起がアユムではまったく起きなかったという点である。図 7–8 の写真にあるように実験者による背後への指さしに追従した後は、次の試行が始まるまでその方向に注意が向けられたままということがほとんどだったのだ。これがヒトの子どもなら、指さした方向になにか面白いものがあってもなくても、子どもは再び実験者と目をあわせるだろう。この些細な種差は、実はきわめて大きな断崖なのかもしれない。ヒトの子どもの行っていることは、明らかに 3 項関係的な社会交渉である。ところが、チンパンジーでは、視線は自らの行動を調整するための「手がかり」としてしか機能していないのではないか。

　チンパンジー母子では、ヒトの母子が行うような 3 項関係的な交渉は見られないのだろうか（げっ歯類の母子関係については topic 12 参照）。われわれは、チンパンジー母子（子どもの年齢は約 2 歳）に新奇なおもちゃを与え、そこで生起する相互交渉を観察した（小杉ら, 2003）。その結果、母親が操作しているおもちゃに手を伸ばすなどといった「共同の関与 (joint engagement)」は頻繁に観察されたものの、ヒト母子ではよく観察される、子どもがもっているおもちゃを母親に見せたり手渡したりする行動や、母親側からの子どもの注意をおもちゃに向けさせるような積極的なはたらきかけはまったく観察されなかった。共同の関与はあるものの、そこで起きているのは、常に「私—モノ」、「私—あなた」という 2 項関係的交渉でしかなかったのだ。このような相互交渉のスタイルは、そ

の後子どもが大きくなっても劇的に変化するということはなかった。

　チンパンジーでは共同注意に支えられた「私―あなた―モノ」の3項関係は成立しないようだ。

げっ歯類の母子関係　　topic 12

　哺乳類の社会的親和性あるいは社会的愛着の中で、一番強固なものは母子間の絆である。これらの種では共通して母乳で仔を育てるが、仔の側に積極的に近寄り、仔を抱え（あるいは腹部の下に集め）、暖め、そして撫でるあるいは毛づくろいをするなど哺乳類共通の要素が多い。げっ歯類では、特に初産などの出産後に新奇恐怖（neophobia）と呼ばれる仔に対する不安恐怖反応が認められるが、仔の積極的な母親への、嗅覚、視覚、超音波を含む刺激により、母性行動を誘導することができる。これらのことから母親の母性も仔の発達も、お互いの刺激が必要不可欠であり、相互的作用によって成立するものであるといえる。

　母親が仔を認知し、受け入れるようになるには、嗅球におけるオキシトシン分泌が重要である。このオキシトシンの分泌は、妊娠出産に伴うエストロゲンとプロゲステロンの分泌によって促進され、最終的には出産に伴う産道刺激により、中枢で大量に分泌される。また仔では授乳中に、脳幹のノルアドレナリン神経系が活性化し、その神経活動は直接嗅球にある神経細胞を興奮させる。この興奮が、同時に提示されている母親の匂いを非常に強く記憶させ、仔はその匂いに引き寄せられ、安心していられるようになる。同じく仔においてもオキシトシンが重要で、母親に対する記憶増強作用をもっている。

　また、仔は母親に強く依存していることから、母親から離れてしまうと、特有の音声を発して母を呼び戻す。この "isolation call" は、げっ歯類だけでなくほぼすべての哺乳類で認められる。げっ歯類においては超音波領域の音声を用いていることが明らかになっており、母親は仔特有の音声パターンにのみ反応し、仔を巣に連れ戻す行動を示す。また社会的愛着に関係が深いとされるオキシトシン神経系やオピオイド神経系の欠損マウスではその発声が障害されることから、仔の母親に対する愛着のよい指標となる。［菊水健史］

▶ 背後にあるメカニズム

　チンパンジーでも視線追従は見られる。しかし、その質はヒトとはかなり異なるようだ。では、これらを支える認知メカニズムはどうなっているのだろうか。外界の手がかりによって空間的注意が移動するという現象は、特に視線に限ったことではない。たとえば、われわれは、視野の周辺部に突然現れる視覚刺激に「反射的」に注意を向けてしまう。また、視野の中心部に「右」という文字が提示されてもわれわれの注意は右に移動するだろう。これらの現象は注意の定位と呼ばれ、認知心理学での長い研究の蓄積がある。その膨大な研究の

蓄積から、注意の定位には大きく二つのメカニズムがかかわっていることがわかってきた(Müller & Rabbitt, 1989)。一つは、先に挙げた視野周辺部に提示される手がかりによって引き起こされる注意の「反射的(reflexive)」かつ「外因的(exogenous)」な定位である。これは手がかりの提示から比較的速い時間(約100ミリ秒)で作動し、500–700ミリ秒後にはその効果が消失する。さらに、もう一つは、手がかりが後続の空間定位課題(たとえばターゲット検出課題など)に対してなんらの情報をもたない場合でも、注意の定位が引き起こされるという点だ。コンピュータ制御による標準的な定位課題では、手がかりの提示後にモニタ画面のどこかにターゲットが提示される。観察者には、その出現を検出したり、出現したターゲットの同定を行ったり、弁別を行ったりすることが要求される。ターゲットに先行する手がかりは、ターゲットの出現位置を指示する場合もあれば、そうでない場合もある。このような場面において、手がかりがターゲット位置をでたらめに指示しても(さらにはまったく逆のほうばかり指示しても)、手がかりの提示によって注意がその方向に移動するという現象が消失することはない。

　もう一つのメカニズムは、視野中心部に提示される矢印や文字などのシンボリックな手がかりによって引き起こされる注意の「内因的(endogenous)」あるいは「随意的(voluntary)」な定位である。この定位の特徴は、反射的定位とは逆に、効果の立ち上がりが比較的遅い(約300ミリ秒以降)という点にある。さらに、反射的定位とは逆に、随意的メカニズムによって引き起こされる注意の定位の程度は、手がかりがどれだけ後続のターゲットの位置を予測するかによって変動する。たとえば、予測率が高いと手がかりの指示する方向への注意の定位の程度が高まり、低ければ手がかりの効果が消失する。このことは、この種の手がかりによって引き起こされる注意の定位は個体内に形成される「予期」の影響を受けることを示しており、このメカニズムが「内因的」あるいは「随意的」と呼ばれるゆえんでもある。

　では、視野周辺での刺激変化や中心部への非社会的な手がかりの提示ではなく、視線などの社会的手がかりによって引き起こされる注意の移動の背後にあるメカニズムはどうなっているのだろうか。10年くらい前までは、このような観点で共同注意や視線追従の現象をとらえようとした研究者は皆無であった。

しかし、この問いは、バロン - コーエン (Baron-Cohen, 1995) が主張していたような視線検出メカニズムの「モジュール性」を検証する上でもきわめて重要である。もし、視線を検出し、その方向に追従する能力がモジュール化されているのであれば、視線によって引き起こされる注意の定位は、半ば強制的・自動的に起こるはずである (Driver et al., 1999)。実際、ヒト成人を対象として行われた実験室での初期の研究には、視線手がかりによって引き起こされる注意の定位は「反射的」である可能性を示唆するものが多かった (Driver et al., 1999; Friesen & Kingstone, 1998; Langton & Bruce, 1999)。つまり、視線手がかりによる注意の定位は比較的短時間で作動し、視線方向とターゲット提示位置の一致率がランダムであることを被験者に明示的に教示しても、効果が減衰することはなかったのである。

この種の研究はその後数多くなされるようになってきた (Frischen et al., 2007)。健常者だけでなく、発達障害をもつ者や脳損傷患者、さらには幼児や乳児を対象にした研究も行われるようになってきた (Senju et al., 2003 など)。また、脳機能イメージングを併用した認知神経科学的研究もさかんに行われている (第8章参照)。これらの膨大な研究から、ヒトにおける視線による注意の定位は、反射的なメカニズムが優位であるとはいえ、それのみが単独で関与しているのではなく、随意的な（あるいはトップダウン的な）メカニズムとの相互作用の中で発現している可能性が示され始めている（たとえば、視線手がかりの効果は表情の種類によって変化することが報告されている: Adams & Kleck, 2003; 吉川・佐藤, 2000 など）。

▶ 視線手がかりはチンパンジーの注意を反射的に移動させるか

ヒト以外の霊長類では、視線手がかりによる注意の定位はどのようなメカニズムによって支配されているのだろうか。実は、このような比較研究はきわめて数が少なく、かつ結果が錯綜している。ヒヒやカニクイザルで行われた実験では、視線手がかりによって注意の定位が起きないか、起きたとしても手がかりの予測率を非常に高くした場合のみであることが報告されている (Fagot & Deruelle, 2002; Vick et al., 2006)。一方、アカゲザルでは反射的定位が生起したという報告もある (Deaner & Platt, 2003)。では、チンパンジーではどうだろうか。

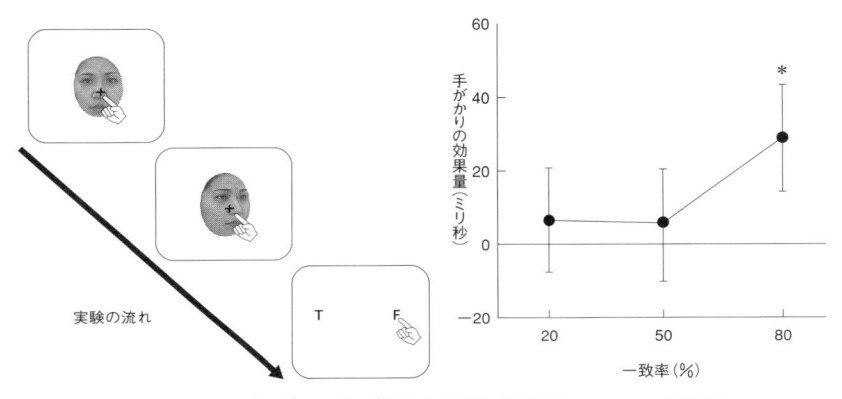

図7-9 チンパンジーによる顔向き手がかり課題(Tomonaga, 2007b)

チンパンジーなどの大型類人は他の霊長類に比べて視線追従の能力が高いという報告は多い(たとえばItakura, 1996)。しかし、ヒトと比較した場合、そこには大きな質的差異があるように思われる。この種差は、もしかすると注意の定位における反射的メカニズムと随意的メカニズムの寄与の程度の違いに起因するのかもしれない。

そこで、まず大人のチンパンジーを対象に、先行手がかりつきの単純弁別課題を与え、その際の視線手がかりの効果を検討した(Tomonaga, 2007b)。基本的な手続きは以下の通りである。たとえば、顔の向きを手がかりとする場合、まず、正面を向いた顔写真が画面中央に提示される。被験者がそれに触れると左右いずれかを向いた顔が100ミリ秒の間提示される。横向き顔が消えると同時に左右にターゲットと妨害刺激が提示され、チンパンジーにはターゲットにできるだけ早く触れることが要求された。ターゲットが、顔の向きと同じ側に提示される確率(一致率)は50％に設定した。もし、チンパンジーの注意が顔の向いている方向に移動するならば、顔の向きとターゲットの位置が一致する場合(一致試行)のほうが逆の場合(不一致試行)よりも反応時間が速くなるはずである。そこで、不一致試行の反応時間から一致試行の反応時間を引いた値を、視線手がかりの効果量と定義した。手がかりとしては、ヒトの顔の目の動き、顔の向き、矢印など様々なものを用いたが、一致率50％の場合には手がかりの効果はほとんど見られなかった(Tomonaga, 2007b)。そこで、顔向き手がかりにつ

いて、一致率を80％にまで高めたところ、実験に参加した2個体とも、一致試行のほうが不一致試行よりも反応時間が早くなるという手がかり効果が認められた。さらに、一致率を逆に20％にまで落とすとその効果は消失した（図7-9）。つまり、チンパンジーにおける視線手がかり（この場合顔向き）による注意の定位には、随意的メカニズムの関与が圧倒的に大きいことが示唆されたのである。

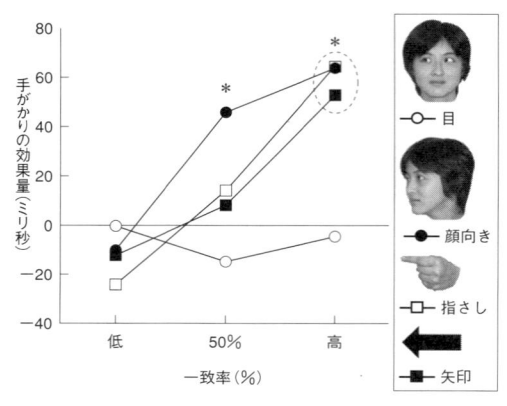

図 7-10　チンパンジー幼児による顔向き手がかり課題
（Tomonaga, 2008）
顔向き手がかりでは一致率がランダムでも効果がある．ただし，一致率の操作の影響を受ける．

　この結果は、チンパンジーの幼児（3歳半）でも認められた（Tomonaga, 2008）。この実験では手がかりつきの弁別課題ではなく、青い丸のターゲットが手がかり提示の200ミリ秒後に左右いずれかに提示されるという単純検出課題を用いた。手がかりとしては顔向き、目の動き、指さし、矢印を用いた。まず一致率50％で実験したところ、先の実験同様、目の動き（虹彩の位置）は注意の定位を引き起こさなかった。しかしながら、顔向きが手がかりとして用いられた場合には、不一致試行のほうが一致試行よりも反応時間が早くなった。つまり、ある条件下ではチンパンジーでも反射的な定位が生起することが示されたのである（図7-10）。

　しかし、先の実験同様、この実験でも手がかりの一致率を操作したところ、顔向き手がかりの効果量は一致率に応じて変動することがわかったのである（図7-10）。この結果は、チンパンジーにおいても、2種類の定位メカニズムが互いに影響しあっていることを示唆していると言えよう。ただし、ヒトとは異なり、反射的なメカニズムの寄与のほうが小さいようではあるが。

　われわれは、指さしなどの社会的手がかりを用いた別の実験において、もう一つの要因の影響、つまり手がかり出現からターゲット出現までの時間の影響

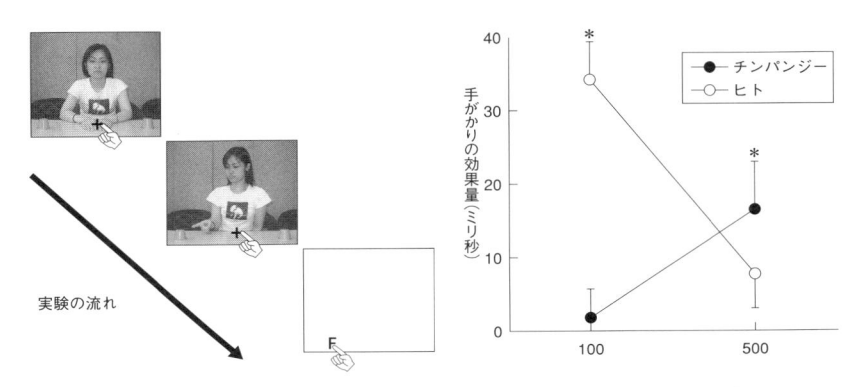

図 7–11　チンパンジーによる動作手がかり課題(Tomonaga, 2008)
チンパンジーでは手がかりとターゲットの提示間隔が長い時に効果があるが、ヒトでは逆に短い時のみ効果が見られた．

についても検討した(Tomonaga, 2008)。ここでも、チンパンジーの結果はヒトの結果とは異なっていた。ヒトでは手がかりとターゲットの提示間隔が短い時(100ミリ秒)に不一致試行と一致試行の反応時間の差が大きくなったのに対し、チンパンジーでは逆に間隔が長い時(500ミリ秒)に手がかりの効果が大きくなったのである(図7–11)。ここでも、チンパンジーでの随意的定位のメカニズムの優位性が示唆された。

▶ 共同注意と注意の反射的/随意的定位

以上の結果をまとめておこう。実験室におけるコンピュータ制御下の課題において、チンパンジーでは、目の動き(虹彩の位置)だけでは注意の移動は起きないが、顔の向きや指さしなどの動作については注意の空間的移動を引き起こす。しかし、この定位は、「反射的」なメカニズムに支えられたものではなく、「随意的」なメカニズムの関与が強い。この結果は、ヒトの顔や指示動作を用いたことによるものだ、との議論も可能だろう。チンパンジーの顔などを手がかりとして用いた場合には、反射的な定位の寄与のほうが大きくなる可能性は否定できない。今後の検討が必要だ。しかし筆者としては、この種差はそういった問題に起因できないのではと考えている。先にも述べたように、共同注意場面における社会交渉のスタイルの違いは、もしかするとこれら一連の実験で観

察されたヒトとチンパンジーの差異と密接に関連しているのかもしれない。

　より自然な場面での共同注意や3項関係的交渉と、実験室場面での社会的手がかりによる注意の移動との間にはどのような関係があるのか。実は、まだよくわかっていないというのが正直なところではないだろうか。3項関係的な交渉の中で反射的定位がどのような役割を果たすのだろうか。また、随意的メカニズムによる調整が起こるとすればそれはどのような形で起こるのか。バターワースら(Butterworth & Jarrett, 1991)は共同注意の発達の過程を、他者の視線がもたらす大まかな方向情報のみを利用する「生態学的メカニズム」の発現(生後6ヶ月)に始まり、他者の視線が向けられている特定の事物に自らの注意を向けることができるようになる「幾何学的メカニズム」の発現(生後12ヶ月)を経て、視野外への注意の移動が可能になる「表象的メカニズム」(生後18ヶ月)の成立へと至るという図式を提案した。このような共同注意の発達のプロセスに注意の定位のメカニズムがどのようにかかわってくるのだろうか。ヒト以外の霊長類でも他者の視線を追従することは可能である。では、この時にどのような注意の定位メカニズムが関与しているのだろうか。かつて、チンパンジーにおける視線追従/共同注意を説明するためのモデルとして、ポヴィネリ(Povinelli & Eddy, 1996)は、原始的な「定位反射」的メカニズムと、他者の視線を計算して評価するメカニズムを想定した(Emery, 2000)。その上で、チンパンジーでは少なくとも他者の視「線」を正しく計算して、その先にある事物にある程度正確に注意を向けることができることを明らかにし、このようなことができるためには後者の評価メカニズムが必要だと主張した。ただし、ここで述べられている「原始的な定位反射」と「評価メカニズム」が、視線検出機構のモジュール性を仮定した「反射的定位」や「随意的定位」に直接的につながるとは考えづらい。この問いに比較認知発達神経科学の観点から答えを出すためには、発達研究、自閉症などの発達障害研究、そして次章で紹介されるような認知神経科学的研究との連携が必須である。

*

　……それまで声援や歓声で満ちていたコート内に一瞬の緊張が訪れた。山王の沢北の手にボールが渡ったのだ。しかも目の前にはチンパンジーのアユムが立ちはだか

る。エース（？）同士の1オン1。ゆっくりとボールを弾ませながらアユムを見つめつづける沢北。次の瞬間、沢北の視線が左にそれる。と同時に沢北はアユムの右サイドを一陣の風のごとく駆け抜けていこうとした。しかし……

冒頭の場面の繰り返しだが、少し妄想が入っている。もしディフェンスがチンパンジーのアユムだったらこの場面の展開は変わるだろうか。アユムの注意はおそらく沢北の顔と動くボールの間を行ったり来たりするだろう。ここまでの話でもおわかりのように、アユムには目のみによるフェイクはおそらくは効かないだろう。アユムはボールの動きの変化に注意を向け、そのボールにアタックする。沢北は止められるかもしれない。では、沢北が止められないようにするためにはどうすればよいか。顔の向きやボールの差し出しのようなもっと「はっきりした」動作でフェイクをかければいいかもしれない。そして、そのような動作をしたらそちらのほうへ動くのだという期待をチンパンジーディフェンスに抱かせることが肝要だ。初心者のバスケットボールみたいに。

「目はこころの窓」。これは少なくとも霊長類にはあてはまるだろう。しかし、その窓の奥のどの程度まで見えるのか、あるいは見ることができるのか、そこには種間の違いが厳然と存在する。その違いがそれぞれの種が適応してきた進化的環境要因に起因することは言うまでもない。では、その要因はどのようなものか。これに答えていくのは至難の業かもしれないが、比較認知科学にとってきわめて魅力的な問いであることは言うまでもない。

謝辞 本章で紹介した研究は、文部科学省/日本学術振興会科学研究費補助金および21世紀COEプログラムの補助を受けて行われた。共同研究者である明和政子、岡本早苗、伊村知子、キム・バード、山口真美、水野友有、田中正之、松沢哲郎の各氏には特に謝意を表したい。また、研究を進める上で京都大学霊長類研究所のスタッフ、学生の方々の多大なる助力を得た。感謝いたします。

引用文献

Adams, R. B., & Kleck, R. E. (2003). Perceived gaze direction and the processing of facial displays of emotion. *Psychological Science*, **14**, 644–647.

Allison, T., Puce, A., & McCarthy, G. (2000). Social perception from visual cues: Role of the STS region. *Trends in Cognitive Sciences*, **4**, 267–278.

Bard, K. A., Myowa-Yamokoshi, M. *et al.* (2005). Group differences in the mutual gaze of chimpanzees (*Pan troglodytes*). *Developmental Psychology*, **41**, 616–624.

Baron-Cohen, S. (1995). *Mindblindness: An Essay on Autism and Theory of Mind*. MIT Press.

Bråten, S. (Ed.) (1998). *Intersubjective Communication and Emotion in Early Ontogeny*. Cambridge University Press.

Butterworth, G., & Jarrett, N. L. M. (1991). What minds have in common is space: Spatial mechanism serving joint visual attention in infancy. *British Journal of Developmental Psychology*, **9**, 55–72.

Deaner, R. O., & Platt, M. L. (2003). Reflexive social attention in monkeys and humans. *Current Biology*, **13**, 1609–1613.

Diamond, R., & Carey, S. (1986). Why faces are and are not special: An effect of expertise. *Journal of Experimental Psychology: General*, **115**, 107–117.

Driver, J., Davis, G. et al. (1999). Gaze perception triggers reflexive visuospatial orienting. *Visual Cognition*, **6**, 509–540.

Emery, N. J. (2000). The eyes have it: The neuroethology, function and evolution of social gaze. *Neuroscience & Biobehavioral Reviews*, **24**, 581–604.

Fagot, J., & Deruelle, C. (2002). Perception of pictorial eye gaze by baboons (*Papio papio*). *Journal of Experimental Psychology: Animal Behavior Processes*, **28**, 298–308.

Farroni, T., Csibra, G., Simion, F., & Johnson, M. H. (2002). Eye contact detection in humans from birth. *Proceedings of the National Academy of Sciences of the United States of America*, **99**, 9602–9605.

Farroni, T., Johnson, M. H. et al. (2005). Newborns' preference for face-relevant stimuli: Effects of contrast polarity. *Proceedings of the National Academy of Sciences of the United States of America*, **102**, 17245–17250.

Friesen, C. K., & Kingstone, A. (1998). The eyes have it! Reflexive orienting is triggered by nonpredictive gaze. *Psychonomic Bulletin & Review*, **5**, 490–495.

Frischen, A., Bayliss, A. P., & Tipper, S. P. (2007). Gaze cueing of attention: Visual attention, social cognition, and individual differences. *Psychological Bulletin*, **133**, 694–724.

Gibson, J. J., & Pick, A. (1963). Perception of another person's looking. *American Journal of Psychology*, **76**, 86–94.

von Grünau, M., & Anston, C. (1995). The detection of gaze: A stare in the crowd effect. *Perception*, **24**, 1297–1313.

Hershler, O., & Hochstein, S. (2005). At first sight: A high-level pop out effect for faces. *Vision Research*, **45**, 1707–1724.

Humphreys, G. W., Hodsoll, J., & Campbell, C. (2005). Attending but not seeing: The "other race" effect in face and person perception studied through change blindness. *Visual Cognition*, **12**, 249–262.

井上雄彦(1995). スラムダンク 第26巻 集英社.

Itakura, S. (1996). An exploratory study of gaze-monitoring in non-human primates. *Japanese Psychological Research*, **38**, 174–180.

Johnson, M. H. (2005). Subcortical face processing. *Nature Reviews Neuroscience*, **6**, 766–774.

Johnson, M. H., & Morton, J. (1991). *Biology and Cognitive Development: The Case of Face Recognition*. Blackwell.

Kendrick, K. M. (2004). The neurobiology of social bonds. *Journal of Neuroendocrinology*,

16, 1007–1008.

Kikuchi, Y., Senju, A., Tojo, Y., Osanai, H., & Hasegawa, T. (2009). Faces do not capture special attention in children with Autism Spectrum Disorder: A change blindness study. *Child Development*, **80**, 1421–1433.

Kobayashi, H., & Kohshima, S. (1997). Unique morphology of the human eye. *Nature*, **387**, 767–768.

小杉大輔・村井千寿子ほか (2003). 物体の動きの因果性理解と社会的参照との関連――ヒト乳児との直接比較による検討. 友永雅己・田中正之・松沢哲郎 (編著), チンパンジーの認知と行動の発達 京都大学学術出版会. pp. 232–242.

Langton, S. R. H., & Bruce, V. (1999). Reflexive visual orienting in response to the social attention of others. *Visual Cognition*, **6**, 541–567.

Langton, S. R. H., Law, A. S., Burton, A. M., & Schweinberger, S. R. (2008). Attention capture by faces. *Cognition*, **107**, 330–342.

Mitchell, P. (1996). *Introduction to theory of mind*. London, UK: Arnold.

Mizuno, Y., Takeshita, H., & Matsuzawa, T. (2006). Behavior of infant chimpanzees during the night in the first 4 months of life: smiling and suckling in relation to behavioral state. *Infancy*, **9**, 215–234.

Müller, H. J., & Rabbitt, P. M. A. (1989). Reflexive and voluntary orienting of visual attention: Time course of activation and resistance to interruption. *Journal of Experimental Psychology: Human Perception & Performance*, **15**, 315–330.

Myowa-Yamakoshi, M., & Tomonaga, M. (2001). Perceiving eye gaze in an infant gibbon (*Hylobates agilis*). *Psychologia*, **44**, 24–30.

Myowa-Yamakoshi, M., Tomonaga, M., Tanaka, M., & Matsuzawa, T. (2003). Preference for human direct gaze in infant chimpanzees (*Pan troglodytes*). *Cognition*, **89**, B53–64.

Myowa-Yamakoshi, M., Yamaguchi, M., Tomonaga, M., Tanaka, M., & Matsuzawa, T. (2005). Development of face recognition in infant chimpanzees (*Pan troglodytes*). *Cognitive Development*, **20**, 49–63.

大神英裕 (2002). 共同注意行動の発達的起源. 九州大学心理学研究, **3**, 29–39.

Okamoto, S., Tomonaga, M. *et al.* (2002). An infant chimpanzee (*Pan troglodytes*) follows human gaze. *Animal Cognition*, **5**, 107–114.

Okamoto, S., Tanaka, M., & Tomonaga, M. (2004). Looking back: The "representational mechanism" of joint attention in an infant chimpanzee (*Pan troglodytes*). *Japanese Psychological Research*, **46**, 236–245.

Pageler, N. M., Menon, V. *et al.* (2003). Effect of head orientation on gaze processing in fusiform gyrus and superior temporal sulcus. *NeuroImage*, **20**, 318–329.

Povinelli, D. J., & Eddy, T. J. (1996). Chimpanzees: Joint visual attention. *Psychological Science*, **7**, 129–135.

Premack, D., & Woodruff, G. (1978). Does the chimpanzee have a theory of mind? *Behavioral & Brain Sciences*, **1**, 515–526.

Ro, T., Russell, C., & Lavie, N. (2001). Changing faces: A detection advantage in the flicker paradigm. *Psychological Science*, **12**, 94–99.

Rochat, P. (2001). *The Infant's World*. Harvard Unversity Press. (板倉昭二・開一夫 (監訳) (2004). 乳児の世界 ミネルヴァ書房.)

Senju, A., Tojo, Y., Dairoku, H., & Hasegawa, T. (2003). Reflexive orienting in response to eye gaze and an arrow in children with and without autism. *Journal of Child Psychology*

& *Psychiatry*, **44**, 445–458.

Todorović, D. (2006). Geometrical basis of perception of gaze direction. *Vision Research*, **46**, 3549–3562.

Tomasello, M. (1999). *The Cultural Origins of Human Cognition*. Harvard University Press. (大堀壽夫・中澤恒子・西村義樹・本多啓 (訳) (2006). 心とことばの起源を探る 勁草書房.)

Tomasello M., Call, J., & Hare, B. (1997). Five primate species follow the visual gaze of conspecifics. *Animal Behaviour*, **55**, 1063–1069.

Tomasello, M., Hare, B., & Agnetta, B. (1999). Chimpanzees, *Pan troglodytes*, follow gaze direction geometrically. *Animal Behaviour*, **58**, 769–777.

Tomonaga, M. (1999). Inversion effect in perception of human faces in a chimpanzee (*Pan troglodytes*). *Primates*, **40**, 417–438.

友永雅己 (1999). チンパンジーにおける顔の方向の知覚——視覚探索課題を用いて. 霊長類研究, **15**, 215–229.

Tomonaga, M. (2007a). Visual search for orientation of faces by a chimpanzee (*Pan troglodytes*): Face-specific upright superiority and the role of configural properties of faces. *Primates*, **48**, 1–12.

Tomonaga, M. (2007b). Is chimpanzee (*Pan troglodytes*) spatial attention reflexively triggered by the gaze cue? *Journal of Comparative Psychology*, **121**, 156–170.

Tomonaga, M. (2008). Do chimpanzee eyes have it? Social cognition on the basis of gaze and attention from the comparative-cognitive-developmental perspective. In E. Lonsdorf, S. Ross, & T. Matsuzawa (Eds.), *The Mind of the Chimpanzee: Ecological and Experimental Perspectives*. University of Chicago Press. in press.

友永雅己・伊村知子 (2006a). 顔はチンパンジーの空間的注意を捕捉するか. 動物心理学研究, **56**, 172.

友永雅己・伊村知子 (2006b). チンパンジーを探せ！——チンパンジーにおける顔の効率的探索. 霊長類研究, **22**, S24–25.

友永雅己・伊村知子 (2007). チンパンジーを探せ 2.0——顔刺激の効率的探索は顔認識を基盤としているか. 霊長類研究, **23**, S28–29.

Tomonaga, M., & Imura, T. (2008). Visual search for the human gaze direction by the chimpanzee (*Pan troglodytes*). Submitted for publication.

Uematsu, A., Kikusui, T. *et al.* (2007). Maternal approaches to pup ultrasonic vocalizations produced by a nanocrystalline silicon thermo-acoustic emitter. *Brain Research*, **1163**, 91–99.

Vick, S.-J., Toxopeus, I., & Anderson, J. R. (2006). Pictorial gaze cues do not enhance long-tailed macaques' performance on a computerised object-location task. *Behavioural Processes*, **73**, 308–314.

Wilson, H. R., Wilkinson, F., Lin, L.-M., & Castillo, M. (2000). Perception of head orientation. *Vision Research*, **40**, 459–472.

Yin, R. K. (1969). Looking at upside-down faces. *Journal of Experimental Psychology*, **81**, 141–145.

吉川左紀子・佐藤弥 (2000). 社会的メッセージ検出機構としての顔知覚——情動表情と視線方向による促進. 心理学評論, **43**, 259–272.

マキャベリ的知性仮説 --- keyword 9

　われわれヒトは、他の動物に比べてかなり高度な知性をもっている（ように見える）。このような知性がいかにして進化してきたのかを探るのが、「比較認知科学（comparative cognitive science）」の一つのミッションである（両輪となるもう一つのミッションは、動物界に存在する多様な知性のあり方を明らかにし、そのような多様性を引き起こした進化的要因を明らかにすることにある）。ただし、比較認知科学は、このような"how"の問いかけに対してだけでなく、「なぜ（why）」われわれの知性はこのようなものになったのか、という問いにも答えていかなくてはならない。

　今から20年前に、イギリスの研究者であるバーンとホワイトゥンが、それまで独立に提唱されていた意見をうまくまとめあげ、次のような一つの大きな仮説として提唱した。「われわれが『知性』と呼んでいる認知能力は社会生活とそれがもたらす複雑さの諸問題と結びついている」（Byrne & Whiten, 1988; Whiten & Byrne, 1997）。

　つまり、知性は一般問題解決能力として進化してきたのではなく、また、日々食べていくために必要な知識を獲得し利用するために進化してきたのでもない。なんらかの理由で（おそらくは採食や対捕食者戦略として）始まった群居生活の中で、他者を出し抜いたり、他者とうまくやっていくことができたものが選択されていったのだろう。このような知性は、権謀術数を使って人心を掌握する道を説いたルネッサンス期の思想家の名を冠して「マキャベリ的知性」と呼ばれるようになり、霊長類学、比較認知科学のみならず様々な領域に浸透し、そして様々な関連領域とリンクしていった。

　この仮説は、その提唱の当初から、本書のタイトルにもなっている「ソーシャルブレイン（社会脳）」仮説や、本書でもメイントピックの一つとなっている「心の理論」などと密接に関連する形で進展してきた。さらに、ミラーニューロンシステムや、チンパンジーの文化の問題とも接点があり、やはり同時期に起こってきた、ヒトの認知における適応的バイアスを明らかにしようとする進化心理学ともつながっている。マキャベリ的知性仮説は、急速に認知科学の最先端の研究と切っても切り離せない間柄になっていったのである。

　しかし、マキャベリ的知性仮説は、実証研究の俎上にはきわめてのせづらい。その提唱から10年ほどたってようやく、実証研究に向けてのロードマップがそれなりに示されるようになってきた。バーンとホワイトゥンはこの仮説が内包している、解決すべき問題を整理している。その第一は、もし、社会生活がもたらす複雑さに対処するために知性が進化してきたのだとすると、社会的な複雑さと物理的環境の複雑さの違いはいったいどこにあるのだろうか、そもそもその比較は可能なのだろうか、とい

うものだ。この問いかけに対しては、霊長類学者や行動生態学者たちが、様々な動物種の社会の複雑さの程度を比較検討している。しかし、社会的環境の複雑さと物理環境の複雑さをどのように比較するか、そもそも共通の尺度で比較できるのか、という問題にはまだ十分なメスが入ってはいないようである。

　また、この問題は、次の問いかけとも密接に関係している。マキャベリ的知性仮説のいうところは、われわれの知性は社会的問題の解決のためにチューニングされている、ということである。このことは、われわれの知性の「領域固有性」の問題である。他の領域における論理的に同等な問題と比較した時、われわれはやはり社会的な領域での問題解決のほうに長けているのだろうか。この点については、進化心理学における社会契約の問題と4枚カード問題の関連や、顔認識における社会的適応からのバイアスの問題などについて研究が進みつつある。

　第三の問いは、社会的な複雑さがもたらすものの質の問題である。社会的知性が進化する要因となったのは他者を出し抜いたり欺いたりする「意地の悪い」側面なのか、それとも他者と協力したり助けたりするといった「よい」側面なのだろうか。この問いかけは、比較的実証的な研究のパラダイムにのせやすい。実際、協力的な場面や競合的場面を実験的に設定して、そこでの他者理解を調べた研究では、チンパンジーでは競合場面のほうが成績がよく、イヌでは逆に協力場面のほうが成績がよいという結果が報告されている。少なくとも、まさに「マキャベリスト的」な状況と向社会的な状況は等価ではないということが明らかにされつつある。

　そして、このような社会的知性が宿るソーシャルブレインとはいったいなにか。それが本書を貫く問いかけでもある。[友永雅己]

Byrne, R. W., & Whiten, A.（Eds.）（1988）. *Machiavellian Intelligence: Social Expertise and the Evolution of Intellect in Monkeys, Apes, and Humans*. Oxford University Press.
　（藤田和生・友永雅己・山下博志（監訳）（2004）．マキャベリ的知性と心の理論の進化論——ヒトはなぜ賢くなったか　ナカニシヤ出版．）
Whiten, A., & Byrne, R. W.（Eds.）（1997）. *Machiavellian Intelligence II: Extensions and Evaluations*. Cambridge University Press.
　（友永雅己・平田聡・小田亮・藤田和生（監訳）（2004）．マキャベリ的知性と心の理論の進化論 II——新たなる展開　ナカニシヤ出版．）

第8章

ソーシャルブレインのありか——扁桃体・上側頭溝領域・前頭前野

加藤元一郎・梅田 聡

　われわれは日常生活において、他者の感情状態を理解したり、自らの感情を制御したりしながら、その場にふさわしい行動をとることが必要とされる。そのような適切な社会行動を生み出すためには、社会性を担う神経メカニズムが正しく機能している必要がある。近年、そのような視点の重要性に着目した「社会認知神経科学」という新しい学問が生まれ、社会性を認知神経科学の立場から理解しようとする試みが本格的に始められている（Ochsner & Lieberman, 2001）。人におけるこの領域の始まりは、ブラザーズ（Brothers, 1990）の「社会脳（social brain）」というタイトルの論文に始まるといってよいであろう。この中で、ブラザーズは、社会性にかかわる三つの主要な部位を挙げている。それらは、①扁桃体（amygdala）、②前頭葉眼窩部（orbitofrontal cortex）、③上側頭回（superior temporal gyrus）である。これらの領域は、いわゆる社会的信号の脳への入出力に大きくかかわっている（keyword 10参照）。

　ヒトが有する社会的信号の中で、他者の顔についての情報は、良好な社会活動にとって最も重要である。顔についての情報の中では、個人の弁別や同定、表情の認知、そして視線方向の検出が大きな意味をもつ。社会的な信号の知覚、認知、判断、推論に関与する脳領域としては、紡錘状回、扁桃体、上側頭回・溝領域、前頭葉外側部および内側部、そして、前頭葉眼窩部が挙げられる。紡錘状回外側部（Fusiform Face Area: FFA）の損傷例では、熟知した相貌の認知障害である相貌失認が出現する。すなわち、紡錘状回は、顔に関する構造的で静的な特徴の処理に関与する。

　他者の顔を見た場合、その形態的認知とパラレルに表情の認知が行われる。特に恐怖表情には扁桃体の活動が重要といわれる。この活動は、迅速かつ自動的に、前意識的・前注意段階で行われる。扁桃体は、外的刺激をいち早く察知し、その価値をおおまかに快・不快レベルで判断し、不快刺激であればしかる

べき逃避／闘争反応を起こすという社会的機能をもっている (Adolphs, 2001; Siegel & Varley, 2002)。

　また、顔の認知においては、上側頭溝領域(Superior Temporal Sulcus: STS)の働きが重要な役割を果たしている。上側頭溝領域の後方領域(posterior STS)は、紡錘状回と異なり、顔の動的な側面、すなわち表情、視線のシフト、口の運動についての情報に関与している (Haxby *et al.*, 2000; Akiyama *et al.*, 2006b)。また、上側頭溝領域は、形態そのものとその運動に関する情報を統合する領域であるという報告もあり、この見方では、紡錘状回と扁桃体・上側頭溝領域は、顔に関する異なった側面の情報の処理を担当する相互に連結されたシステムを構成しているとも考えられる(Calder & Young, 2005)。

　そして、人の社会的活動には、前頭前野が重要な役割を果たしている。前頭葉背外側部領域は、発動性、自律性、ワーキングメモリ、迅速学習などに重要であり、認知処理において統合的な役割を果たし、人の社会性には必要不可欠の領域である。一方、前頭葉眼窩部、そして前頭葉内側部は、社会的行動の情動による制御、心の理論、高次の感情学習において重要であり、人の情動的な社会行動のキーとなる脳部位である(加藤ほか, 2003)。

　以下では、これらの各脳部位が、社会性にかかわるどのような認知機能を担っているかについて、神経心理学、脳機能画像、発達認知障害の研究成果をもとに検討する。

1　扁桃体の機能

　扁桃体は、大脳皮質の内側に位置する辺縁系の一部である。ダマジオらの説によれば、扁桃体は一次感情——すなわちわれわれの身に危険が及ぶような刺激を察知する際に必要となる、生得的に備わった感情反応——に関与する部位である(Damasio *et al.*, 1994)。人間における扁桃体損傷の研究では、脳炎、てんかん発作の治療を目的とした扁桃体切除（ロベクトミー）や、ウルバッハ—ヴィーテ病などの症例が対象とされることが多い。これらの研究を通して、扁桃体が感情や視線の認識においてどのような役割を担っているかが明らかにされてきた。また、同時に多くの人における脳機能画像研究が、扁桃体をター

ゲットとして行われてきた。

　扁桃体機能の研究は古く、1930 年代におけるクリューバーとビューシーのサルにおける実験(Kluver & Bucy, 1938, 1939)にさかのぼる。両側側頭葉内側部に広範な損傷が与えられたサルは、恐怖を失ったかのように人や蛇に接したり、食べられない物を口唇で探索したり、種の異なる個体と交尾しようとするなど、不適切な情動反応や社会行動を示した。その後、主として動物における研究が進んだが、1990 年に両側扁桃体に限局した損傷を有する症例が報告されて以来、ヒトにおける研究がさかんになった。この症例の際立った障害は、恐怖表情を認知する能力の障害(Adolphs et al., 1994, 1995)、恐怖の条件づけの獲得障害(Bechara et al., 1995)、さらに顔から人の好感度や誠実さを判断する能力の障害(Adolphs et al., 1998)である。この症例に続いて、多数の両側扁桃体損傷例が報告され、情動に伴う記憶の増強効果を認めないこと(Markowitsch et al., 1994)、視線方向判断の障害を有すること(Broks et al., 1998; Young et al., 1995)などの新しい知見が得られた。

　これら扁桃体損傷例に触発され、扁桃体機能画像研究が 1996 年ごろより活発となった。その先駆けはモリスらによる PET 研究(Morris et al., 1996)である。この研究では、健常者に視覚呈示した顔写真の恐怖表情が強まるほど、左扁桃体に有意な活動を認めることが報告された。以降 PET, fMRI などでこの実験結果が再現され、さらに洗練した実験パラダイムを用いることによって扁桃体機能がより詳細に検討されるようになった。健常者の機能画像研究では、恐怖表情に対し扁桃体が賦活されることが繰り返し報告された(Whalen et al., 1998)。その後、意識に上らない恐怖表情(Morris et al., 2001; Vuilleumier et al., 2001)や、恐怖をたたえた目(Whalen et al., 2004)だけに対しても賦活されることがわかり、扁桃体機能の鋭敏さが再認識されるに至っている。また、機能画像研究では、視線の処理を要する課題で扁桃体が賦活されることがたびたび報告され(Adams et al., 2003; Hooker et al., 2003)、詳細なレビューにまとめられている(Zald, 2003; Baas et al., 2004)。

　扁桃体は、ソーシャルブレインネットワークの中において、特にその受容面での中核的存在であると考えられている。扁桃体の本来の機能は、社会的刺激の処理に厳密に限定されるものではないと思われる。むしろ、扁桃体は、行動

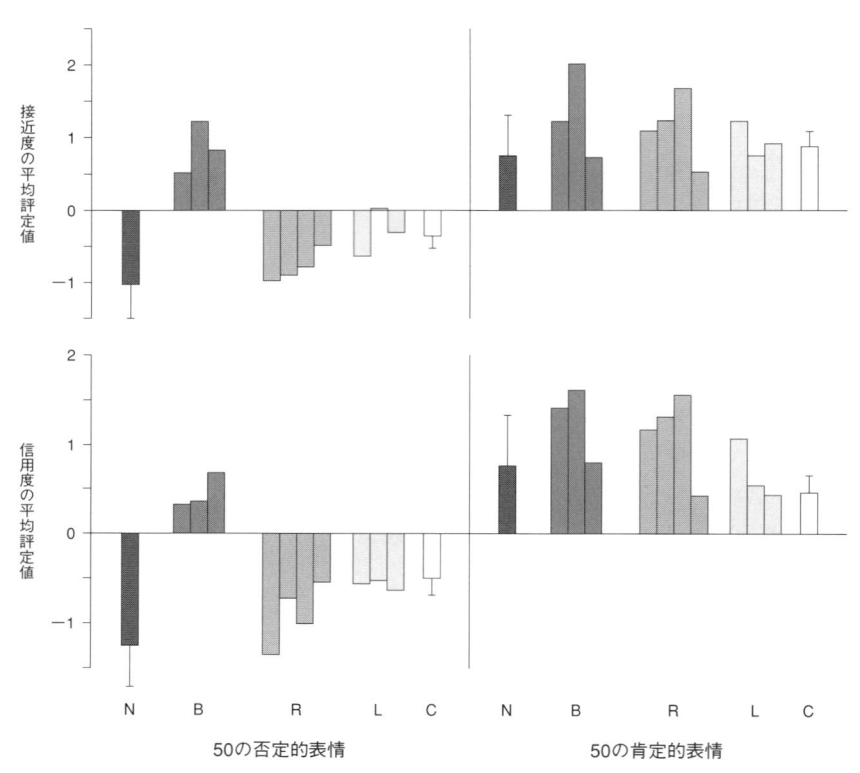

図 8–1　100 の未知顔に対する接近度および信用度の平均評定値(Adolphs, 1999)
N は健常者，B は両側の扁桃体損傷例，R は右側の扁桃体損傷例，L は左側の扁桃体損傷例，C は扁桃体以外の脳部位の損傷例を示す．

目標の達成に関与し、注意喚起的な刺激に全般的に反応する可能性が高い (Ochsner, 2004; Sander *et al.*, 2005)。しかし、社会的信号は、とりわけ個体にとって重要であるため、扁桃体が密に関与すると考えられる。では、扁桃体を損傷すると具体的にどのような認知障害が現れるのであろうか。また、扁桃体はどのような課題で賦活され、実際にどのような機能を有しているのであろうか。

▶ 表情認識と感情の方向性

扁桃体損傷例と健常者に対し、未知の人が肯定的な表情をしている顔写真と否定的な表情をしている顔写真を見せ、① その人にどのくらい近づけるか、②

その人をどのくらい信用できるか、について評定させた (Adolphs et al., 1998)。その結果、健常者や片側扁桃体損傷例は、否定的な表情の人に対して、①および②の指標についてマイナスの評価、すなわち近づけない、信用できないという評価を下したのに対し、両側扁桃体損傷例は、これらにプラスの評価、すなわち近づける、信用できるという評価を下した(図8–1)。この結果は、両側の扁桃体を損傷すると、否定的な表情からその意味を読み取ることができなくなることを示唆している (Adolphs et al., 1994)。

前述したように、顔の表情認識を行う際に扁桃体が関与するという事実は、機能的MRI (functional Magnetic Resonance Imaging: fMRI)を用いた研究によっても裏づけられている (Gur et al., 2002a)。しかし、逆に両側扁桃体損傷例においても、表情認識ができるという見解も示されている (Hamann et al., 1996)。では、この違いはなにに原因とするのであろうか。ハーマンら (Hamann et al., 1996)は、この二つの結果における「先天性の疾患(ウルバッハ—ヴィーテ病)を原因とする扁桃体損傷例では表情認識ができず、後天性の疾患(脳炎)を原因とする扁桃体損傷例では表情認識ができる」という違いに注目し、「感情の認知機能が正常に発達した後であれば、表情認識は扁桃体に依存しない可能性がある」と述べている。

これまでの多くの研究では、扁桃体は主に恐れ、驚きなどの否定的な感情の処理に関与するとされてきた (Phillips et al., 2001)。しかし最近になって、扁桃体は否定的な感情ばかりでなく、肯定的な感情にも関与するといういくつかの証拠が示されている (Baxter & Murray, 2002; Damasio et al., 2000)。扁桃体における感情の方向性に注目したこれまでの研究を概観すると、扁桃体が否定的感情の処理に関与するという結果は比較的一貫しているが、肯定的感情の処理に関与するという結果については一貫していない。この原因を調べた研究 (Canli et al., 2002)では、肯定的な感情の受け取り方には個人差があり、肯定的な感情を処理する際に扁桃体が使われるかどうかは、人格特性の外向性の程度に依存していることがつきとめられ、注目を浴びている。

▶ 視線認知

サルの扁桃体には視線方向に特異的に反応する神経細胞が存在することが知

られている(Brothers & Ring, 1993)。また、前述したように、ヒトの扁桃体損傷例において視線方向判断障害が生じることが報告されている(Broks et al., 1998; Young et al., 1995)。ウィッカーら(Wicker et al., 1998)は、PET研究において人の顔の動画を視覚呈示している。この報告では、動画(顔)において目が呈示されない条件(閉眼条件)と比較して、目が呈示される条件(開眼条件)では、右扁桃体が有意に強く賦活されることが示されている。川島ら(Kawashima et al., 1999)は、同じくPET研究において人の顔の動画を呈示したところ、視線があう条件では両側扁桃体の賦活が、視線がそれた条件では左扁桃体の賦活が認められたことを報告した。さらに、ジョージら(George et al., 2001)は、fMRI研究において、視線があう条件のほうが視線のそれた条件よりも紡錘状回の賦活が有意に強く、また両側扁桃体の活動と相関が認められることを報告した。このように、対面する人の顔の中でも相手の目(視線)が見え、相手とまなざしを交わすような状況において、扁桃体がより強く活動することが示唆されている。一方、最近では、視線のより繊細な意味合いを検討する研究が散見される。たとえばフッカーら(Hooker et al., 2003)は、fMRI研究において、視線があうかあわないかの判断課題を、視線のあう確率が40%の刺激のセットと、0%の刺激セット(視線があう刺激が一つも入っていないセット)の2条件で施行し、賦活領域を比較したところ、0%のセットで右扁桃体に有意な賦活を認めた。すなわち、この所見は、扁桃体は単純に視線があうかあわないかを分析しているのではなく、視線があうことを期待している状況でその期待が裏切られた時により強く活動すると解釈できる。また表情と視線向きを巧妙に組み合わせた研究もある。アダムスら(Adams et al., 2003)は恐怖表情と怒り表情を、それぞれ視線があう条件、あわない条件で呈示したところ、視線のあわない怒り表情と、視線のあう恐怖表情において左扁桃体の賦活が有意であったことを報告している。怒り表情を自分以外に向けられる、あるいは恐怖表情を自分に向けられることは、日常的に遭遇し慣れていない状況であるため、その原因をさらに追究する必要が生じる。このような曖昧な危険刺激に対して扁桃体はより強く活動するのではないかと解釈している。

　最近、扁桃体損傷例における表情認知障害のメカニズムとして、重要な情報源である目への注視が減少することが報告されている(Adolphs et al., 2005)。こ

の報告は、情動の認知の障害を、顔の特定の部分への注意機能の障害としてとらえることが可能であることを示唆する、きわめて重要なものと考えられる。

われわれは、これらの知見、特に両側扁桃体損傷例での眼球運動研究において人物の目をほとんど注視しなかったという前述の報告に注目し、扁桃体損傷例において、他者の視線方向に沿って自らの注意を誘導する機能の障害について検討した(Akiyama et al., 2007)。具体的には、他者の視線方向を手がかりに自らの注意を誘導させる実験を行った。この実験では、空間的手がかりがその後に現れるターゲットを検出する際に及ぼす影響をみるポズナーの空間手がかりパラダイム(spatial cueing paradigm)を応用している。一般的に、手がかりが出た方向にターゲットが現れると検出時間が短くなり、反対方向に現れると検出時間が長くなることが知られている。手がかりに視線方向や矢印方向を導入した健常者での先行研究では、視線や矢印の方向に一致した場所にターゲットが現われる試行で反応時間が有意に短くなることが示されている。このように視線・矢印方向につられるように注意が誘導される心理現象を、視線効果、矢印効果と呼ぶ(第7章参照)。

対象者は、限局性片側扁桃体損傷5例(右側2、左側3)と健常者15人であり、扁桃体損傷例の病因は、右損傷例では外傷(症例1)および脳炎(症例2)、左損傷例では脳炎1例(症例3)と脳腫瘍摘出術後が2例(症例4・5)である。MRI画像を図8–2に示す。臨床上の精神神経症状としては、症例1で反社会的言動、症例2では回復期に抑うつ、症例3では発症から約1ヶ月続いた恐怖発作、症例4で感情的引きこもりおよび抑うつ、症例5で易刺激性および感情的引きこもりが見られた。実験で用いた刺激は「矢印」「だ円の目」「顔」の3種類である(図8–3)。健常者ではいずれの刺激でも有意な視線効果、矢印効果を認めた。一方、扁桃体損傷例では矢印効果は有意であったが、「だ円の目」「顔」両方において視線効果は見られなかった(図8–4)。

この結果より、片側扁桃体損傷例では、非生物的な刺激である矢印方向に対しては注意を誘導することができる一方で、生物的な刺激である視線方向に対しては注意を誘導することができないことが示唆される。すなわち、扁桃体は、視線の向きという生物学的な動きを感知する機能をもつことがわかる。なお、われわれは、右側上側頭回限局損傷例においても同様の実験を行い、全般

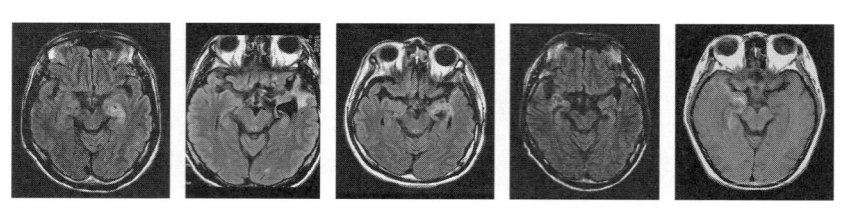

図 8–2 扁桃体損傷例の MRI 画像

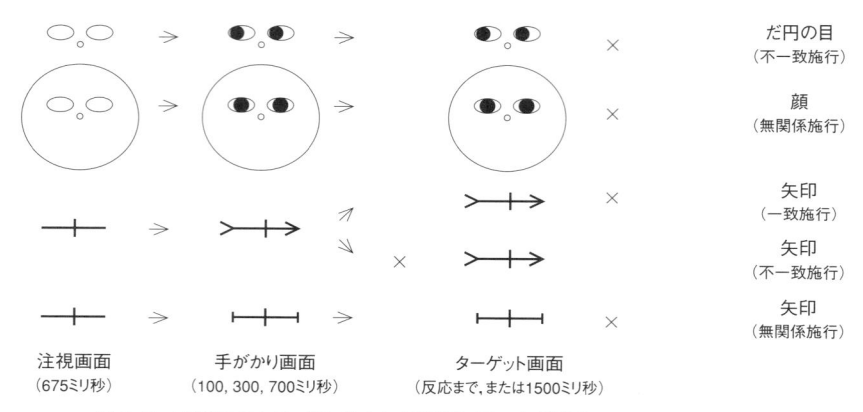

図 8–3 空間手がかりパラダイムの実験に用いた刺激 (Akiyama et al., 2007)
上 2 段が「だ円の目」「顔」，下 3 段が「矢印」の例．注視画面を 675 ミリ秒呈示後，視線あるいは矢印の手がかり画面を呈示．手がかりを 100, 300, 700 ミリ秒呈示後，その左右どちらかに×印のターゲットが出現する．被験者には×印を検出したらできるだけ早くボタンを押すことを求めた．手がかりとターゲットの位置関係は，一致，不一致，無関係の 3 種類．

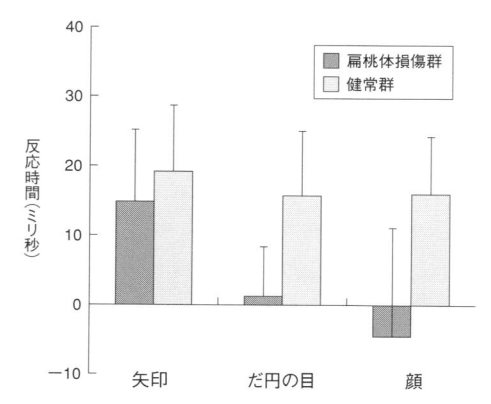

図 8–4 片側扁桃体損傷例における視線効果と矢印効果 (Akiyama et al., 2007)

的な注意機構の障害だけでは説明されない、視線に特異的な注意転導機能の障害を有することを示した(Akiyama et al., 2006b)。すなわち、他者の視線方向に沿って自らの注意を誘導するという社会交流上最も基本的な機能の実現には、正常なSTSが不可欠であり、STSに損傷がおよぶとこの機能に障害が生じることを示唆した。

　扁桃体とSTSの間には、双方向性の神経連絡が存在する。二つの領域は機能的に共同しながら、生物的ないし社会的な信号の処理にあたっているものと推測される。STSと扁桃体の機能の違いは、次のように想定される。扁桃体は、重要な刺激が意識に上る前に、場合によっては視覚野さえバイパスして、非常に早い段階で刺激を検出することができると考えられる(Morris et al., 2001; Vuilleumier et al., 2001)。その情報は、STSを中心とした視覚関連皮質に送られ、さらなる緻密な視覚分析を受ける(Kawashima et al., 1999)。そしてSTSでの詳細な分析結果は、扁桃体へフィードバックされ、それに基づいて、さらなる精密な価値判断(近づくべきか逃げるべきかなど)がなされるものと推測される。

2　上側頭溝領域と視線・意図認知

▶ バイオロジカルモーションの知覚

　上側頭溝(STS)領域は中側頭回上縁・上側頭回下縁を併せた一帯を指し、視覚や聴覚など複数の感覚入力を受け処理する領域であることが知られている。特に霊長類の神経生理学的研究によると、動きや方向性など動的な視覚情報の処理を担う内側側頭(Medial Temporal: MT)、内側上側頭皮質(Medial Superior Temporal cortex: MST)からの入力が豊富であるとされている(Vaina et al., 2001; Wurtz et al., 1990)。また扁桃体との双方向性の連絡が豊富であることも知られている(Freese & Amaral, 2005)。

　紡錘状回と同様に視覚野から入力を受けながらも、紡錘状回よりも背側、すなわち頭頂葉寄りに位置する上側頭溝領域に関する研究は、1980年代におけるサルを用いたペレットらの膨大な研究によって開始された(Perrett et al., 1985, 1987, 1992)。彼らは、サルの上側頭溝領域に存在する多くの神経細胞が、動物の体・頭部・視線の特定の方向に特異的に興奮することを、単一神経細胞研究

の手法で示した。すなわち、サルなどの動物において、上側頭溝領域には、視線や頭・体の向きに特異的に反応する神経細胞が密集している。また、この研究に基づいたサルの両側上側頭溝領域の損傷研究では、損傷後に視線方向判断能力の低下が認められている (Campbell et al., 1990)。また、1990年代後半からは機能画像を応用することにより、ヒトにおける上側頭溝領域の機能が詳細に検討され、サル研究の結果に矛盾しない、多彩な認知機能を担っていることが明らかにされている。すなわち、ヒトにおいて、視線の向きや動き、言語的・非言語的な口の動き、手の動き、手話やジェスチャー、体の動きなどの生物的動きの刺激呈示を受けるとSTSが特異的に活動することが、fMRI、PET、ERPなどの様々な脳賦活研究において示されるようになった (Puce et al., 1998; Allison et al., 2000; Hooker et al., 2003; Pelphrey et al., 2003)。上側頭溝領域は生物的な動き、中でも社会的に価値のある動きに関する情報を処理していると考えられる。われわれは生物的な動きからの情報を基にして、情動的な意味や意図・志向性を与えるのであろう。社会的認知の面から見ると、対面しているものがどこを見てどんな動作をしているのか（自分に対して攻撃的な姿勢、すなわちにらみつけて牙をむき出しているのか、それとも協調的であるか、つまり横たわって目を閉じて眠っているのか）を把握する情報の分析を可能にしていると考えられる。

　顔の認知の領域に限れば、上側頭溝領域は、紡錘状回と異なり、その動的な側面、すなわち表情、視線のシフト、口の運動についての情報に関与している。また、上側頭溝領域は、形態そのものとその運動に関する情報を統合する領域であるという報告もある (Vaina et al., 2001)。なお、生物学的動きの認知に関するヒトの上側頭溝領域における半球優位性については、未だ明確な結論が出ているとは言いがたいが、右側上側頭葉回がより重要と思われる。左側上側頭回は、ヒトでは言語処理という特別の役割を有するべく分化してきたことはいうまでもないからである。

▶ 視線認知

　他者の視線を見た時、ヒトは以下の二つの処理を行うと考えられる。一つは、他者はどこを、なにを見ているかという処理である。どこ（なに）を見てい

るのか、私を見ているのか、別のところか、壁の絵を見ているのか、といった認知であり、自分を含めた場所やモノへの空間性注意と強い関連をもった処理である。もう一つは、視線の社会的な意味を解釈する、すなわち、他人の心の状態を推測するという処理である。なぜ私をみているのか、怒っているのか、好意的なのか、といった認知であり、いわゆるメンタライジング（mentalizing）と関連をもった処理である。この二つの意味で、視線の認知は、他者理解の基礎になっていると考えられる（第7章参照）。乳児は、すでに他者の目に強く惹きつけられ（Batki *et al.*, 2000）、追視行動を示す（Hood *et al.*, 1998）。次第に、他者が視線を向けている先にその人の興味対象があることを理解するようになり、共同注意が可能となる。そして、このような基本的な他者認知から、他者の心の推測、共感などのより高次の社会性認知が発展するものと考えられている。実際、乳児期から他者の目に興味を示さない自閉症児は、それ以降の社会性獲得も困難となる。近年、自閉症において、上側頭溝領域の形態異常や機能障害が報告されている（Boddaert *et al.*, 2004; Pelphrey *et al.*, 2005）。これらの報告は、上側頭溝領域が視線認知に大きく関与している可能性、またその視線認知がより高次の社会性認知の基盤となっている可能性を強固に示唆している。

　われわれは、この上側頭溝領域上半部を構成する上側頭回（superior temporal gyrus）に限局した損傷を有する症例を経験した。この症例は損傷後、「視線があわない」という特徴的な症候を認めた。ヒトにおいて、上側頭溝領域に限局した損傷例における視線認知の評価はこれまで報告されたことがなかった。以下に、このケースの視線認知障害について詳述する（Akiyama *et al.*, 2006a, b）。なお、サルにおいては上側頭溝領域に限局した損傷による報告があることは前述のとおりである（Campbell *et al.*, 1990）。

　症例は、脳出血発症時54歳の右手利き女性。右側頭葉に描出された脳出血に対し、血腫除去術を施行された。術後左同名半盲を生じた。また当初左半側空間無視も呈したが、1年ほどの経過で検査上はほぼ消失した。MRI上、右上側頭回（右STSの上半分全域）にほぼ限局した損傷が描出された（図8–5）。左半側空間無視消失後の神経心理学的所見は、ウェクスラー成人知能検査（WAIS-R）：言語性IQ117、運動性IQ101；ウェクスラー記憶検査（WMS-R）：言語性115、視覚性106、一般114、遅延再生107、注意・集中力101であった。本症例と

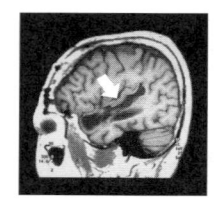

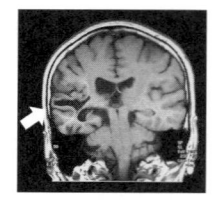

図 8–5 右上側頭回限局損傷例の MRI 画像

対面して診察している際、視線がなかなかあわないことに気づき、他者の視線による注意の誘導効果に関する検討を行った。

この実験は、視線／矢印方向による注意転導実験（Friesen & Kingstone, 1998）と同様に行われた。健常者においては、手がかりが注意を転導する方向にターゲットが出現する手がかり―ターゲット一致条件において、手がかりとなる矢印や視線の方向に注意が引きつけられ、反応時間が短い（反応が早い）のに対し、不一致条件では遅くなった。健常者においては、矢印（→）も視線も同様の効果を示した。しかし、右側頭回損傷を有するこの症例においては、矢印方向には健常者と同様に注意が引きつけられるのに対し、視線方向による一致条件では反応時間の短縮が認められず、視線方向にはまったく注意が引きつけられなかった（図 8–6）。すなわち、全般的な注意機構の障害だけでは説明されない、視線に特異的な注意転導機能の障害を有すると考えられる。この結果を通して、「他者の視線方向に沿って自らの注意を誘導する」という社会交流上最も基本的な機能の実現には、正常な STS が不可欠であり、STS に損傷が及ぶとこの機能に障害が生じることが示された。

以上、右上側頭回に限局した損傷例において、半盲や半側空間無視の影響ではないと考えられる視線方向判断障害が出現した。これは、サルの神経生理学的所見およびヒトの脳機能画像所見を実証的に証明した初めての神経心理学的知見と考えられる。また、右上側頭回限局損傷例では、矢印（→）から方向の情報を読み取りそれに応じた行動をとることができるのに対し、視線から方向の情報を読み取ることには障害を示した。つまり、視線方向による判断障害が出現すると同時に、視線の向きが空間性注意に与える影響が見られなかった。言い換えれば、上側頭溝領域が、共同注意という社会的認知の起源とも言える機能に深く関与していることが示唆される。また、単なる矢印（→）に対する注意転導反応や眼に似た図形（四角い眼）における向きの判断は保たれていたことから、視線判断はパターン認識ではなく、視線という生物学的な認知カテゴリー

(ある種のメタ認知)が存在し、この機能が上側頭溝領域と深い関連をもっていることを示唆している。

重要なことは、視線認知障害が、視線をあわさないという症候や他者の注意への反応の異常という社会的行動の変化に反映されていたことである。これは、視線認知が、より高次な社会的認知の基盤になっているとする仮説を支持するものであると考えられた。

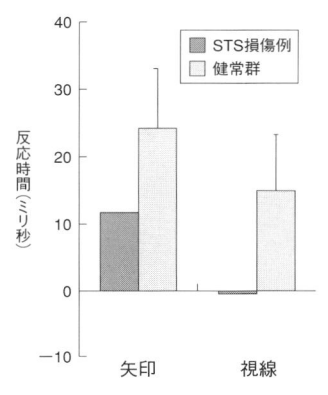

図8–6 視線と矢印による注意の誘導効果

3 前頭葉眼窩部と社会性

▶ 社会的行動障害とのかかわり

前頭葉眼窩部と感情の問題が議論される火つけ役となったのは、フィニアス・ゲージという症例に関する一連の研究である (Harlow, 1848)。ゲージは今から150年以上前の鉄道技師であり、不運にも仕事中のミスで充填した鉄が彼の頭蓋骨を貫通し、主に前頭葉眼窩部に損傷を負った(図8–7)。驚くべきことに、彼は意識を失わずにそのまま歩くことができ、言語や記憶にも障害を示さなかった。しかし、事故によって唯一変化したのが、彼の人格であった。彼は事故の後、無礼で信頼ができず、社会的スキルが欠けた人物になってしまった。このような事実から、前頭葉眼窩部は人格に関係のある部位だと考えられるようになった。ゲージの症例研究をきっかけとして、その後の研究の関心は、前頭葉眼窩部の損傷に伴う人格障害が、いったいどのような認知の障害によるものなのかを突き止めることに移った。

ゲージがそうであったように、眼窩部の損傷例は「人格変化」という言葉に代表されるような、借金、放浪、問題飲酒といった社会的行動異常を示すことが多い。一方で、基本的な認知機能は、おおむね正常範囲内である(加藤・鹿島,1996；梅田, 2002)。そのため、眼窩部の障害を実験的にとらえることがきわめて難しく、多くの研究者がこの謎の解明に挑んできた。そして今日までに、その謎が徐々に解かれつつある。

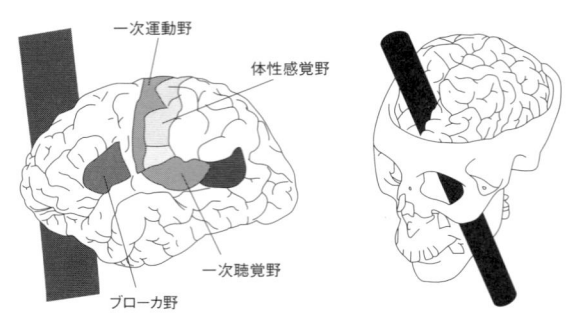

図 8–7　フィニアス・ゲージの損傷部位(Damasio *et al*., 1994)

▶ 損傷を検出する課題

　スタスとベンソン(Stuss & Benson, 1983)は、図 8–8 のような図版を参加者に見せ、上の状況と一致する表情を下の三つから選ばせた。その結果、眼窩部の損傷例は、正しい表情を選ぶことができなかった。これらの症例には、悲しい、嬉しいなどの顔の表情認識自体に障害があるわけではない。そのため、この結果は「お葬式という状況で、人は一般にどのようなことを感じるのだろうか」ということの認識に問題があると考えられる。

　一方、ダマジオらの研究グループの一連の研究では、ギャンブル課題を用いて前頭葉眼窩部の機能を明らかにしようとした(Bechara *et al*., 1994, 1997; Damasio, 1994)。この課題では、四つのカードの山を用意し、参加者に好きな山から 1 枚ずつカードを取らせる。その直後に実験者はそれに応じた報酬金を参加者に払ったり、逆に罰金を取ったりする。参加者には、最終的になるべく多くのお金をもうけるようにとだけ伝えた。実際、四つの山のうち二つの山については、報酬金は多いが、同時に罰金も多いため、最終的にはもうからない山(危険な山)であった。一方、残りの二つの山については、報酬金は少ないが、同時に罰金も少ないため、最終的にはもうかる山(安全な山)になっていた。その結果、健常者の場合、最初は危険な山からカードを取るが徐々に安全な山に移るのが典型的であったが、眼窩部損傷例は、危険な山からカードを取り続けるという反応傾向を示した。さらにこの一連の研究では、課題遂行中の皮膚コンダクタンス反応(SCR)を測定しており、眼窩部損傷例では、特に危険な山からカードを取る前の精神性発汗が、健常者よりも少ないことが示された。

▶ ソマティックマーカー仮説

　これらの結果を受けて、ダマジオはソマティックマーカー仮説を提案した（Damasio, 1994）。すなわち、前頭葉眼窩部は、自律神経活動などを通して身体から送られる信号を受け取り、その意味を解釈し、その後の問題解決に活かすという仮説である。身体からの信号を処理する脳部位は前頭葉眼窩部には限らないが、眼窩部は思考や推論といった問題解決に必要とされる高次認知処理をよりスムーズにしたり、効率化させたりする上で重要な部位であることが推察される。

図8-8　感情状態テスト（Stuss & Benson, 1983）

　健常者の場合、過去の経験から学んだ知識をもとにしながら、自らが現在置かれた状況において、どのような問題解決が最適であるかを考える。その際、身体における反応が、場合によっては無意識的に役立てられている。一方、眼窩部損傷例の場合、知識自体が失われているわけではないが、身体からの反応を「リアルタイムに」うまく利用することができないために、不適切な問題解決を導いてしまい、その結果として「人格障害」と位置づけられるような行動を示してしまう可能性が考えられる。

4　前頭葉内側部と「心の理論」

▶「心の理論」と自閉症

　他者と円滑なコミュニケーションを行う上で重要な機能の一つは、他者の意図や欲求、あるいは信念を理解することである。本節では、まず「心の理論」（keyword 12 参照）を理解するための理論的枠組みについて解説する。次いで、心の理論の理解を調べるための様々な課題、および心の理論の障害とその神経基盤について、最新の知見を踏まえて検討する。

　心の理論に関する最近の研究が幅広い分野にわたっている一つの要因は、自閉症を対象とした発達障害の研究と密接に結び付いていることにあろう。自閉

症に関する研究の歴史は古く、自閉症児が他者とのコミュニケーションを不得意とし、自らの世界に没入するという傾向を強くもつことは、これまで多くの研究で明らかにされてきたことである(第12章参照)。1985年にバロン-コーエンらが、自閉症の障害を心の理論に限定された障害ととらえたのをきっかけに、心の理論の領域特殊性(domain-specificity)、すなわち、「心の理解に関する発達は、他の発達とは独立である」という仮説についての関心が一気に高まったと同時に、自閉症における認知障害に関する理解も一段と深められた(Baron-Cohen *et al.*, 1985)。

　自閉症(自閉性障害)は広汎性発達障害の一種であり、その主な症状は、① 社会性の障害、② コミュニケーション障害、③ 想像力の障害にあるとされる(Wing, 1979)。しかしながら、実際には個人差が大きく、言語発達の遅れを伴って知的レベルが低い症例から、言語発達の遅れはほとんどなく、日常場面における他者とのコミュニケーションに、若干の「ぎこちなさ」がある程度の知的レベルが高い症例(サバン症候群については topic 13 参照)まで、その病態はきわめて幅広い。これまでの研究から、自閉症は、比較的低年齢で障害が顕著になるタイプと、比較的高機能であり、高年齢になって障害が現れるタイプに分けられる。後者はさらに、3歳までの言語発達の遅れがある「高機能自閉症」と言語発達の遅れがない「アスペルガー症候群」に分けられる。いずれの障害においても、程度の差はあるものの、上述の三つの症状をもつことは共通していることから、これらの病態は、根本的には同じ軸上のものであると考えられており、現在では「自閉症スペクトラム障害」(keyword 13 参照)と広く位置づけられている。では、自閉症の症例は、具体的にどのような「心の理論」の障害を示すのであろうか。

サバン症候群　　topic 13

　サバン症候群は、1887年にダウン症候群の発見者でもあるダウンによって最初に明文化された(Down, 1887)。そこには当時の子どもにみられる精神科的症候が列記されており、その一つとして、idiot-savant という名称が記載されていた。ダウンはその特徴を知的障害と並存する量的・質的に特異な記憶に見たが、その後、自閉症者に多くこの能力が見られることが報告された(Hermelin & O'Connor, 1986; Treffert, 1989)。このことは映画『レインマン』(1988年、アメリカ)によってより印象づけられることになるが、最近の研究では自閉的傾向をもた

ないサバン症候群も報告されており（Heaton & Wallace, 2004）、むしろその本質は「知的障害がありながらも、サバン的技能・能力をもつ人々」といったほうが正確かもしれない。

サバン的技能・能力は、先述のように特異的な記憶を中心としたもの（たとえば電話帳や本を一瞥しただけで正確に覚える）、問われた日付の曜日を答えるカレンダー計算や数桁同士の掛け算に瞬時に正答するといった特異的な論理計算のもの、一度見聞きした音楽や風景を再現したりするといった技術・芸術的なものに大別できる。その特異性・非凡性から社会的にも興味・関心をもたれやすい対象ではあるが、いわゆる高度情報化された現代社会では、その才能・技術は有用とはされないかもしれない。

しかしながら、歴史を紐解くと、西洋古代・中世では記憶術という学問が体系化されており（Yates, 1966）、またわが国でも太古に語り部という機械的記憶に長けた職が重視された。また進化心理学者のハンフリー（Humphrey, 2002）は3万年前とされるシューベ洞窟壁画とサバン症候群の少女の絵（Selfe, 1977）とを比較し、その能力が古代においては特異的なものではなかったのではないかという議論を展開している。ここから「なぜ現代社会では彼らの能力は必要とされないのか」といった疑問が湧いてくる。シュナイダー（Snyder, 1999）は、このような能力が元来ヒトの脳に備わっている「粗い」情報処理レベルによるものと考え、サバン症候群の人々はそれを能力として発揮するが、われわれ「一般人」の脳においては、情報が高度に処理・統合されるために能力として発揮されにくいのだと主張している。

高度に情報化された現代社会では、サバン的な特異的能力は興味をもたれこそすれ、必要とはされにくい。そこには「一般的でないもの」を嫌う現代社会の偏見や排除の論理がはたらいているのかもしれない。しかしながら彼らの特異的能力は、われわれの脳が進化（もしくは文明化）の過程の中で「なにを置き去りにしてきて、なにを必要としなくなったのか」ということを、そして突き詰めれば「われわれとは一体なんであるのか」を考え直す契機となりえるのである。［伊藤 匡］

バロン-コーエンら（Baron-Cohen et al., 1985）は、自閉症児の誤信念課題の成績が、定型発達児よりも低いことを報告した。また、図8–9に示されるような視線方向課題を用いた研究では、以下のような結果が示されている。すなわち、上の図を見せて「この子どもはどれか一つのお菓子を欲しがっています。どのお菓子を欲しがっていますか」と尋ねる課題では、定型発達児よりも自閉症児のほうが正答率が低い一方、下の図を見せて「どちらの子どもがあなたのほうを向いていますか」と尋ねる課題では、定型発達児と自閉症児で正答率の違いがなかった。したがって、この結果は自閉症児において、視線方向の認識に障害があるわけではなく、その視線を投じる人がどのようなことを考えているかということの推論に問題があると考えられる。

一方、高機能自閉症やアスペルガー症候群の場合は、誤信念課題には困難を

図8-9 視線方向課題（Baron-Cohen et al., 1995）

示さないことが多いものの、より高次の課題では障害を呈することが知られている。その課題とは「高次の心の理論課題」と呼ばれるものであり、「奇妙な物語課題」（Happé, 1994）や「失言検出課題」（Baron-Cohen et al., 1999）などがそれに該当する。ここでは、失言検出課題について例を挙げる。この課題も多くの誤信念課題と同様に物語形式の課題であり、まず次のような物語を聞かせる。

「ジェームスはリチャードの誕生日におもちゃの飛行機をプレゼントしました。数ヶ月後、2人がこの飛行機で遊んでいると、ジェームスは突然それを落としてしまいました。するとリチャードは次のように言いました。『気にしないで。どうせ、あまり気に入っていなかったから。誰かが私の誕生日にくれたんだ。』」

物語を聞かせた後、質問として「物語の中で、誰かがなにか言うべきでないことを言いましたか」と尋ねる。高機能自閉症やアスペルガー症候群の症例においては、リチャードの失言について報告する確率が低いというのが結果である（Baron-Cohen et al., 1999）。このように、高機能自閉症やアスペルガー症候群においては、物語で展開される文脈を理解し、失言、皮肉、比喩などの発言に隠された本来の意味を理解する際に困難を示すことが知られている。

▶「心の理論」の神経基盤

「心の理論」の神経基盤に関しては、主に機能的MRIを用いた研究がさかんに行われている。これまでの研究を概観すると、物語や漫画の登場人物の心的状態を理解する際には、前頭葉内側部や帯状回前部近傍が深く関与するという点で一貫した結果が得られている（Castelli et al., 2000; Gallagher & Frith, 2003）。これらの部位は、自らの趣味や好き嫌いの判断をする場合（Zysset et al., 2002）や、人の視線が自分に向けられている場合（Kampe et al., 2003）にも関与することが、近年の研究で明らかにされている。

さらに、アスペルガー症候群において、心の理論課題を遂行する際に、これらの部位の活動が低下しているという報告もあり、前頭葉内側部や帯状回前部近傍が、他者の心の世界を理解する上で重要な役割を担うという見解が裏付けられている(Happé et al., 1996)。

では、前頭葉内側部のみを損傷すると、「心の理論」に関する障害が示されるのであろうか。梅田ら(Umeda et al., 2008)は、このことについて、上記で取り上げた複数の「心の理論」課題を用いて検討した。その結果、内側部損傷例では、誤信念課題における成績低下はまったく示されず、高次の心の理論課題でも、若干の低下が見られる程度で、顕著な障害は認められなかった。この結果は、バードら(Bird et al., 2004)とも一致しており、前頭葉内側部が後天的に損傷を受けても、他者の心の世界の推論能力は極端には低下しないことが明らかになった。

これらの結果から総合的に判断して、前頭葉内側部は、他者の心の世界の推論を効率よく行うための補助的なメカニズムであり、「心の理論」課題の遂行に必要不可欠ではない可能性が考えられる。むしろ前頭葉内側部は、発達を通して、「心の理論」の基盤を築き上げる際、すなわち、様々な状況において他者に共感したり、複雑な感情を理解したり学習したりする際に、重要な役割を果たしている可能性がある。

▶ 高次感情学習

そこで筆者らは、高次感情を学習する際の神経基盤を探るために、機能的MRIを用いた研究を行った(Umeda et al., 2007)。課題として用いたのは、様々な状況(ポジティブな場面やネガティブな場面など)と複雑な顔の表情を結びつける学習課題であり、複数の学習試行を通して、参加者は徐々に顔表情の意味を獲得する必要があった。機能的MRIで撮像したのは、参加者が顔表情の意味を理解しようとしている際、すなわち学習時の脳活動である。

その結果、従来から学習や理解に深くかかわる神経基盤と考えられてきた部位、すなわち、前頭葉背外側部や海馬などに賦活が認められるとともに、前頭葉内側部にも強い賦活が認められた。この部位は、特にネガティブな場面における否定的感情の学習時に強く賦活した。これまでの研究で、前頭葉内側部

は、他者の痛みに共感する際にも賦活することが示されており、複雑な感情の学習にもこのような感情処理の要素が含まれていることが推察される。本課題の成果は、自閉症スペクトラム障害における「心の理論」障害にも重要な示唆を与えられるものと考えられる。

5　統合失調症と視線認知

最後に統合失調症と視線認知についての若干の検討を述べたい。統合失調症例では対人関係上の困難さなど社会的能力の障害がしばしばみられる。その背景に、STSや扁桃体など社会性を担う脳領域に形態・機能上の異常が存在することが近年報告されるようになってきたのは前述の通りである。たとえば統合失調症脳ではSTSを構成する上側頭回、中側頭回の容積減少がたびたび報告されている (Jacobsen *et al.*, 1998; Onitsuka *et al.*, 2004; Rajarethinam *et al.*, 2000)。また扁桃体では右側優位の容積減少の報告 (Exner *et al.*, 2004)、機能異常としては、表情弁別課題遂行時に扁桃体の賦活が有意に低いこと (Gur *et al.*, 2002b; Hempel *et al.*, 2003)、その一方、健常者と異なり恐怖表情の連続呈示で扁桃体賦活の馴化を認めないこと (Holt *et al.*, 2005)、扁桃体と連鎖して賦活される他領域（紡錘状回や帯状回など）との連鎖パターンが健常者と逆であること (Das *et al.*, 2007) などが報告されている。

このように視線処理を担うSTS・扁桃体に異常を指摘される統合失調症において、視線認知がどのようになっているかという問題は、興味がもたれることは言うまでもない。実際に臨床上、被注察感などの視線過敏や慢性期に主に見られる視線をそらすという特徴など、視線が関与する臨床所見が統合失調症ではしばしば認められる。そしてその特徴を行動学的にとらえようとする研究が少しずつ増えてきている。たとえば、統合失調症群では視線方向の左右を弁別する課題では健常者と同等の成績であるのに対し (Franck *et al.*, 1998)、視線が自分を見ているか否かを弁別する課題では成績が不良であること (Hooker & Park, 2005; Rosse *et al.*, 1994) が報告されている。また人の顔を眺めるとき、統合失調症群では目を注視する割合が健常者より有意に低いことも知られている (Pessoa *et al.*, 2002)。そこでわれわれは、慢性期統合失調症群に対しても他者の

視線方向を手がかりに自らの注意を誘導させる実験を施行した(Akiyama *et al.*, 2008)。

対象は平均罹病期間29年の慢性期統合失調群22例と健常対照群22例である。用いた刺激は「矢印」「四角い目」「だ円の目」の3種類である。健常群ではこれまでと同様、どの刺激に対しても有意な視線効果、矢印効果を認めた。一方、統合失調症群では健常群と同等の矢印

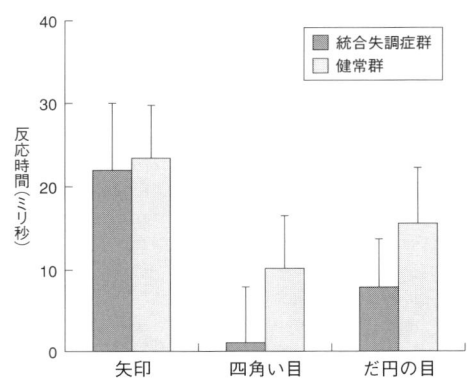

図8-10 統合失調症における視線効果・矢印効果
(Akiyama *et al.*, 2008)

効果を認めたのに対し、だ円の目では視線効果の減弱、四角い目では視線効果の消失を認めた(図8-10)。すなわち慢性期統合失調症群においても、STS損傷例や扁桃体損傷例と同様、生物的・社会的な方向信号に対して特異的に注意を誘導できない、という障害が示された。このような障害は社会交流の場面では、相手の視線を追って注意の対象を共有すること、あるいはそれを元に相手の意図を推測することなどへの障害としてあらわれると考えられる。この障害による対人関係上の問題はおそらく重大である。今回の実験結果のみからSTS・扁桃体異常の関与を結論付けることはできないが、今後は統合失調症群の視線効果とSTS・扁桃体容積との相関を調べることなどさらなる検討が必要であろう。

引用文献

Adams, R. B. Jr., Gordon, H. L., Baird, A. A., Ambady, N., & Kleck, R. E. (2003). Effects of gaze on amygdala sensitivity to anger and fear faces. *Science*, **300**, 1536.

Adolphs, R. (1999). Social cognition and the human brain. *Trends in Cognitive Sciences*, **3**, 469-479.

Adolphs, R. (2001). The neurobiology of social cognition. Current Opinion in *Neurobiology*, **11**, 231-239.

Adolphs, R., Gosselin, F. *et al.* (2005). A mechanism for impaired fear recognition after amygdala damage. *Nature*, **433**, 68-72.

Adolphs, R., Tranel, D., & Damasio, A. R. (1998). The human amygdala in social judg-

ment. *Nature*, **393**, 470–474.
Adolphs, R., Tranel, D., Damasio, H., & Damasio, A. R. (1994). Impaired recognition of emotion in facial expressions following bilateral damage to the human amygdala. *Nature*, **372**, 669–672.
Adolphs, R., Tranel, D., Damasio, H., & Damasio, A. R. (1995). Fear and the human amygdala. *Journal of Neuroscience*, **15**(9), 5879–5891.
Akiyama, T., Kato, M. et al. (2006a). A deficit in discriminating gaze direction in a case with right superior temporal gyrus lesion. *Neuropsychologia*, **44**, 161–170.
Akiyama, T., Kato, M. et al. (2006b). Gaze but not arrows: a dissociative impairment after right superior temporal gyrus damage. *Neuropsychologia*. **44**, 1804–1810.
Akiyama, T., Kato, M. et al. (2007). Unilateral amygdala lesions hamper attentional orienting triggered by gaze direction. *Cerebral Cortex*, **17**, 2593–2600.
Akiyama, T., Kato, M. et al. (2008). Gaze-triggered orienting is reduced in chronic schizophrenia. *Psychiatry Research*, **158**, 287–296.
Allison, T., Puce, A., & McCarthy, G. (2000). Social perception from visual cues: Role of the STS region. *Trends in Cognitive Science*, **4**, 267–278.
Baas, D., Aleman, A., & Kahn, R. S. (2004). Lateralization of amygdala activation: A systematic review of functional neuroimaging studies. *Brain Research Review*, **45**(2), 96–103.
Baron-Cohen, S., Campbell, R., Karmiloff-Smith, A., Grant, J., & Walker, J. (1995). Are children with autism blind to the mentalistic significance of the eyes? *British Journal of Developmental Psychology*, **13**, 379–398.
Baron-Cohen, S., Leslie, A. M., & Frith, U. (1985). Does the autistic child have a "theory of mind"? *Cognition*, **21**, 37–46.
Baron-Cohen, S., O'Riordan, M., Stone, V., Jones, R., & Plaisted, K. (1999). Recognition of faux pas by normally developing children and children with Asperger syndrome or high-functioning autism. *Journal of Autism & Developmental Disorders*, **29**, 407–418.
Batki, A., Baron-Cohen, S., Wheelwright, S., Connellan, J., & Ahluwalia, J. (2000). Is there an innate gaze module? Evidence from human neonates. *Infant Behavior & Development*, **23**, 223–229.
Baxter, M. G., & Murray, E. A. (2002). The amygdala and reward. *Nature Reviews Neuroscience*, **3**, 563–573.
Bechara, A., Damasio, A. R., Damasio, H., & Anderson, S. W. (1994). Insensitivity to future consequences following damage to human prefrontal cortex. *Cognition*, **50**, 7–15.
Bechara, A., Damasio, H., Tranel, D., & Damasio, A. R. (1997). Deciding advantageously before knowing the advantageous strategy. *Science*, **275**, 1293–1295.
Bechara, A., Tranel, D. et al. (1995). Double dissociation of conditioning and declarative knowledge relative to the amygdala and hippocampus in humans. *Science*, **269**, 1115–1118.
Bird, C. M., Castelli, F., Malik, O., Frith, U., & Husain, M. (2004). The impact of extensive medial frontal lobe damage on 'Theory of Mind' and cognition. *Brain*, **127**, 914–928.
Boddaert, N., Chabane, N. et al. (2004). Superior temporal sulcus anatomical abnormalities in childhood autism: A voxel-based morphometry MRI study. *NeuroImage*, **23**, 364–369.
Broks, P., Young, A. W. et al. (1998). Face processing impairments after encephalitis: Amygdala damage and recognition of fear. *Neuropsychologia*, **36**(1), 59–70.

Brothers, L. (1990). The social brain: A project for integrating primate behavior and neurophysiology in a new domain. *Concepts in Neuroscience*, **1**, 27–51.

Brothers, L., & Ring, B. (1993). Mesial temporal neurons in the macaque monkey with responses selective for aspects of social stimuli. *Behavioral Brain Research*, **57**(**1**), 53–61.

Cahill, L., Babinsky, R., Markowitsch, H. J., & McGaugh, J. L. (1995). The amygdala and emotional memory. *Nature*, **377**(**6547**), 295–296.

Calder, A. J., & Young, A. W. (2005). Understanding the recognition of facial identity and facial expression. *Nature Reviews Neuroscience*, **6**(**8**), 641–651.

Campbell, R., Heywood, C. A., Cowey, A., Regard, M., & Landis, T. (1990). Sensitivity to eye gaze in prosopagnosic patients and monkeys with superior temporal sulcus ablation. *Neuropsychologia*, **28**, 1123–1142.

Canli, T., Sivers, H., Whitfield, S. L., Gotlib, I. H., & Gabrieli, J. D. E. (2002). Amygdala response to happy faces as a function of extraversion. *Science*, **296**, 2191.

Castelli, F., Happé, F., Frith, U., & Frith, C. (2000). Movement and mind: A functional imaging study of perception and interpretation of complex intentional movement patterns. *NeuroImage*, **12**, 314–325.

Damasio, A. R. (1994). *Descartes' Error: Emotion, Reason, and the Human Brain*. Putnam. (田中三彦(訳)(2000). 生存する脳──心と脳と身体の神秘　講談社.)

Damasio, A. R., Grabowski, T. J. et al. (2000). Subcortical and cortical brain activity during the feeling of self-generated emotions. *Nature Neuroscience*, **3**, 1049–1056.

Damasio, H., Grabowski, T. et al. (1994). The return of Phineas Gage: Clues about the brain from the skull of a famous patient. *Science*, **264**, 1102–1105.

Das, P., Kemp, A. H. et al. (2007). Functional disconnections in the direct and indirect amygdala pathways for fear processing in schizophrenia. *Schizophrenia Research*, **90**(**1–3**), 284–294.

Down, J. (1887). *On Some of the Mental Affections of Childhood and Youth*. Churchill.

Exner, C., Boucsein, K., Degner, D., Irle, E., & Weniger, G. (2004). Impaired emotional learning and reduced amygdala size in schizophrenia: A 3-month follow-up. *Schizophrenia Research*, **71**(**2–3**), 493–503.

Franck, N., Daprati, E. et al. (1998). Gaze discrimination is unimpaired in schizophrenia. *Psychiatry Research*, **81**(**1**), 67–75.

Freese, J. L., & Amaral, D. G. (2005). The organization of projections from the amygdala to visual cortical areas TE and V1 in the macaque monkey. *Journal of Comparative Neurology*, **486**(**4**), 295–317.

Friesen, C., & Kingstone, A. (1998). The eyes have it! Reflexive orienting is triggered by nonpredictive gaze. *Psychonomic Bulletin & Review*, **5**, 490–495.

Gallagher, H. L., & Frith, C. D. (2003). Functional imaging of 'theory of mind'. *Trends in Cognitive Sciences*, **7**, 77–83.

George, N., Driver, J., & Dolan, R. J. (2001). Seen gaze-direction modulates fusiform activity and its coupling with other brain areas during face processing. *NeuroImage*, **13**(**6Pt 1**), 1102–1112.

Gur, R. C., Schroeder, L. et al. (2002a). Brain activation during facial emotion processing. *NeuroImage*, **16**, 651–662.

Gur, R. E., McGrath, C. et al. (2002b). An fMRI study of facial emotion processing in patients with schizophrenia. *American Journal of Psychiatry*, **159**(**12**), 1992–1999.

Hamann, S. B., Stefanacci, L. et al. (1996). Recognizing facial emotion. *Nature*, **379**, 497.

Happé, F. (1994). An advanced test of theory of mind: Understanding of story characters' thoughts and feelings by able autistic, mentally handicapped and normal children and adults. *Journal of Autism & Developmental Disorders*, **24**, 129–154.

Happé, F., Ehlers, S. et al. (1996). 'Theory of mind' in the brain: Evidence from a PET scan study of Asperger syndrome. *Neuroreport*, **8**, 197–201.

Harlow, J. M. (1848). Passage of an iron rod through the head. *Boston Medical & Surgical Journal*, **39**, 389–393.

Haxby, J. V., Hoffman, E. A., & Gobbini, M. I. (2000). The distributed human neural system for face perception. *Trends in Cognitive Science*, **4**(6), 223–233.

Heaton, P., & Wallace, G. L. (2004). Annotation: The savant syndrome. *Journal of Child Psychology & Psychiatry*, **45**, 899–911.

Hempel, A., Hempel, E. et al. (2003). Impairment in basal limbic function in schizophrenia during affect recognition. *Psychiatry Research*, **122**(2), 115–124.

Hermelin, B., & O'Connor, N. (1986). Idiot savant calendrical calculators: Rules and regularities. *Psychological Medicine*, **16**, 885–893.

Holt, D. J., Weiss, A. P. et al. (2005). Sustained activation of the hippocampus in response to fearful faces in schizophrenia. *Biological Psychiatry*, **57**(9), 1011–1019.

Hood, B. M., Willen, J. D., & Driver, J. (1998). Adult's eyes trigger shifts of visual attention in human infants. *Psychological Science*, **9**, 53–56.

Hooker, C. I., Paller, K. A. et al. (2003). Brain networks for analyzing eye gaze. *Cognitive Brain Research*, **17**, 406–418.

Hooker, C., & Park, S. (2005). You must be looking at me: The nature of gaze perception in schizophrenia patients. *Cognitive Neuropsychiatry*, **10**(5), 327–345.

Humphrey, N. (2002). *The Mind Made Flesh: Essays from the Frontiers of Psychology and Evolution*. Oxford University Press. (垂水雄二(訳)(2004). 喪失と獲得――進化心理学から見た心と体 紀伊國屋書店.)

Jacobsen, L. K., Giedd, J. N. et al. (1998). Progressive reduction of temporal lobe structures in childhood-onset schizophrenia. *American Journal of Psychiatry*, **155**(5), 678–685.

Kampe, K. K., Frith, C. D., & Frith, U. (2003). "Hey John": Signals conveying communicative intention toward the self activate brain regions associated with "mentalizing", regardless of modality. *Journal of Neuroscience*, **23**, 5258–5263.

加藤元一郎・秋山知子・鹿島晴雄(2003). 前頭葉機能と社会機能 精神科治療学, **18**, 1029–1037.

加藤元一郎・鹿島晴雄(1996). 前頭葉機能検査と損傷局在 神経心理学, **12**, 80–98.

Kawashima, R., Sugiura, M. et al. (1999). The human amygdala plays an important role in gaze monitoring: A PET study. *Brain*, **122**(Pt 4), 779–783.

Kluver, H., & Bucy, P. (1938). An analysis of certain effects of bilateral temporal lobectomy in rhesus monkeys. *American Journal of Physiology*, **5**, 33–54.

Kluver, H., & Bucy, P. (1939). Preliminary analysis of functioning of the temporal lobes in monkeys. *Archives of Neurological Psychology*, **42**, 979–1000.

Markowitsch, H. J., Calabrese, P. et al. (1994). The amygdala's contribution to memory: a study on two patients with Urbach-Wiethe disease. *Neuroreport*, **5**(11), 1349–1352.

Morris, J. S., deGelder, B., Weiskrantz, L., & Dolan, R. J. (2001). Differential extragenicu-

lostriate and amygdala responses to presentation of emotional faces in a cortically blind field. *Brain*, **124**(**Pt 6**), 1241–1252.
Morris, J. S., Frith, C. D. *et al*. (1996). A differential neural response in the human amygdala to fearful and happy facial expressions. *Nature*, **383**(**6603**), 812–815.
Ochsner, K. N. (2004). Current directions in social cognitive neuroscience. *Current Opinion of Neurobiology*. **14**, 254–258.
Ochsner, K. N., & Lieberman, M. D. (2001). The emergence of social cognitive neuroscience. *American Psychologist*, **56**, 717–734.
Onitsuka, T., Shenton, M. E. *et al*. (2004). Middle and inferior temporal gyrus gray matter volume abnormalities in chronic schizophrenia: An MRI study. *American Journal of Psychiatry*, **161**(9), 1603–1611.
Pelphrey, K. A., Morris, J. P., & McCarthy, G. (2005). Neural basis of eye gaze processing deficits in autism. *Brain*, **128**, 1038–1048.
Pelphrey, K. A., Singerman, J. D., Allison, T., & McCarthy, G. (2003). Brain activation evoked by perception of gaze shifts: The influence of context. *Neuropsychologia*, **41**, 156–170.
Perrett, D. I., Hietanen, J. K. *et al*. (1992). Organization and functions of cells responsive to faces in the temporal cortex. *Philosophical Transactions of the Royal Society of London B: Biological Sciences*, **335**(1273), 23–30.
Perrett, D. J., Mistlin, A. J., & Chitty, A. (1987). Visual neurones responsive to faces. *Trends in Neurosciences*, **10**, 358–364.
Perrett, D. J., Smith, P. A. J., Potter, D. D. *et al*. (1985). Visual cells in the temporal cortex sensitive to face view and gaze-direction. *Proceedings of the Royal Society of London B: Biological Sciences*, **223**, 193–317.
Pessoa, L., McKenna, M. *et al*. (2002). Neural processing of emotional faces requires attention. *Proceedings of the National Academy of Sciences of the United States of America*, **99**(17), 11458–11463.
Phillips, M. L., Medford, N. *et al*. (2001). Time course of left and right amygdalar responses to fearful facial expressions. *Human Brain Mapping*, **12**, 193–202.
Puce, A., Allison, T., Bentin, S., Gore, J. C., & McCarthy, G. (1998). Temporal cortex activation in humans viewing eye and mouth movements. *Journal of Neuroscience*, **18**, 2188–2199.
Rajarethinam, R. P., DeQuardo, J. R. *et al*. (2000). Superior temporal gyrus in schizophrenia: A volumetric magnetic resonance imaging study. *Schizophrenia Research*, **41**(2), 303–312.
Rizzolatti, G., & Luppino, G. (2001). The cortical motor system. *Neuron*, **27**, 889–901.
Rosse, R. B., Kendrick, K. *et al*. (1994). Gaze discrimination in patients with schizophrenia: preliminary report. *American Journal of Psychiatry*, **151**(6), 919–921.
Sander, D., Grandjean, D., & Scherer, K. R. (2005). A systems approach to appraisal mechanisms in emotion. *Neural Network*, **18**, 317–352.
Selfe, L. (1977). *Nadia: A Case of Extraordinary Drawing Ability in Children*. Academic.
Siegel, M., & Varley, R. (2002). Neural systems involved in "theory of mind". *Nature Reviews Neuroscience*, **3**, 463–471.
Snyder, A. W., & Mitchell, D. (1999). Is integer arithmetic fundamental to mental processing?: The mind's secret arithmetic. *Proceeding of Royal Society of London Series B Bio-

logical Science, **266**, 587–592.
Stuss, D., & Benson, D. F. (1983). Emotional concomitants of psychosurgery. In K. M. Heilman & P. Satz (Eds.), *Neuropsychology of Human Emotion*. Guilford. pp. 111–140.
Treffert, D. (1989). *Extraordinary People: Understanding 'Idiot savants'*. Harper & Row. (高橋健次(訳)(1990). なぜかれらは天才的能力を示すのか──サヴァン症候群の驚異 草思社.)
梅田聡(2002). 認知神経科学的アプローチによる近年の記憶研究の動向 精神神経学雑誌, **104**, 115–118.
Umeda, S., Kuroki, C., Kato, M., & Ogawa, S. (2007). Neural substrates of advanced emotion learning. *Annual Report of the Hamano Life Science Research Foundation Ogawa Laboratories for Brain Function Research*, **6**, 6–9.
Umeda, S., Mimura, M., & Kato, K. (2008). Acquired personality traits of autism following the damage to the medial prefrontal cortex. *Manuscript submitted for publication*.
Vaina, L. M., Solomon, J., Chowdhury, S. *et al*. (2001). Functional neuroanatomy of biological motion perception in humans. *Proceedings of the National Academy of Sciences of the United States of America*, **98**(**20**), 11656–11661.
Vuilleumier, P., Armony, J. L., Driver, J., & Dolan, R. J. (2001). Effects of attention and emotion on face processing in the human brain: An event-related fMRI study. *Neuron*, **30**(**3**), 829–841.
Whalen, P. J., Kagan, J. *et al*. (2004). Human amygdala responsivity to masked fearful eye whites. *Science*, **306**, 2061.
Whalen, P. J., Rauch, S. L. *et al*. (1998). Masked presentations of emotional facial expressions modulate amygdala activity without explicit knowledge. *Journal of Neuroscience*, **18**(**1**), 411–418.
Wicker, B., Michel, F. *et al*. (1998). Brain regions involved in the perception of gaze: A PET study. *NeuroImage*, **8**(**2**), 221–227.
Wing, L. (1979). Differentiation of retardation and autism from specific communication disorders. *Child: Care, Health & Development*, **1**, 57–68.
Wurtz, R. H., Yamasaki, D. S. *et al*. (1990). Functional specialization for visual motion processing in primate cerebral cortex. *Cold Spring Harbor Symposia on Quantitative Biology*, **55**, 717–727.
Yates, F. (1966). *The Art of Memory*. The University of Chicago Press. (玉泉八州男(監訳)(1993). 記憶術 水声社.)
Young, A. W., Aggleton, J. P. *et al*. (1995). Face processing impairments after amygdalotomy. *Brain*, **118**(**Pt 1**), 15–24.
Zald, D. H. (2003). The human amygdala and the emotional evaluation of sensory stimuli. *Brain Research Review*, **41**(**1**), 88–123.
Zysset, S., Huber, O., Ferstl, E., & von Cramon D. Y. (2002). The anterior frontomedian cortex and evaluative judgment: An fMRI study. *NeuroImage*, **15**, 983–991.

ソーシャルブレインマップ ---------------------------------- keyword 10

　脳の中のどの部位がどのような機能を担っているかを特定する研究方法および分野を、総称して「ブレインマッピング（脳地図）」と呼び、古い時代のものも含めると、その研究の歴史は100年以上にわたる。「ソーシャルブレインマップ」とは、社会性に関連する脳部位を示した脳地図を意味する。「ソーシャルブレイン」という用語が、具体的な場所を特定する形で定義したのは、ブラザーズ（Brothers, 1990）が最初であろう。彼は、社会性に関連する主要な部位として、① 扁桃体（amygdala）、② 前頭葉眼窩部（orbitofrontal cortex）、③ 上側頭回（superior temporal gyrus）の3箇所を挙げている。以下に、それぞれの機能について簡単にまとめる。

　まず、扁桃体は、身に迫った危険を察知する部位として、生得的に備わった感情反応、特に種としての「生きのび」に関連のある機能を担っていると考えられている。したがって、恐怖や驚きのような方向性で言えば、否定的な感情と深い関連がある。エイドルフス（Adolphs *et al.*, 1994）らの研究から、扁桃体の損傷によって、否定的な顔の表情からその意味を読み取ることができなくなるという結果が報告されている。

　前頭葉眼窩部は、前頭葉の最底面に位置しており、人格や倫理判断と密接な関係にある部位として知られている。この部位の損傷例として有名なフィニアス・ゲージは、鉄道事故により損傷を負った後、言語や記憶などに目立った障害を示さなかったにもかかわらず、無礼で信頼ができず、社会的スキルが欠けた人格に変わってしまった（Harlow, 1848）。この事実をもとに、古くから前頭葉眼窩部は人格や倫理判断と密接な関係にある部位と考えられてきた。近年では、この部位が問題解決、報酬、自律神経活動と関連する証拠を示す研究が増えており、それらが人格の変化や倫理判断能力の低下と、いかに結びついているかが検討されている（Damasio, 1994）。

　上側頭回は、主に知覚レベルにおける社会的刺激に対する処理と関連のある部位である。中でも、他者の視線の向きの検出に関与しているという研究報告が多く、特に互いの視線があう状態での活動が最も活発であることが示されている（Pelphrey *et al.*, 2004）。自閉症において、視線方向からその人の欲求を理解する課題で成績の低下が示されているが（Baron-Cohen *et al.*, 1995）、自閉症では上側頭回の血流低下があるという証拠も示されており、両者の関連性が議論されている（Zilbovicius *et al.*, 2000）。

　最近の研究では、これらの三つの部位以外にも、① 前頭葉内側部、② 帯状回前部、③ 帯状回後部・楔前部・脳梁膨大部、④ 頭頂葉下部・側頭頭頂接合部、⑤ 側頭極などの部位が、様々な次元で社会的認知と関連しているという証拠が示されている。

［梅田　聡］

Adolphs, R., Tranel, D., Damasio, H., & Damasio, A. R. (1994). Impaired recognition of emotion in facial expressions following bilateral damage to the human amygdala. *Nature*, **372**, 669–672.

Baron-Cohen, S., Campbell, R., Karmiloff-Smith, A., Grant, J., & Walker, J. (1995). Are children with autism blind to the mentalistic significance of the eyes? *British Journal of Developmental Psychology*, **13**, 379–398.

Brothers, L. (1990). The social brain: A project for integrating primate behavior and neurophysiology in a new domain. *Concepts in Neuroscience*, **1**, 27–51.

Damasio, A. R. (1994). *Descartes' Error: Emotion, Reason, and the Human Brain*. Putnam. (田中三彦(訳)(2000). 生存する脳──心と脳と身体の神秘　講談社.)

Harlow, J. M. (1848). Passage of an iron rod through the head. *Boston Medical & Surgical Journal*, **39**, 389–393.

Pelphrey, K. A., Viola, R. J., & McCarthy, G. (2004). When strangers pass: Processing of mutual and averted social gaze in the superior temporal sulcus. *Psychological Science*, **15**, 598–603.

Zilbovicius, M., Boddaert, N. *et al.* (2000). Temporal lobe dysfunction in childhood autism: A PET study. *American Journal of Psychiatry*, **157**, 1988–1993.

IV
「他者」の心を読む
――共感のメカニズム・心の理論の発達――

第9章

他人の損失は自分の損失？——共感の神経的基盤を探る

福島宏器

1 「共感」とはなにか

　われわれは、他人の気持ちに共感することができる。すなわち、他者の感覚や感情など、他者の心的経験を、共有したり理解したりすることができる。われわれの他者とのかかわり方や、社会的行動のあり方にとってこの現象が重要であることは、改めて強調するまでもないだろう。本章では、この「共感」という現象または機能にかかわる認知神経メカニズムを検討する。

▶ 共感という原初的能力

　共感という現象や能力は、どのような認知神経メカニズムに支えられているのだろうか。この問題について考える前に、共感はヒトだけに特有なものではないことを確認しておこう。

　自己とは直接かかわりのない他個体の情動表出を認識することによって動物の行動が変容することは、1950年代から実験的に確かめられるようになった(Church, 1959; Watanabe & Ono, 1986 など)。

　たとえばラットでは、他の個体が空中に吊り下げられて鳴いている様子を見ると、その個体に近寄ろうとする。また、ボタンを押すことによって他個体を下ろしてやることを学習すると、ボタンを押すようになるという(Rice & Gainer, 1962)。あるいは、電気ショックを受けて苦しんでいる他個体を見ると、そこからできるだけ遠ざかってうずくまり、動かなくなる場合もある(Rice, 1964)。こうした様子は、ある個体の情動が、その様子を知覚した他個体にも共有され、その情動に対応した行動をとったものと考えられる。

　アカゲザルの実験例では、多い餌と少ない餌を提示し、多い餌をとった場合

には隣のケージの他個体が電気ショックを受ける状況にすると、他個体の電気ショックを見た後、3分の2のサルは少ない餌を選ぶようになった。そして残りのサルたちは、餌をとること自体をやめてしまったという (Masserman *et al.*, 1964)。また、イルカに関する観察では、岸に打ち上げられた仲間から離れずに、群全体が死んでしまう例が報告されている (de Waal, 1996)。このような行動は、自らの利益よりも、他個体の情動を認識したことに大きく影響されたものと解釈できる。この他、進化的にヒトに近い霊長類では、さらに多くの共感的行動の観察事例が報告されている (Preston & de Waal, 2002)。

ヒトにおいても、ある個人の感情が別の個人に伝わるという現象は、生後早い段階で現れている。乳幼児が他の乳幼児の苦痛や泣き声に注意を向け、自分も苦しそうに泣きだす様子は、しばしば見かけるだろう。さらに1歳になると、泣いている他者に対して救助行動 (helping behavior) を見せたり、他者の状況をより理解しようとしているのかのように、他者の苦痛行動をまねしようとすることが観察されている (Zahn-Waxler *et al.*, 1983)。

このように、他個体の情動に「共鳴」する機能は、多くの動物種に共有されており、またヒトにおいても生得的に備わった原初的能力であると考えられる。それでは、ある個体の内部で経験されている状態は、どのような神経的プロセスを通じて別の個体に共有されるのだろうか。

▶ 共感を支える神経活動

1990年代以降、共感という現象あるいは能力を支える認知神経的メカニズムの一端が、明らかにされつつある。共感の基礎的な神経基盤の一つと考えられているのは、ミラーニューロンシステム、または「自己と他者の共通神経表象」と表現されている脳の活動パターンである(第5章参照)。狭義のミラーニューロンとは、身体の「運動」の処理にかかわるニューロン群であり、特定の運動レパートリーについて、自分が動作する場合だけでなく、他者がその動作を行う様子を知覚した場合にも同様に活動する性質をもつ (di Pellegrino *et al.*, 1992; Rizzolatti *et al.*, 1996)。マカクザルの脳内で見つかり、ヒトの脳でも存在していることが強く示唆されているこの神経活動は、前頭葉の運動関連領域から頭頂葉の感覚連合野に分布し、観測した動作を自己の運動表象と結びつける

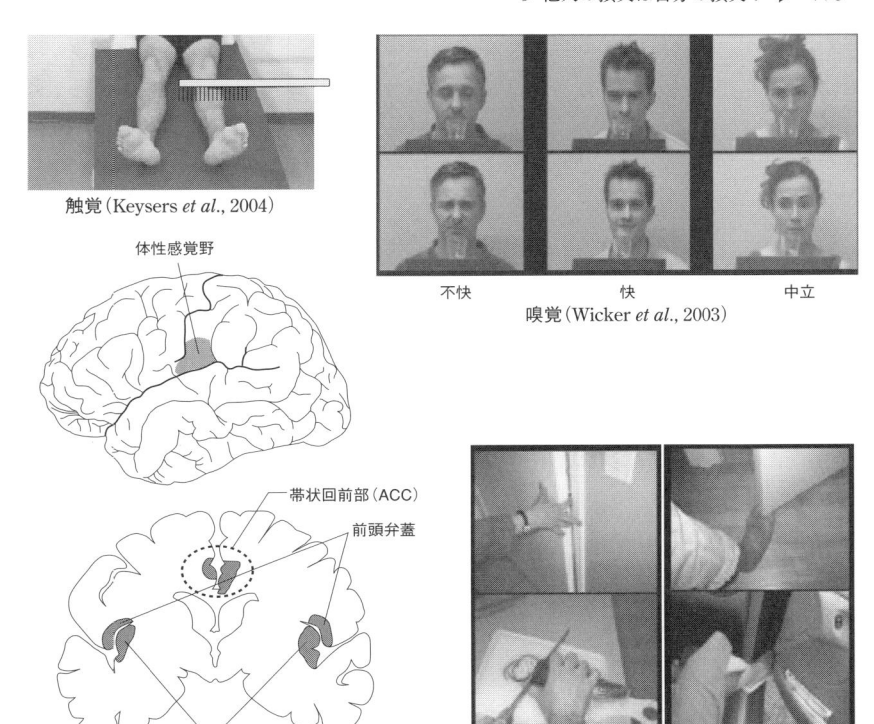

図 9–1　様々な経験における共通神経表象

写真は被験者が観測する視覚刺激の例．触覚：他人の足が棒やブラシなどで接触を受けている場面(動画)．嗅覚：他者がコップの内容物のにおいを嗅いで，その後，快，不快，どちらでもない，のいずれかの表情を示す場面(動画)．痛み：他者の手や足が，ドアに挟まれる，刃物で傷つくなど，痛みをうける場面(静止画)．それぞれの視覚刺激を観測中に，自己が視覚刺激の内容と同様の経験をしている場合と共通して活動する脳部位を示してある(各経験と脳部位の対応は本文参照)．

ことによって、他者の運動の理解や予測を可能にしていると考えられている(Rizzolatti *et al.*, 2006；第 5 章参照)。

　他者のある経験を観測した際に、自己が同様の経験をする場合と同一の領域(の一部)が活動するという、この「鏡のような」性質は、実は運動関連の脳領域だけに存在するのではない。2000 年代以降の、主にヒトを対象とした研究により、触覚や情動などの運動以外の様々な種類の処理領域においても、ミラーニューロンのような性質が存在していることが示されている(図 9–1)。

たとえば、触覚に関する処理では、他者の身体がなにかに触れられているところを見ると、自分の同じ身体部位が接触されているように、体性感覚野や頭頂連合野が活動する（Keysers et al., 2004; Blakemore et al., 2005; 第5章参照）。あるいは、快または不快な刺激を嗅いだり味わったりするという情動経験に対して表出された他人の表情を知覚すると、情動系回路の一部である島皮質、帯状回前部や前頭弁蓋内側部に、観測者自身が同様の快・不快の刺激を知覚した時のような神経活動が生じる（Wicker et al., 2003; Jabbi et al., 2007）。また、共感の研究で最も多く検討されているトピックとして、他者の痛みの知覚が挙げられる。他者が身体的な痛みを経験している様子を見ると、観測者の脳内で、自己の痛みの知覚にかかわる部位（島皮質前部・帯状回前部や扁桃体）が活動する。その神経活動の強さは、観測者によって想像された痛みの強さと相関していることも報告されている（Singer et al., 2004; Jackson et al., 2005; Ogino et al., 2007 など）。

　これらの研究が示すように、自己と他者の経験が脳内の共通する部位で表現されているということは、「他人の経験を自分の経験のように処理するメカニズム」と解釈することができる。そして、こうした「鏡のような」脳の特性が、感情を含めた他者の心的状態を共有・理解する能力の神経的基盤の一つではないかと考えられる。このような見解が、現在の認知神経科学者たちにおおむね共有されていると言える。

▶ 共感研究の近年のトピック

　こうして共感の基礎的な神経基盤の存在が明らかになってきているが、まだそのメカニズムについては未解明の問題は多く残されている。その一つは、共感の仕方の多様性に関する問題である。

　他者の経験が自己に写し取られるようなミラーニューロンシステムがわれわれの脳に存在するとしても、現実においてわれわれは、他者の感情に常に同じように同調しているわけではない。共感の生じ方は、状況によって、相手によって、しばしば変動する。

　たとえば、誰かが頭をぶつけたり、悲しみに涙を流したりしているところを目撃して、その感覚や感情が伝わってきたとしよう。このとき、対象が知って

いる人か見知らぬ人か、好きな人か嫌いな人かでは、共感的な反応の強さは大きく異なるだろうし、われわれの精神状態（覚醒度や気分の明暗など）によっても、共感の仕方は異なるだろう（Keysers & Gazzola, 2007）。このような共感の生じ方の多様性は、どのように説明されるのだろうか。

また、状況によらずいつでも他者に対して共感しやすい人もいれば、共感しにくい人もいるというように、性格特性としての共感的傾向（共感のしやすさ）にも、大きな個人差が見られるのである（Davis, 1983; Baron-Cohen, 2004）。このような共感的傾向の個人差は、どのような原因によるのであろうか。

現在のところ、状況による共感的反応の変調や、共感的傾向の個人差を説明する具体的な認知神経メカニズムは、ほとんど解明されていない。こうした観点から共感を生起・制御しているメカニズムの詳細を理解すること、すなわち共感の多様性を解明することが、これからの共感研究の一つの大きなトピックだと考えられる。

次節に、ミラーニューロンシステムおよび共感の神経活動に関連する筆者の研究例をあげる。個人内・個人間の要因によって、共感的な神経活動の強度が実際に変調している様子を可視化した一つの研究例として紹介したい。

2 共感する脳——一つの研究例

本節では、他者の行動の成功・失敗を認識した時の脳活動を扱う。

他人の行動を、うまくいったのか失敗したのか、あるいは得をしたのか損をしたのかという結果のよし悪しまでを含めて認識することは、他人の行動をより広い文脈の中で理解したり、あるいは他人の行動から様々なことを学ぶ（観察学習など）ためにも、重要な機能である。

一方で、行動の成功や失敗には、よい・悪いという価値（valence）が潜在的に伴われることを考えると、他者の成功や失敗を認識した時、観察者の認知活動にはなんらかの感情的な反応が随伴する可能性がある。このような感情的反応は、他者の行動に対する潜在的な感情の共有（すなわち共感）にかかわっているかもしれない。

このように、他者の行動の成否の認識は、われわれの社会的活動を支える重

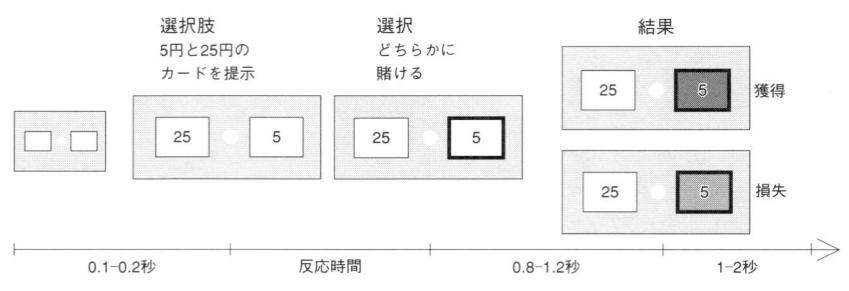

図 9-2 ギャンブル課題の例
金額の表示された選択肢のどちらかを選択すると，選んだ選択肢の色が 2 通りのうち一方に変化する．ある色であれば「正解」であり，表示された金額が得られる．他方の色であれば「不正解」で，金額分を損失する．

要な認知的要素であるとともに，社会的な感情状態を反映した興味深いプロセスであると考えられる．しかしこれまで，他者の行為認識に関する脳科学的研究は，運動の内容や意図の処理に限られ(Rizzolatti *et al.*, 2006 など)，行為の結果の処理についてはほとんど調べられていなかった．そこで筆者らは，他者の行為の成否を認識する神経メカニズムについて，特に，他者が行動に失敗し，負の報酬を与えられた（他者が損失をこうむった）ことを知った時の脳活動に焦点をあてて調べることにした．

▶「損失」の神経表象

ある行為の成功・失敗を認識する脳活動を調べるために，いくつかの選択肢（たとえば伏せられた何枚かのカード）のうち，どれが「あたり」かをあてるという簡単な推測課題を用いることがある．これに金銭的な報酬を付加する場合は，ギャンブル課題 (gambling task) とも呼ばれる．その例を，図 9-2 に示した．この課題のプレイヤーは，2 通りの金額が書かれた掛け金の選択肢を提示される．どちらかの選択肢を選ぶと，1 秒ほどの間をおいて，選ばれた選択肢が正解か不正解かが示される．正解であれば，その金額がプレイヤーのものになる．不正解であれば，プレイヤーのもち金から金額分が失われる．プレイヤーはこのような選択行動の成功と不成功を一喜一憂しながら繰り返し，報酬の累積を目指す．

このようなギャンブル課題を利用して，選択行動における負の結果（「失敗」

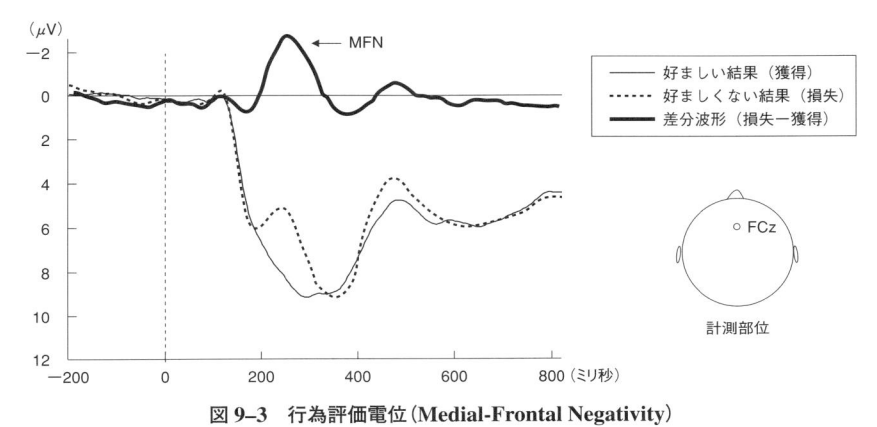

図 9–3 行為評価電位（Medial-Frontal Negativity）
自己の行為の好ましくない結果（ギャンブル課題では金額の損失）の知覚に伴って生じる．好ましい結果（ギャンブル課題では報酬の獲得）の知覚時との差分波形上のピークとして定義され，頭皮上の前頭中心部にて最大振幅で記録される．

や「損失」）の認識にかかわる脳活動の研究が，1990年代後半から進められた。これらの研究は、主に脳波上のパターンである事象関連電位*（ERP）を利用した検討であった。実験の被験者が選択や意思決定などの課題上の反応を行ったあと、その反応に対するフィードバック刺激（たとえば正解・不正解や発生した得失点の情報など）を与えると、被験者の脳波（頭皮上の電位）は図9–3のように振動する。フィードバック刺激後、200–300ミリ秒後の時間帯に、正・負のどちらの情報を与えられたかによって、特徴的な違いが見られるのがわかるだろう。正のフィードバック（好ましい結果）を知覚した時に比べ、負のフィードバック（好ましくない結果）を知覚した時に、マイナスの方向に目立った電位変動が生じている。つまり、この時間帯に、行為の失敗や損失といった好ましくない結果を認識する脳活動が生じていることがわかる。

サルの神経活動を記録する電気生理的な研究（Niki & Watanabe, 1979; Gemba *et al.*, 1986）や、ヒトの脳機能画像による研究（Carter *et al.*, 1998; Bush *et al.*, 2000）により、前頭葉の内側皮質がエラーや損失などの情報処理が重要な役割を果たしていることが知られている。この知見に対応するように、この陰性の事象関連電位は、中心線上の前頭部において最大となり、その発生源は前頭葉内側部（帯状回前部）であると推定されている（Miltner *et al.*, 1997; Gehring & Willoughby,

2002; Holroyd & Coles, 2002)。この波形を本章では、行為評価電位、あるいは前頭葉内側に生じる陰性波(Medial-Frontal Negativity)という意味で、"MFN"と呼ぶ。

MFN が金銭的な損失の知覚によって出現することは、最初にゲーリングらのグループによって報告された(Gehring & Willoughby, 2002)。ゲーリングらは前述のギャンブル課題を行うプレイヤーの事象関連電位を測定し、プレイヤーが損失と獲得の 2 通りの結果を知覚した時の電位を比較し、損失の知覚時に MFN が生じることを確かめた。また、大きな損失をこうむった試行の次の試行では MFN の振幅が大きくなるなど、MFN の振幅が、プレイヤーの課題への動機を反映していることも示唆された。

▶「誰の」失敗か

このように、自分の行為が失敗した場合の脳活動パターンが明らかになってきた。それでは、自分ではなく、他者の失敗はどのように知覚されるのだろうか。筆者らは、前述のギャンブル課題を利用して、そのギャンブルを見て他者の損得を知覚している時の脳活動を調べる実験を行った(Fukushima & Hiraki, 2009)。

実験に先立って、われわれは二つの点で仮説を立てていた。その一つは、他者の行為評価にかかわる認知・神経機構が、自己の行為評価にかかわる機構を共有しているというものである。つまり、ミラーニューロンのような性質が、他者の行為評価に関する神経機構にも存在していると考え、他者の損失を知覚した時の脳活動を計測すると、自分の損失の知覚時と同様に MFN の発生が見られるのではないかと予想した。

もう一つの仮説は、他者の行為評価にかかわる神経活動には、他者に対する感情的な処理が反映されているというものである。これまでに、MFN は課題中の覚醒度や動機の強さなどを反映することが示唆されていた(Gehring & Willoughby, 2002; Yeung et al., 2005)。ここから、他者の行為評価を反映した MFN が発生するならば、その振幅は他者に対する共感の度合いを反映するのではないかと予想した。

実験では、図 9-4 のように観測者がプレイヤーの課題遂行を観測するという

状況を想定した。ここでは、コンピュータと観測者とプレイヤーが交代してギャンブルを行う。つまりこの実験の参加者は、プレイヤーとして自分がギャンブルを行う場合だけでなく、観測者として他の参加者やコンピュータがギャンブルを行う様子を観測する場合もある。観測者の役割をしている時には、自分の友人とコンピュータが交互にギャンブル課題を行う様子をそれぞれ観測することになる。観測者は実際には課題の様子が表示されているモニタのみを観測しており、友人やコンピュータの姿は目に入らない状態で実験を行う。各プレイヤーの報酬（課題による獲得金額）の間に直接の関連はなく、他者が得をしようとも損をしようとも、自分自身の報酬には影響がない状況とした。このような状況で、他者の損得を知覚している時の事象関連電位を計測し、自己の損得の知覚時のそれと比較した。

図 9–4　実験の概念図

実験には、同性の友人同士2人組で参加してもらった（女性10組、男性13組）。友人同士で参加してもらったのは、見知らぬ相手に比べてよく知っている相手に対するほうが共感的な心理状態が強く観測できると考えられたからである。

それでは、脳活動に関する実験結果を見る前に、課題中の観測者たちの心理的な状態がどうであったかをみてみよう。実験参加者には、ギャンブル課題が終わった後に、課題を行っている最中にどのような心理的な状態であったかを報告してもらった。具体的には、他人のギャンブルを観測している時に感じた面白さや感情（嬉しさ・悔しさ）、プレイヤーに対して感じた親密度や心象化の度合いなどを、課題後の質問紙上で数値化してもらった。その結果、ほぼ全員が、すべての項目において、コンピュータプログラムよりも友人に対してより大きな得点を報告した。ここから、少なくとも主観的報告という尺度では、観測者たちの心理的な態度や状態が観測対象の違いによって異なっていたこと、つま

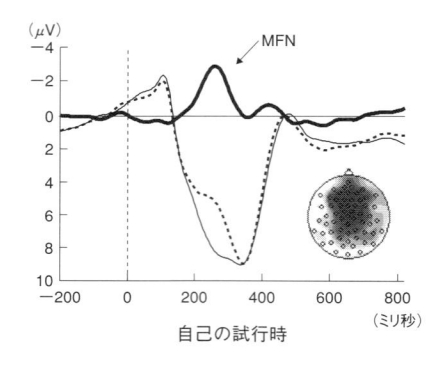

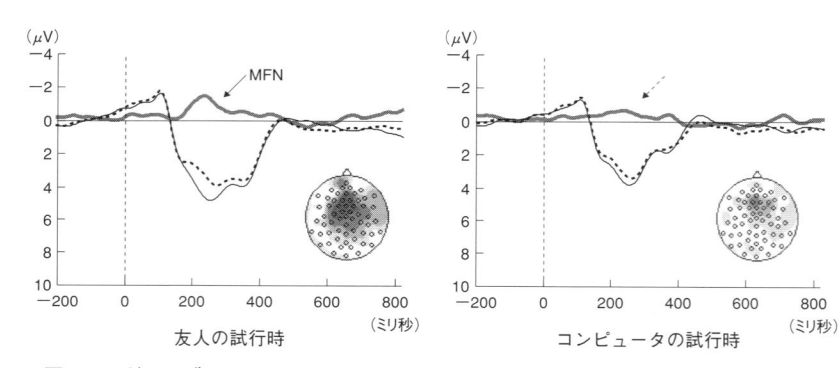

図 9-5 ギャンブル課題の行為者別の行為評価電位（MFN）（Fukushima & Hiraki, 2009）
それぞれの結果を知覚したときの電位変化を示した実験参加者 46 人の加算平均波形．波形の下には頭皮上の電位分布を，損失時と獲得時の差分波形上の MFN が最大振幅に達した時点で表示した（鼻側を上位に頭頂方向から図示）．友人の結果に対しては MFN が有意に出現しているが，コンピュータの結果に対してはほとんど生じていない．

り友人とコンピュータのパフォーマンスを、それぞれ（強度的に）異なる態度で観測していたことが確認された。

それでは、課題中の脳活動はどうなっていただろうか。図 9-5 に、実験参加者全員から得られた事象関連電位の平均波形を示す。

まず、自分自身の課題遂行を観測した際の事象関連電位は、先行研究を再現するものであった。すなわち、結果知覚（フィードバック刺激のオンセット）後 200-300 ミリ秒の時間帯に、頭頂よりやや前部の正中線上に、獲得時よりも損失時に大きな陰性の波、MFN が明瞭に出現した。

これに対して、自分以外のプレイヤーの結果についてはどうだろうか。その

結果は、自分以外のプレイヤーの損得知覚においても、同じ時間帯に同じ頭皮上部位に、小さなMFNが出現するというものだった。それだけでなく、MFNの振幅は、観測しているのが「誰の」結果かということによって変動するということが示された。友人の損得に対しては、振幅は小さいものの、統計的に有意にMFNが出現していた。一方、コンピュータの損得を知覚した時のMFNは、振幅が小さくまたデータの分散が大きいため、統計的に有意に発生しているとは言えなかった。

　このように、MFNの振幅は観測対象によって変動することが示された。それではMFNの振幅は、具体的には観測者のどのような心的状態を反映しているのだろうか。前述の質問紙による主観報告との関連を検討してみると、友人の損失に対するMFNの振幅は、「心象化」という項目の得点との間に弱い相関を示していた。このスコアは、「行為者の意図や心的過程をどれだけ感じながら観察していたか」を点数化してもらったものである。ここから、対象の心象を読み込む観測態度が強い参加者ほど、MFNが大きく出現していることが示唆された。また、同じく質問紙によって、参加者の共感的傾向に関する性格特性を多次元共感性尺度（Davis, 1983）という指標によって計測し、MFNとの関連を検討した。すると、共感性尺度の得点が高い人ほど、友人の損失に対するMFNの振幅が大きいという相関が見られた。

　これらの結果をまとめよう。MFNというパターンは予想のとおり、自己だけでなく、利害関係のない他者の行為の結果（損失）に対しても発生していた。他者の損失に対するMFNの振幅は、自己の損失時に比べて小さくなるものの、同じタイミングで同じ領域に発生した。ここから、他者の損失を知覚した時の神経活動は、自己の損失を処理する機構と異なるものではないことが示唆された。さらにその神経活動の強度には、観測対象の違い（友人の行為かコンピュータの行為か）による変動や、共感性尺度との相関が見られた。これらをあわせて考えると、他者の行為評価の神経活動の強さは、共感と呼べる心のはたらきの一部を反映している可能性が示唆された。

　社会心理学や進化心理学などの知見を参照すると、観測対象への共感は、対象がどれだけ自分に似ているか（similarity）やどれだけよく知っているか（familiarity）という要因と比例して強くなるとされている（Preston & de Waal, 2002; de

Vignemont & Singer, 2006)。ここで紹介した実験では、人間(友人)とコンピュータという観測対象の比較を行ったが、その結果は、自分に近い人に対してより強く共感するという古典的・常識的な知見を、脳活動という点から再確認したものとも言える。そして今回のような実験パラダイムで、人間とコンピュータではなく、ヒト同士を比較した場合、たとえばよく知った友人と見知らぬ他人の損失知覚を比較した場合には、見知らぬ人を観測するほうが共感が弱く、MFNは減衰することが予想される。

▶ 利害関係の影響

他者の損失を知覚した時の神経活動の強さには、他者の損失を自分の損失のように処理する、いわば共感的な心理状態が反映されていることが示唆された。そこで筆者らはさらに、前述の実験のパラダイムで観察できる神経活動が、どのような水準の情報処理を反映しているのかを調べてみた。MFN波形の振幅に反映された共感の強さは、状況や文脈によるトップダウンの(高次認知による)影響を受ける処理なのだろうか、あるいは、それらの影響を受けない自動的で安定した処理なのだろうか。

前述の実験では、プレイヤー同士の報酬にはなんの関係もなかったが、この実験では、プレイヤーの間に金銭的な「利害関係」を設定し、他者の損得が自分の損得にもかかわるようにした。このような場合、他者の行為の結果を認識すると、他者にとっての損得と並行して、自分自身の損得という異なる価値観による評価が生起すると考えられる。こうした状況での脳活動を調べることによって、他者の行為評価が、利害関係という文脈、もしくは自分自身の利益の認識という他の価値観の影響を受ける柔軟な処理であるのか、それらの影響を受けない比較的自動的な処理なのかという疑問を検討した (Fukushima & Hiraki, 2006)。

この実験には男女12組ずつ、計24組の同性の友人ペアに参加してもらった。これまでの実験と同様、20試行を1ブロックとして、ブロックごとにペア内でプレイヤーと観測者を交代してギャンブル課題を行った。

利害関係の影響について、まずは、自己と他者の利害が一致している状況を検討した。ここではプレイヤーが稼いだ額は観測者の稼ぎにもなり、プレイ

ヤーが失った額は観測者からも失われる。このような状況では、観測者にとってのプレイヤーは、自己と利害が一致した運命共同体のようなものである。実験の結果、こうした状況では観測対象の行為結果を知覚した時にも MFN は有意に出現することが追認された。相手と利害が一致している場合、相手の失敗は相手にとって痛手であると同時に、自分にとっても痛手であり、他者と自己の価値観は一致しているので、ここで他者の損失に対して MFN が出現するのは、ある意味で当然の結果と言える。

▶「かわいそう」と「ざまあみろ」の間

それでは、自己と他者の利害が一致するのではなく、相反・対立する状況ではどうだろうか。すなわち、プレイヤーが獲得した金額が、そのつど、観測者の損失額となり、逆に、プレイヤーが損失した金額は、観測者の獲得額として加算される状況である。このような状況では、「相手のためにはかわいそうだけれども、自分の利益のためには負けてほしい」という、ある種の矛盾した価値観が、観測者の中に生じると考えられる。言い換えると、利他的（共感的）な価値観と利己的（実利的）な価値観が同時に生起し、拮抗することが想定される。このような場合に、脳は他者の損失をどのように「評価」するのだろうか。

結果に対する予想は、次のように 3 通り考えられる。もし他者観測における MFN が自己の利害という文脈の影響を受けないのであれば、これまでの実験と同じように、他者の損失に対して MFN は有意に出現するはずである。逆に、文脈に従って他者の損失が獲得に比べて「よいこと」だという判断が反映されるならば、MFN は、他者の損失よりもむしろ「獲得」に対して出現するだろう。あるいは、よいという評価と悪いという評価が脳の中で打ち消しあうように表現されるのであれば、MFN は消失してしまうだろう。

その結果を見る前に、参加者たちの主観報告を確認しておこう。課題後の質問紙の結果を見ると、この利害対立条件においては参加者全員が、相手が報酬を獲得した時よりも、損をした時のほうがポジティブな感情を抱いた（相手が損をしてくれてうれしかった）と報告した。すなわち参加者の内観においては、自分の利害に対する評価の感情のほうが、相手に対する共感的（利他的）な感情よりもまさっていたということになる。

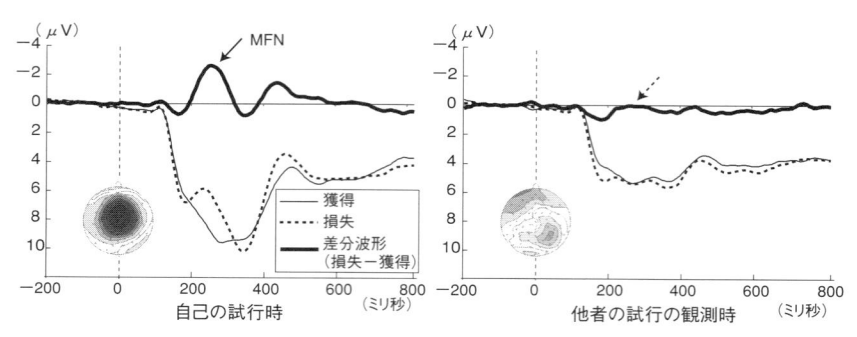

図 9–6　利害対立条件における行為評価電位(Fukushima & Hiraki, 2006)
実験参加者全体のデータを平均すると，他者の試行の観測時(右)には MFN が見られない．

　それでは、事象関連電位はどのようなパターンを示しただろうか。図 9–6 は、前掲の図と同様、参加者全員の波形を平均したものである。右の他者の損得に対する波形を見ると、MFN が生じる時間帯に、損失に対する波形と獲得に対する波形の間に差は見られず、MFN は消失している。この波形をみると、他者の損失についてのよし悪しの価値は拮抗し、打ち消しあっているように見える。

　しかし、参加者の全体平均ではなく、個人ごとのデータを見てみると、MFN の時間帯の波形には、MFN が有意に生じている者もいれば、電位の極性が反転して生じている者も見られ、個人差が非常に大きいことがわかった。参加者全員の波形では、このような被験者間のばらつきが打ち消しあった結果として、MFN が発生していないように見えていることがわかった。

　それでは、MFN の出現の仕方の個人差はどのような要因によって説明できるのだろうか。課題に対する主観報告スコアと MFN の振幅の関連を調べると、いくつかの項目の中でも、うれしい、悔しいという「感情」の項目が影響していることがわかった。前述のように、参加者はすべて、相手の獲得よりも損失をよしとする感情を抱いていたと報告していたが、このように相手の損失を喜び獲得を悔しがる「利己的な」感情について、そのスコアが小さいほど MFN は大きく発生し、逆にそのスコアが大きいほど MFN は電位の極性が反転して生じる(言い換えると、相手の損失ではなく「獲得」に対して MFN が生じている)傾向にあった。つまり、利己的な感情を小さく報告した人ほど、相手の損に対する

MFN が明確に大きく発生していたのである。

参加者の性格特性と神経活動の相関も検討した。イギリスの自閉症研究者として知られるバロン - コーエンらが開発した共感性尺度（Empathy Quotient）と、これと対をなすシステム化尺度（Systemizing Quotient）を用い（Baron-Cohen, 2004；topic 14 参照）、被験者の両尺度の差を見ると、共感性尺度の割合が高い被験者ほど MFN が強く生じ、逆にシステム化尺度の割合が高い被験者ほど MFN は反転して生じる傾向にあった。

共感化―システム化理論　　topic 14

「共感化―システム化（Empathizing–Systemizing: E-S）」モデルは、バロン - コーエン（Baron-Cohen, 2002）が、自閉性障害の認知的特徴を説明する過程で、人間の基本的な認知スタイルとしてより一般化した理論として提唱したものである。このモデルでは、基本的な因果認知能力として「共感化（empathizing）」と「システム化（systemizing）」という二つの相互に独立した概念を想定している。

共感化は、他者の行動の意味を理解し、他者の行動や感情的反応を予測することを可能にするとともに、他者の体験を共有し、彼らに情動的に適切に反応することを可能にするもので、行為者の行動を理解する方法として、心的状態を自己と他者に帰属する能力（「心の理論」）と、他者の心的状態に対する適切な情動的反応（従来の同情や共感に該当する要素）という二つの主要な側面を含んでいる。

一方、システム化は、ノンエージェント（意図をもたない存在）のはたらきを理解し予測するための、システムを分析し構築する能力である。具体的には、機械のような技術的なもの、数学やコンピュータ・プログラムといった抽象的なもの、図書の分類法やなにかのコレクションなどにみられる系統化が可能なものなど、われわれの周囲に様々なものや現象として存在している。これらのシステムは、その背後にあるなんらかの法則性から理解することができるが、システム化は、システム自体の表面的な規則性の理解だけではなく、システムのはたらきで因果的機能を説明する物理的法則のような、背後にある基本的原理の理解も含んでいる。

E-S 理論では、システム化能力が優位な場合をシステム脳（S-brain）タイプ、反対に共感化能力が優位な場合を共感脳（E-brain）タイプ、システム化と共感化の能力には大きな違いがない場合は認知的にバランスのとれた脳（B-brain）のタイプとされる。このようなタイプの違いは、脳の情報処理のスタイル、ないしは一種の認知スタイルと考えられるが、このスタイルの個人差は胎生期における性ホルモン（主としてテストステロン）の量に起因することが最近の研究で明らかにされている。

イギリスと日本で行われた実証研究の結果、この理論モデルが、自閉性障害者の認知特性とともに一般健常者の認知的個人差を説明するモデルとして妥当性が高いことが確認されている（Baron-Cohen et al., 2003; Baron-Cohen & Wheelwright, 2004; Wakabayashi et al., 2006, 2007）。［若林明雄］

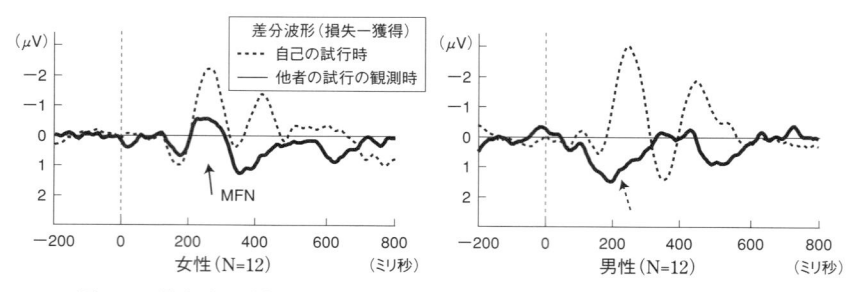

図 9-7 男女別の利害対立時における行為評価電位(Fukushima & Hiraki, 2006)
観測者としての損失時と獲得時の差分波形には，明確な男女差が見てとれる．

さらに、男女の性差という要因も示された。男性群と女性群では、前述の主観報告と性格特性尺度について、有意な群間差があった。この結果を反映するかのように、図9-7のように男女の性別に脳電位波形を表示すると、明確な性差が見て取れる。すなわち、女性群では利害が反する相手の損失に対して自分の損失時と同様にMFNが出現している一方で、男性群ではそのような傾向は見られず、むしろ利害関係の対立を正確に反映し、相手の損得と自己の損得の神経反応が反転しているかのようなパターンを示していた。

プレイヤー間に利害関係を導入した背景には、MFNに対する利害関係の影響の有無を調べることにより、他者の行為評価にかかわる神経活動の処理水準を調べるという目的があった。利害関係の影響という点については、個人間で共通した一般的傾向よりも、利害関係の影響を受けやすい人と受けにくい人の個人差が大きいことが示された。ここで見出されたMFN振幅の個人差には、他者の損得を知覚した時の感情や、共感性尺度の得点との相関が見出された。こうした結果は、前述した実験結果における、MFNの大きさが他者への共感的な処理の強さを反映しているという解釈をサポートするものといえる。

3　共感の神経科学の展望

▶ ソーシャルブレインの「男女差」?

前節で紹介したように、観測対象との利害が対立するという特殊な状況において、男性と女性の神経活動に明確な違いが見出された。この結果はどの程度

一般化されうるのだろうか。

　われわれの研究と同様の知見は、ロンドン大学のシンガーらも報告している。このグループは fMRI を利用して、他者の痛みを観測している成人男女の脳活動を調査した。本章第 1 節でも触れたように、他者が痛みを経験していることを認識すると、自己の痛み知覚にかかわる前島皮質が活動する。シンガーらはこのような他者の痛みに対する脳活動を報告した (Singer *et al.*, 2004) 上で、さらに、対象に対する「好き嫌い」という要因がこの脳活動に及ぼす影響を調査した (Singer *et al.*, 2006)。

　この実験では、参加者の脳活動を計測する前に、囚人のジレンマゲームと呼ばれる対人ゲームを行った。参加者のゲームの相手は 2 人用意され (ともに実験者)、1 人は参加者に対して公平なプレイをし、もう 1 人は不公平なプレイをした。ゲーム後の質問紙評定によって、それぞれのプレイヤーに対する印象を聞くと、公平なプレイヤーには好印象が、不公平なプレイヤーには悪印象が、明確に形成されたことが確認された。こうした手続きの後に MRI 装置に入った参加者は、好印象と悪印象を抱いたプレイヤーそれぞれに対して痛み (電気ショック) が与えられる様子を観測した。その結果、好印象をもった相手の痛みに対しては、参加者の性別にかかわらず、共感的な神経活動が観測された。つまり、その相手が痛みを受けている時に、痛覚中枢の一つである前島皮質は男女ともに有意な活動を見せていた。それに対し、悪い印象をもった相手が痛みを受けていることを知覚した場合の脳活動には、明確な男女差が見出された。女性では、嫌いな相手の痛みに対しても共感的な前島皮質の活動が見られたのに対して、男性ではそのような共感的な脳活動は見られず、逆に脳の別の部位、すなわち、報酬処理系の一部として快情動にかかわる中脳側座核の活動が観測された。このように、他者の痛みの認識にかかわる脳活動の性差は、「嫌いな」相手の痛みを認識した場合に限り見出されたのである。この結果は、先に紹介した筆者らの研究 (他者の損得知覚の研究) において、他者との対立的な利害関係が存在する時にのみ性差が見出されたという結果と整合する。

　女性のほうが男性よりも共感的傾向が強いという性差は、社会心理学などの領域で繰り返し報告されている (Baron-Cohen, 2004 など)。しかしその一方で、社会的認知に関する性差の神経科学的なエビデンスは、意外にもこれまでほと

んど報告されていなかった (Ickes, 2003; Decety & Jackson, 2004)。われわれやシンガーらの研究が共感の脳活動に男女差を見出したのは、どのような理由からだろうか。

この二つの研究の共通点は、どちらも共感的な心情をあえて打ち消すような実験状況を設定したという点である。筆者らの研究では利害が他者と対立していたし、シンガーらの研究では相手に対してネガティブな感情を抱いていた。これらの状況は、共感とは逆の、いわば反共感的な状況と言える。その場合、他者のネガティブな経験(損失や痛みなど)を見た時に、共感的な反応と、利己的もしくは反共感的な反応が拮抗する。共感の仕方に性差が存在するならば、それは共感的な神経活動の感度そのものよりも、このような価値観の対立が存在する場合に、どちらの価値観が優勢となるかという処理間の重みづけ、あるいは、共感的な反応の頑健性(他の文脈からの影響の受けにくさ)にかかわるのかもしれない。

▶ 認知機能の個人差とその生物的基盤

前節では男女の性差について触れたが、性別という生物学的要因、もしくは遺伝的な要因によって、共感のしやすさのような社会的な性格特性は決定されるのだろうか。この問題については今でも論争が続いている (Kimura, 1999; Baron-Cohen, 2004)。

ここで注意しなくてはいけない点は、性別などの要因によって「脳活動に違いがある」というデータが得られたとしても、それは「違いが(生物学的・遺伝子的に)決定されている」ことと同じではない、ということである。脳の形態や機能の個人差は遺伝子の発現に制御されており、その傾向は生物学的に遺伝子に影響されていることは間違いないだろう。しかし同時に、ある遺伝子の発現の仕方は他の遺伝子との関係に大きく影響されるものであり、またその後の環境や生育過程によっても影響を受ける。つまり、ある形質の個人差には遺伝と環境の両方の要因が複雑にかかわるのである(たとえば感情に関する個人差の遺伝・環境要因については、Hariri & Holmes, 2006)。

そして、改めて共感という能力または特性の個人差に目を向けると、これに関連する生物学的・神経的な知識が十分集まっていないのが現状である。本章

で紹介した、ある文脈（利害の対立や悪印象などの、共感を阻害するような文脈）において共感的神経活動の性差が見られるという報告は未だ少数であり、その効果の一般性や要因は将来的にさらに検討される必要がある。その他、性差の生物学的検討の例として挙げられるものは、胎児期に受ける男性ホルモン濃度と生育後の社会性の関連の研究であり、バロン-コーエンらのグループが、胎児期に浴びた男性ホルモン濃度（羊水中のテストステロンの少なさ）が生後の共感的傾向の強さを予測するという研究を進めている（Baron-Cohen *et al.*, 2004）。しかし、この研究を支持するエビデンスも未だ十分とはいえず、こうした知見の真否が確定されるには、複数の研究グループによるさらなる検討が必要であろう。

　ある機能の認知的・神経的メカニズムの解明に大きな進展をもたらすには、心理指標や行動指標、あるいは脳活動などの生理指標のどれか一つにおける性差を見出すのみでは難しい。男性と女性では、生物学的にも社会学的にも異なる点が多すぎるために、多数の差異のうちのどの要因がどのように当該の現象にかかわっているのかはほとんどわからない。認知神経科学における理想的な個人差研究のアプローチは、心理指標（心理状態や性格特性）、行動指標、生物学的指標（神経・生理活動や遺伝的要因など）の個人差の関連を三つ巴で検討することによって、その現象・機能の背後にある要因の関連を絞り込むことであり、こうして性別に依存しない一般的なメカニズムの解明に貢献することが期待される。

▶ 共感の仕方は一つか

　本章ではこれまで、「共感の仕方の多様性」という問題について、共感的な脳活動の強弱（や有無）という意味での多様性を扱ってきた。しかし、共感の処理の多様性には、その他に大きなトピックが存在する。それは、「共感の種類」そのものに多様性があるということである（keyword 11 も参照）。最後に、この点について概説したい。

　われわれは日常的に、ものごとを「頭で理解するのか、心で感じるのか」といった対比をすることがあるが、本章のテーマである共感という機能もまた、こうした対比に象徴されるような処理の多様性をもっている。すなわち、われわれが他者の感情を知るという事態にも、意図せずとも相手の心理状態が伝染

するような場合もあれば、他人の感情を意図的に推し量って理解するような場合もあるように、様々な処理過程が考えられるのである。そこで、社会心理学・性格心理学や発達心理学などの領域においては、ある程度の内省的思考を伴うような意図的な感情理解を、比較的自動的な感情の共有と区別することが多い。この場合、しばしば前者は「認知的共感」(cognitive empathy)と呼ばれ、後者は「情動的共感」(emotional empathy)と呼ばれる（Davis, 1983; Preston & de Waal, 2002 など）。本章では共感の基礎的なメカニズムとして、自己と他者の経験に共通して活動する神経活動を取り上げてきた。そして、共感のしかたの変動についてもこのような自他の経験に共通する神経活動を指標として検討した。しかし、共感のメカニズムをより現実的に、詳細に理解するためには、ミラーニューロンシステムのような基礎メカニズムの研究に加えて、このような処理の種類の多様性に関する神経科学的な検討が重要となることは、多くの研究者の指摘するところである(Decety & Lamm, 2006; Keysers & Gazzola, 2007)。

現在までの限られた知見をあわせてみると、認知的共感には、情動的共感（自動的な共感）のプロセスに加えて、実際にいくつかの認知的処理領域が重要な役割を果たしているようである。具体的には、他者の感情的な経験について意識的・内省的な推測や想像を行う場合には、感情処理の中枢である大脳辺縁系（島皮質前部・帯状回前部・扁桃体など）のみならず、これに加えて視点取得 (perspective taking) にかかわる頭頂連合野（第4・5章参照）や、心的状態の処理 (mentalizing) にかかわる前頭・頭頂皮質の内側面などの活動が重要となることが確認されつつある (Jackson et al., 2006; Preston et al., 2007)。つまり、他者の感情を「頭で理解する」場合には、自動的な情動の伝染よりも、より広範な脳領域が賦活している様子が確認されてきている。

ここで紹介したような知見は、認知的共感に関する脳活動の確認という点で重要と言える。しかし、認知的共感のメカニズムがどのようなものかを明確に理解するためには、さらに多くのことを知る必要がある。たとえば、認知的共感と情動的共感のプロセスは、どこが共通しどこが異なるのだろうか。あるいは、両者の差異は共感が成立するプロセスのみであるのか、それとも共感の結果として経験する感情の質も異なるのだろうか。また、質問紙研究が示しているように、共感的傾向が強い人々の中でも、情動的共感が強い人と認知的共感

が強い人は分離されうるが(Davis, 1983; Lawrence *et al.*, 2004)、このような面での個人差はどのように説明されうるのだろうか。共感を含めた他者理解、そしてわれわれの複雑な社会的行動を支える認知神経メカニズムを根本的に理解するためには、こうした「処理様式の多様性」に関する疑問をさらに解明していく必要があるだろう。

引用文献

Baron-Cohen, S. (2002). The extreme male brain theory of autism. *Trends in Cognitive Sciences*, **6**, 248–254.

Baron-Cohen, S. (2004). *The Essential Difference: Men, Women and the Extreme Male Brain*. Penguin Books.（三宅真砂子(訳)(2005). 共感する女脳、システム化する男脳　日本放送出版協会.）

Baron-Cohen, S., Lutchmaya, S., & Knickmeyer, R. (2004). *Prenatal Testosterone in Mind: Amniotic Fluid Studies*. MIT Press.

Baron-Cohen, S., Richler, J., Bisarya, D., Gurunathan, N., & Wheelwright, S. (2003). The Systemising Quotient (SQ): An investigation of adults with Asperger Syndrome or High Functioning Autism and normal sex differences. *Philosophical Transactions of the Royal Society, Series B*. Special issue on "Autism: Mind and Brain", **358**, 361–374.

Baron-Cohen, S., & Wheelwright, S., (2004). The Empathy Quotient (EQ): An investigation of adults with Asperger Syndrome or High Functioning Autism, and normal sex differences. *Journal of Autism & Developmental Disorders*, **34**, 163–175.

Blakemore, S. J., Bristow, D., Bird, G., Frith, C., & Ward, J. (2005). Somatosensory activations during the observation of touch and a case of vision-touch synaesthesia. *Brain*, **128**, 1571–1583.

Bush, G., Luu, P., & Posner, M. I. (2000) Cognitive and emotional influences in the anterior cingulate cortex. *Trends in Cognitive Science*, **4**(**6**), 215–222.

Carter, C. S., Braver, T. S. *et al.* (1998). Anterior cingulate cortex, error detection, and the online monitoring of performance. *Science*, **280**, 747–749.

Church, R. M. (1959). Emotional reactions of rats to thepain of others. *Jounral of Compartive & Physological Psychology*, **52**, 132–134.

Davis, M. H. (1983). Measuring individual differences in empathy: Evidence for a multidimensional approach. *Journal of Personality Social Psychology*, **44**, 113–126.

Decety, J., & Jackson, P. L. (2004). The functional architecture of human empathy. *Behavioural Cognitive Neuroscience Review*, **3**, 71–100.

Decety, J., & Lamm, C. (2006). Human empathy through the lens of social neuroscience. *Scientific World Journal*, **6**, 1146–1163.

Fukushima, H., & Hiraki, K. (2006). Perceiving an opponent's loss: Gender-related differences in the medial-frontal negativity. *Social Cognitive & Affective Neuroscience*, **1**(**2**), 149–157.

Fukushima, H., & Hiraki, K. (2009). Whose loss is it? Human electrophysiological correlates of non-self reward processing. *Social Neuroscience*, **4**(**3**), 261–275.

Gehring, W. J., & Willoughby, A. R. (2002). The medial frontal cortex and the rapid pro-

cessing of monetary gains and losses. *Science*, **295**, 2279–2282.
Gemba, H., Sasaki, K., & Brooks, V. B. (1986). 'Error' potentials in limbic cortex (anterior cingulate area 24) of monkeys during motor learning. *Neuroscience Letters*, **70**, 223–227.
Goldman, A. I. (1992). In defense of the simulation theory. *Mind & Language*, **7(1–2)**, 104–119.
Gopnik, A., & Wellman, H. M. (1992). Why the child's theory of mind really is a theory. *Mind & Language*, **7**, 145–171.
Gordon, R. (1986). Folk Psychology as Simulation. *Mind & Language*, **1**, 158–171.
Hariri, A. R., & Holmes, A. (2006). Genetics of emotional regulation: The role of the serotonin transporter in neural function. *Trends in Cognitive Sciences*, **10(4)**, 182–191.
Holroyd, C. B., & Coles, M. G. (2002). The neural basis of human error processing: Reinforcement learning, dopamine, and the error-related negativity. *Psychological Review*, **109**, 679–709.
Ickes, W. (2003). *Everyday Mind Reading: Understanding What Other People Think and Feel*. Prometheus Books.
Ishida H., & Murata, A. (2007). Self and other's body part representation in parietal visuo-tactile bimodal areas. *Neuroscience Research*, **58**, Supplement 1, 115.
Jabbi, M., Swart, M., & Keysers, C. (2007). Empathy for positive and negative emotions in the gustatory cortex. *NeuroImage*, **34(4)**, 1744–1753.
Jackson, P. L., Brunet, E., Meltzoff, A. N., & Decety, J. (2006). Empathy examined through the neural mechanisms involved in imagining how I feel versus how you feel pain. *Neuropsychologia*, **44(5)**, 752–761.
Jackson, P. L., Meltzoff, A. N., & Decety, J. (2005). How do we perceive the pain of others?: A window into the neural processes involved in empathy. *NeuroImage*, **24**, 771–779.
Keysers, C., & Gazzola, V. (2007). Integrating simulation and theory of mind: From self to social cognition. *Trends in Cognitive Sciences*, **11(5)**, 194–196.
Keysers, C., Wicker, B. *et al.* (2004). A touching sight: SII/PV activation during the observation and experience of touch. *Neuron*, **42**, 335–346.
Kimura, D. (1999). *Sex and Cognition*. MIT Press.（野島久雄・鈴木真理子（訳）(2001). 女の能力、男の能力——性差について科学者が答える　新曜社.）
Lawrence, E. J., Shaw, P., Baker, D., Baron-Cohen, S., & David, A. S. (2004). Measuring empathy: Reliability and validity of the Empathy Quotient. *Psychological Medicine*, **34**, 911–919.
Masserman, J. H., Wechkin, S., & Terris, W. (1964). "Altruistic" behavior in rhesus monkeys. *American Journal of Psychiatry*, **121**, 584–585.
Miltner, W. H. R., Braun, C. H., & Coles, M. G. H. (1997). Event-related brain potentials following incorrect feedback in a time-estimation task: Evidence for a generic neural system for error detection. *Journal of Cognitive Neuroscience*, **9**, 788–798.
Niki, H., & Watanabe, M. (1979). Prefrontal and cingulate unit activity during timing behavior in the monkey. *Brain Research*, **171(2)**, 213–224.
Ogino, Y., Nemoto, H. *et al.* (2007). Inner experience of pain: Imagination of pain while viewing images showing painful events forms subjective pain representation in human brain. *Cerebral Cortex*, **17(5)**, 1139–1146.
di Pellegrino, G., Fadiga, L., Fogassi, L., Gallese, V., & Rizzolatti, G. (1992) Understanding motor events: a neurophysiological study. *Experimental Brain Research*, **91**, 176–180.

Preston, S. D., Bechara, A., Grabowski, T. J., Damasio, H., & Damasio A. R. (2007). The neural substrates of cognitive empathy. *Social Neuroscience*, **2**(**3–4**), 254–275.

Preston, S. D., & de Waal, F. B. M. (2002). Empathy: Its ultimate and proximate bases. *Behavioral & Brain Sciences*, **25**, 1–20.

Rice, G. E. J., & Gainer, P. (1962). "Altruism" in the albino rat. *Journal of Comparative & Physiological Psychology*, **55**, 123–125.

Rice, G. E. J. (1964). Aiding behavior vs. fear in the albino rat. *Psychological Record*, **14**, 165–170.

Rizzolatti, G., Fadiga, L., Fogassi, L., & Gallese, V. (1996) Premotor cortex and the recognition of motor actions. *Cognitive Brain Research*, **3**, 131–141.

Rizzolatti, G., Fogassi, L., & Gallese, V. (2006). Mirrors in the mind. *Scientific American*, **295**(**5**), 54–61.（人を映す脳の鏡．日経サイエンス，2007 年 2 月号．）

Singer, T., Seymour, B. *et al.* (2004). Empathy for pain involves the affective but not sensory components of pain. *Science*, **303**, 1157–1162.

Singer, T., Seymour, B. *et al.* (2006), Empathic neural responses are modulated by the perceived fairness of others. *Nature*, **439**(**7075**), 466–469.

Vidal, C., & Benoit-Browaeys, D. (2005). *Cerveau, Sexe et Pouvoir*. Éditions Belin.（金子ゆき子（訳）(2007)．脳と性と能力　集英社．）

de Vignemont, F., & Singer, T. (2006). The empathic brain: How, when and why? *Trends in Cognitive Sciences*, **10**(**10**), 435–441.

de Waal, F. B. M. (2007). Putting the altruism back into altruism: The evolution of empathy. *Annual Review of Psychology*, June 5 [Epub ahead of print].

de Waal, F. B. M. (1996). *Good Natured: The Origins of Right and Wrong in Humans and Other Animals*. Harvard University Press.（西田利貞・藤井留美（訳）(1998)．利己的なサル、他人を思いやるサル——モラルはなぜ生まれたのか　草思社．）

Wakabayashi, A., Baron-Cohen, S. *et al.* (2006). Development of short forms of the Empathy Quotient (EQ-Short) and the Systemizing Quotient (SQ-Short). *Personality & Individual Differences*, **41**(**5**), 929–940.

Wakabayashi, A., Baron-Cohen, S. *et al.* (2007). Empathizing and systemizing in adults with and without Autism Spectrum Conditions: Cross-cultural stability. *Journal of Autism & Developmental Disorders*, **37**(**10**), 1823–1832.

Watanabe, S., & Ono, K. (1986). An experimental analysis of "empathic" response: Effects of pain reactions of pigeon upon other pigeon's operant behavior. *Behavioural Processes*, **13**, 269–277.

Wicker, B., Keysers, C. *et al.* (2003). Both of us disgusted in My insula: The common neural basis of seeing and feeling disgust. *Neuron*, **40**, 655–664.

Yeung, N., Holroyd, C. B., & Cohen, J. D. (2005). ERP correlates of feedback and reward processing in the presence and absence of response choice. *Cerebral Cortex*, **15**, 535–544.

Zahn-Waxler, C., Friedman, S. L., & Cummings, E. M. (1983). Children's emotions and behaviors in response to infants' cries. *Child Development*, **54**, 1522–1528.

ポジティブ経験に対する共感 -------------------------------- keyword 11

　共感という現象は、痛み・嫌悪・失敗など、ネガティブな経験について研究されることがほとんどである。これに対して、快感や喜びなど、他者のポジティブな経験についての共感の研究は、少なくとも神経科学の分野においてはきわめて少ない。

　オランダの研究グループは近年、味覚と嗅覚の刺激を利用して、不快の情動だけでなく、快の情動経験についても、自己と他者の経験に対して同じように活動する脳部位を研究した（第9章参照）。その結果、味覚に関しては、前頭弁蓋部のわずかな部位が、不快な味覚刺激に対してのみならず快刺激についても共通して表象していることを報告した（Jabbi et al., 2007）。しかし、嗅覚に関しては、不快な匂い刺激に対する共通表象は見出されたものの、快刺激に対しては見出されなかった（Wicker et al., 2003: 図9–1）。総じて、ポジティブな感情についての共通神経表象の報告はきわめて限られている。このことは、ポジティブ経験に対してはミラーニューロンシステムのような共鳴的な神経活動が起きにくいと解釈すると興味深い。

　しかし、ポジティブな共感が存在しないわけではない。ほとんどの親は、わが子の幸せが自らの幸せに重なるだろう。また多くの人は、くすくす笑いや、うきうきした気分が、他人から伝染した経験があるだろう。それではなぜ、ポジティブ情動に関する共感の神経活動が実験的に観察されづらいのだろうか。

　まず考えられる理由は、他者のポジティブな経験よりも、ネガティブな経験のほうが、情報としてのインパクトや重要性が大きいという可能性である。実際に、ネガティビティ・バイアスとして、ネガティブな情報のほうが記憶や注意、意思決定などの様々な認知活動に対して大きな影響を与えることが知られている（Ito & Caccioppo, 2001）。この現象は、個体の危険回避という点でネガティブな情報のほうが生存上重要な意味をもつためとされることが多い。共感がネガティブ経験について見られやすいのも、このような現象の一つかもしれない。

　別の可能性としては、観測手法の問題が挙げられる。認知神経科学では、概して脳の特定の活動部位を同定してその変動パターンを調べるという研究手法がとられるが、ポジティブな共感にかかわる脳活動は、こうした手法では観測されづらい可能性がある（Berns, 2005）。近年、テストステロンなどの性ホルモンや、下垂体から分泌されるオキシトシンなどのホルモンが、向社会的行動や他者理解課題の成績を促進するという研究が報告されるようになっている（Knickmeyer et al., 2006; Domes et al., 2007 など: topic 12・topic 14 参照）。このように、脳部位の活動量の測定のみに限らない生理学的なアプローチが、社会的認知の研究全般に大きな効果を与えることが期待される。

今後は、ポジティブな共感自体をターゲットにした研究を増やし、そのメカニズムの詳細に迫る必要があるだろう。[**福島宏器**]

Berns, G. (2005). *Satisfaction: The Science of Finding True Fulfillment*. Henry Holt.（野中香方子（訳）(2006). 脳が「生きがい」を感じるとき　日本放送出版協会.）
Domes, G., Heinrichs, M., Michel, A., Berger, C., & Herpertz, S. C. (2007). Oxytocin improves "mind-reading" in humans. *Biological Psychiatry*, **61**(**6**), 731–733.
Ito, T, A., & Cacioppo, J. T. (2001). Affect and attitudes: A social neuroscience approach. In J. P. Forgas (Ed.), *The Handbook of Affect and Social Cognition*. Lawrence Erlbaum & Associates. pp. 50–74.
Jabbi, M., Swart, M., & Keysers, C. (2007). Empathy for positive and negative emotions in the gustatory cortex. *Neuroimage*, **34**(**4**), 1744–1753.
Knickmeyer, R., Baron-Cohen, S., Raggatt, P., Taylor, K., & Hackett, G. (2006). Fet al testosterone and empathy. *Hormones & Behavior*, **49**(**3**), 282–292.
Wicker, B., Keysers, C. *et al.* (2003). Both of us disgusted in my insula: The common neural basis of seeing and feeling disgust. *Neuron*, **40**, 655–664.

第10章

知識の呪縛からの解放——言語による意図理解の発達

松井智子

▶ はじめに——ヒトはコミュニケーションする動物

われわれが生きていく上で、正確な情報をタイムリーに得ることの重要性を疑う人はいないだろう。手に入れた情報の質と量が生存競争に深く関与することは、人類の誕生の頃から、変わらない事実であったはずだ。われわれは、あたり前のように情報を間接的に他者から受け取るが、実はそれは、コミュニケーションという人類に与えられた特権による恩恵なのである。対照的に、大多数の動物にとっては、自らの観察が唯一の情報源である。例外としてよく知られている動物のコミュニケーションは、ハチのダンスやベルベットモンキーの警戒音である。しかし、これらとヒトのコミュニケーションとは以下の2点で明らかに性質を異にする。一つめは、ヒトが知覚できる情報の豊富さにより、伝達できる情報が動物よりはるかに豊富であるということ、二つめは、その豊富な情報を伝達するために、ヒトは記号と意味の関係を柔軟に操ることができ、新たな記号の組みあわせや意味の創出によって、これまで伝達されたことのなかったまったく新たな情報を伝えることができることである。端的に言うと、ヒトのコミュニケーションの特徴は、その創造性だと言えるだろう。

ただ、インターネットや携帯電話の普及によって、膨大な数の情報が次々と発信され、さらに膨大な数の人間がそれにアクセスするのが日常になっている現代ほど、情報の取捨選択が求められる時代はなかったかもしれない。取捨選択の基準には、個人の関心や好みなども当然含まれる。一方で、おそらく万人に共通した基準もある。情報のソース、すなわち「誰が(どんな人が)流した情報なのか」によって、その情報の信頼性や重要性を判断することだ。われわれは、親や友人、師と仰ぐ人、医者や占い師など、なんらかの理由で深い信頼を寄せることになった相手の言うことは大抵信じるものだ。あるいは、その道の権威

と言われる人や、いわゆる知識人と呼ばれる人たちの言うことは、ありがたく聞いてしまう傾向がある。その傾向にはもちろん裏側があって、あの人の言うことは聞かなくていいという烙印を押されると、真実を語っていたとしても聞いてもらえない、もしくは信じてもらえないということが起こる。その背後にあるのは、情報を受け取る側に備わっている、偽情報をつかまされることは恐ろしいことだし、自分にとってはどうでもいい情報に耳を貸すことは無駄なことだという感覚だろう。重要なことは、われわれが情報を処理するとき、大抵はこのような対人判断がおそらく無意識のうちにはたらいているということだ。ただし、インターネットのように、送り手の姿が見えない情報が氾濫していると、その感覚が麻痺してしまう可能性もあるかもしれないのだが。

　情報が受け手に信用され、記憶にとどめられれば、それはその人の知識の一部となる。われわれは、自己の知識を増やしたり改善したりするために情報を入手するともいえる。実は、乳児が言葉を覚えることも含めて、広く学習というものは、受け手が情報を信頼することによって成立するコミュニケーションの一例なのである。逆に、自分が知識としてすでにもっていることを相手は知らないと思えばこそ、情報を与えようとする。これは、教育というコミュニケーションの大前提だ。より一般的に、情報をうまく伝えようとすれば、受け手の知識の把握が必要不可欠である。受け取る側も、情報を信じるか否かを決めるのに、情報発信者の知識の信頼性を見きわめなければならない。このように考えると、他者知識の把握が、重要な社会的能力の一つであることは明らかであろう。本章では、このような能力がどのように発達するのかを、最近の心理学の知見に触れながら考えていくことにする。

1　知識の呪縛とはなにか

▶ 自己・他者の知識はいつ頃把握できるのか

　発達心理学の分野では、幼児の他者知識の把握に関する研究が自己知識の把握に関する研究よりも多くなされてきているようだ。代表的な研究方法として大きく二つの流れがある。一つは実際のコミュニケーション場面において、幼児がどのように相手の知識を把握しているかを見ようとするものである。ま

ず、1980年代から90年代にかけて、2–3歳の幼児が、相手にとってなにが新情報でなにが既知情報かを把握できることが明らかになった(Akhtar *et al.*, 1996; Anselmi *et al.*, 1986)。さらにより最近の研究では、1歳児でも相手にとっての新情報と既知情報を理解することがわかりつつある (Moll *et al.*, 2007; Tomasello & Haberl, 2003)。典型的な実験のシナリオには以下のようなものが含まれる。1歳児と2人の実験者が一緒に遊んでいる間に、まず三つあるおもちゃのうちの二つを使い、三つめを使うときに実験者の1人が席を立つ。しばらくしてその実験者が戻ってくると、三つのおもちゃすべてに目をやりながら、興奮した声で「ねえねえ、私にちょうだいよ!」と1歳児に頼む。実験者の目線や言葉からは、どのおもちゃを欲しがっているのかはわからない。ここで1歳児が、三つめのおもちゃを実験者に渡すことができれば、実験者にとっての新情報の価値を理解して選んだと解釈される。このような理解は、生後14ヶ月頃には二者間の直接的なやりとりの中でのみ可能であるが、18ヶ月頃には第三者として観察するのみの状況でも可能になる(なお、新生児や生後間もない乳児の他者理解に関しては、'like me' 仮説(topic 15)を参照)。

'like me' 仮説　　　　　　　　　　　　　　　　　topic 15

'like me' 仮説('like me' hypothesis/framework)は、自己/他者を理解するための枠組みとして、心理学者メルツォフらによって提唱された仮説である(Meltzoff & Gopnick, 1993; Meltzoff, 2005, 2007)。古典的な見解では、乳幼児は自分の行為と他者の行為の同等のものとして理解できない、独在論的(solipsistic)な存在だとみなされてきた(Piaget, 1945)。メルツォフは、このような見解を覆す実証データを蓄積することにより、他者理解の新しい理論を構築しようとしている。'like me' 仮説のポイントは、「自己」を他者理解に用いる、すなわち「私のよう」な感覚(like-me-ness)を他者の行為に適用し、他者の内的状態の解釈に役立てるという主張にある。'like me' 仮説には、三つの構成要素が含まれる。

第一の構成要素は超感覚的な行為の表象(action representation)である。ヒトは生後すぐに他者の単純な表情や行為を模倣できる(新生児模倣: Meltzoff & Moore, 1977)。自分の顔の部位と他者の顔のどの部位がマッチングできるのか、どのように表情を動かせば他者と同じ表情になるのか、といった経験がほぼゼロに近い新生児の段階で他者の表情を見ただけで模倣を成功させるためには、自分と他者の行為を同等のものとして理解するだけでなく、感覚様式を超えた情報変換、すなわち他者行為の視覚的な情報を自分の行為の遂行にかかわる運動情報に変換させることが必要となる。ヒトは超感覚的な行為の表象によって、感覚様式によらず行為の知覚と遂行を密接に結びつけられる。

第二の構成要素は、一人称的経験（first person experience）であり、発達的変化の原動力となる。乳幼児は日常生活の中で自分の身体の状態とそれに伴う感情などの心的状態を対応づける経験していく。たとえば自分の欲求が満たされなかった時の内的状態はそれに伴う表情などの身体状態と密接な結びつきをもつようになる。このような一人称的経験を通じて、特定の身体状態や行為に付随されやすい心的状態を学んでいく。

第三の構成要素は、他者の心の状態の帰属的理解（understanding other minds）である。乳幼児は他者を見るとき、自分が過去に経験したことのある内的状態と身体状態や行為との結びつきに基づいて他者の内的状態を帰属的に理解する。もし、乳幼児が自分と他者の行為を同等のものとして理解していなかったら、帰属的理解は困難である。また、自分の内的状態とそれに付随しやすい身体状態や行為を結びつけていない場合も同様である。

'like me' 仮説は、メルツォフ自身も指摘しているように、他者の欲求・見ているもの・感情・単純な意図など、内的状態と付随しやすい身体状態や行為がある程度はっきりしている現象に関しては、比較的うまく他者理解を説明できそうである。しかし、内的状態とそれに付随する身体状態がはっきりしない現象、たとえば他者の信念などについてはうまく説明できない。他者理解のはじまりの時期に限定された足がかりとしての仮説と言えるだろう。［宮﨑美智子］

もう一つの流れは、幼児が知識の状態を知覚と結びつけてとらえることができるかどうかを調査するというものである。中でも、これまで幼児の他者知識の理解に関する研究は、「見ることは知る（信じる）こと」を理解できるかどうかという問いを中心に進められてきた。初期の典型的な実験では、「箱の中になにが入ってるの」という問いに答えるのに、箱の中身を見た人と、箱を触ったけれども中を見なかった人の、どちらの言ったことを参考にすべきかを3–4歳児が正しく理解できるかどうか調査された。結果として、4歳児に比べ、3歳児の理解には制約があることが示唆された（Pillow, 1989; Pratt & Bryant, 1990）。その後、実は2歳児でも自然なコミュニケーションの状況では「見ることは知ること」を理解できることを示した実験結果が出されるようになった。2歳児が欲しいおもちゃを母親にとってもらうという状況を設定し、おもちゃを隠すところを見ていて隠し場所を知っている母親に頼む場合と、見ておらず知らない母親に頼む場合では、子どもの頼み方に違いが出てくることが報告されている（O'Neill, 1996）。隠し場所を知らない母親に頼む場合は、知っている母親に頼む場合と比較して、指差しで隠し場所を教える頻度が増すのである。

より最近では、言語的なコミュニケーションに特化した他者の知識の信頼性判断に関する研究が増えてきている。聞き手の立場において、話し手が言うこ

とを信じるべきか否かを判断する際、「見ることは知ること」以外の知識を子どもが正しく使えるかどうかを見るものである。たとえば、新しい単語「トマ」を学習する際に、1人の大人が「あまりよく知らないけど、これが多分トマじゃないかな」といいながら物体Aを指し、もう1人の大人が「よく知ってるよ、これは絶対トマだよ」といいながら物体Bを指し示すという状況で、子どもはどちらの大人から学習するか、を見ることによって、言語で表現された話し手の知識や確信度を子どもが理解できるかどうかを調べることができる。これまでに、3歳児にも語彙やイントネーションで表された話し手の知識や確信度を理解することができることがわかっているが (Matsui *et al.*, 2004; Sabbagh & Baldwin, 2001)、言語表現によっては4歳以上でなければ理解できないものも多くある (Matsui *et al.*, 2006; Moore *et al.*, 1990)。また、新しい語彙を学習する際に、すでに知っている語彙を間違って覚えている大人からは学習しないことも報告され、話している内容から知識がない、もしくは不正確だと判断された他者を信頼しないということもわかりつつある (Koenig *et al.*, 2004; Koenig & Harris, 2005)。

一方で、数は少ないが、「見ることは知る(信じる)こと」の理解は、自己知識の認識の発達段階を測る有効なものさしとしても使われている。自分があることを知っている、または知らないということに、子どもはいつ頃気づくのだろうか。初期の調査で使われた方法は、情報源モニタリング (source monitoring) である。モノの色を知るには視覚、音を知るには聴覚、触感を知るには触覚から情報を得るが、子どもにもこのような情報源の区別ができるかどうかを調べるものである (O'Neill & Gopnik, 1991)。たとえば子どもが箱の中にあるモノの色を目で見て知った場合に、「どうしてわかったの」「見てわかったの、それとも触ってわかったの」と聞き、正しく答えられるかどうかで、情報源を正しくモニターできているかが判断された。4歳以上でないと正しく答えられないことから、長い間、自己知識の把握は4歳以降にスタートすると考えられてきた。しかし、最近になって、3歳児でも自分の信念や知識の確かさを把握し始めていることがわかってきている。ロビンソンらの研究の一つを少し詳しく紹介しよう (Robinson & Whitcombe, 2003; Whitcombe & Robinson, 2000)。3歳児と実験者は、順番に1枚の絵を見せられる。2人のうち、必ず1人は絵の全体を見る

ことができ(情報を十分もっている)、もう1人は絵の一部分しか見られない(情報が不十分である)。それぞれが、その絵がなんの絵かを答えなければならないが、実験者は、必ず3歳児と異なる答えをすることになっていて、それが3歳児自身の答えにどう影響するかがポイントとなる。3歳児自身が絵の全体を見ることができた場合は、部分しか見ていない実験者の意見に影響されるべきではないが、逆に3歳児は部分しか見ておらず実験者が全体を見た場合には、より確実な情報をもっている実験者の言うことを信じることが期待される。半数以上の3歳児が、自分が絵を部分的にしか見ておらず、実験者が全体を見ていた場合に、実験者の言ったことに合わせて答えを変えることができた。つまり、自分の情報が不完全であることと、それと比較して他人の情報のほうが確かであることを、3歳児でも把握することができることが強く示唆されたのである。ただし、この実験で同時に聞かれた情報源モニタリングの問い(「どうしてわかったの？ 自分で見たから、それとも私(実験者)から聞いたから？」)に対する3歳児の正答率はやはり低かった。このことから言えるのは、3歳児でも「言語化されていない」、「無意識的」な自己知識の把握はできるが、「言語化された」「意識的な」把握は4歳以降まで困難であるということだ。

▶ 誤信念理解と現実バイアス

　われわれの思考には、実は気づかぬうちに様々なバイアスがかかる。知識の有無を判断する際に登場するバイアスの一つとして、社会心理学で研究されている「後知恵バイアス」(hindsight bias) が比較的よく知られている (Harley *et al.*, 2004; Leary, 1981)。これは、ある新しい知識を得た時に、その知識をずっと前からもっていたように錯覚してしまったり、実際はそのことを知るはずのない他人も知っていると錯覚してしまうことである。アメリカの大統領選の民主党候補者はオバマ氏になりそうだということは、候補者選の結果を見れば明らかだったが、そんなことは1年前からみんなわかっていたという人が少なくないことなどがその例だ。言い換えると、われわれは、ある現実を目のあたりにすると、それを前から知っていたかのように錯覚し、当然他人も知っているものだと、つい思い込んでしまう傾向をもっている。必要以上に現実にとらわれてしまう傾向でもあることから、「現実バイアス」(realist bias) と呼ばれることも

多い(Mitchell et al., 1996)。また、これらを総じて「知識の呪縛」(curse of knowledge)と呼ぶこともある(Birch & Bloom, 2003)。

　このようなバイアスは、もともと成人を対象にして調査されてきたが、幼児の「心の理論」(theory of mind)発達研究においても、就学前児童が強い「現実バイアス」に陥ることが、1980年代から明らかになってきていた。そもそも「心の理論」研究の目的は、ヒトや進化的にヒトに最も近い類人猿が、自己および他者の信念、知識、欲求などといった、心的状況(mental states)をいつ頃どのように把握するようになるのかを明らかにすることであった。信じていることが現実と合致していることはわれわれの願うところだが、実際はうっかり誤解をしていることもあれば、勝手な思い込みをしていることも少なくはない。実は、子どもが目に見えない「信念」といったものを理解できるかどうかを検証するのには、誤解や思い込みをしている人をわざと登場させ、現実とは異なった思い込みというものを理解できるかを調査するのである。「心の理論」研究では、そのような思い込みを「誤信念」(false belief)と呼んでいる。過去20年の間に、2種類の誤信念課題が広く用いられるようになったが、その一つの「期待はずれの中身」課題をここでは紹介する(Perner et al., 1987；もう1種類の「モノの予期せぬ移動」課題については後述)。

　この課題で、子どもはよく知っているお菓子の箱を見せられ、中身はなんだと思うかたずねられる。ポッキーの箱を見せられれば、当然中にはポッキーが入っていると答える。しかし、その後で実験者が箱を開けると、中には消しゴムが入っている。実験者が、子どもに「箱を開ける前は、なにが入ってると思ってたんだっけ」と聞くと、4歳半以上の子どもは大抵「ポッキー」と正答するが、それより年少の子どもは「消しゴム」と誤答してしまう。さらに、実験者が「まだ箱の中身を見ていないお友達が来たら、中に何が入ってるって言うかな」と聞くと、やはり4歳半以上の子どもは「ポッキー」と正答できるのに対して、年少の子どもは「消しゴム」と答えてしまう。このように、現実には消しゴムが入っているのに、それを知らずにポッキーが入っていると思い込んでいた過去の自分の誤信念と、まだそれを知らずにおそらくポッキーが入っていると思い込んでいる友達の誤信念を正しく理解できるのは、4歳半頃からだ。

それより年少の子ども、たとえば3歳児が誤信念課題の質問に間違った答えをしてしまう理由の一つが、現実バイアスだと考えられている。箱の中身はポッキーではなく消しゴムであるという現実を知ってしまうと、その影響で、それを知らなかったときの過去の自分もそのことをすでに知っていたと思ってしまったり、まだ知るはずのない他人も知っているとつい思ってしまったりする。3歳児には、信念といった目に見えない概念よりも、目に見える現実のほうが格段にとらえやすいようだ。現実を知ると、そこから注意をそらすことが困難だと説明することもできる。このことについて、以下でもう少し詳しく考えてみよう。

▶ 表象能力の問題か抑制機能の問題か

　われわれがものを考えたり、他の誰かがなにを考えているのかを思い浮かべたりすることができるのは、頭の中に言語のような構造をもっているからだと考えられている。もちろん、ここで「言語」というのはメタファーで、なんらかの意味をつかさどる概念と、それらの概念構造を自在に組み合わせるルール（文法と考えてもよい）が思考を構成しているという考え方である。哲学的な用語になるが、言語や思考のように、概念・文法構造を構成しているものを、総じて「表象」（representation）と呼ぶことも多い。

　3歳児が過去の自分や他人の誤信念を理解することができないのは、まさにこの「表象」に問題があるという考え方が広く受け入れられている（Gopnik, 1993; Perner, 1991; Wellman, 1990）。代表的な提唱者の1人はパーナーである。彼によれば、思考をつかさどる表象能力が機能し始めるのは4歳から5歳の間であり、それ以前には子どもは心的概念を理解することはできないとされる。自分や他人が、現実と合致しない思い込みをしてしまうことがあるということを理解するには、思考の表象性の理解が不可欠だという考え方である。

　一方、表象能力の問題とは別に、3歳児が誤信念を理解できないのにはさらなる理由があると考えられている。多くの研究者が別の理由として挙げているのが、実行機能、特に抑制制御能力である（Carlson & Moses, 2001; Hughes & Russell, 1993; Russell et al., 1991）。先に紹介した「期待はずれの中身」課題で、3歳児は、一旦中身が消しゴムだとわかると、以前ポッキーだと思っていたこと

に思い及ばなくなることに触れたが、これは、中身が消しゴムであるという事実に注意が行くと、そこからその注意をそらすことができないために起こる現象である、と説明することが可能だ。現在ある対象に向けられている注意を一時抑えて、自由自在に自分の注意の矛先を操ることに、抑制制御能力はかかわっている。これまでに、就学前児童は、抑制制御能力が未発達であることや、誤信念課題と抑制制御能力テストの結果が相関することがわかりつつあり、抑制制御能力が誤信念の理解に関与していることはほぼ確実だと思われる。ただ、この二つの因果関係については、まだわからないことも多くある。

抑制制御能力がうまく機能しないことが、先に触れた「現実バイアス」の要因にもなっていると考える研究者は少なくない (Birch & Bloom, 2003; Roth & Leslie, 1998) が、それに対する反論もある (Bernstein et al., 2007)。成人の場合は別として、少なくとも3歳児の場合には、目に見える現実に比較して誤信念はとらえにくい代物であり、その顕在性 (つかみやすさ) のギャップが大きいため、抑制制御能力が機能しなければバイアスが当然起こると考えられるだろう。だとすれば、標準的に使われている課題ほど抑制制御能力を要しない課題であれば、3歳児でも「現実バイアス」からより自由になる可能性があるかもしれない。筆者らは、その可能性を確かめるために、以下の二つの実験を行った。

2　言語を媒介とした他者理解

▶ 言語コミュニケーションの初期発達

子どもは2歳の誕生日前後に週平均10–20語というスピードで語彙数を増やし、2歳半から3歳になる頃には大人との会話に積極的に参加できるようになる。子どもの言語発達が心の理論発達の基盤になると考える研究者は少なくない。中でも母親との会話を中心とした早期の言語コミュニケーションの体験は、子どもが他者の心の理解を深めていく上で重要な役割を果たすと考えられている (Dunn et al., 1991; Harris, 1999; Lohman & Tomasello, 2003; Ruffman et al., 2002)。兄弟を含め、毎日接触する家族の人数が多いほうが、コミュニケーションの機会は増え、それが心の理論の発達をうながすことも知られている (Jenkins & Astington, 1996; Perner, Ruffman, & Leekham, 1994)。逆に、なんらかの理由で早

期言語コミュニケーションの機会が十分に与えられないと、社会的能力の発達に支障が出るということも報告されている (Peterson & Siegal, 2000)。

　言語コミュニケーションには、語彙の選択や話題の選択など、様々な側面がある。そのうちのどの側面が、他者の心の理解を育むのに最も貢献しているかに関して、いくつかの候補が出されている。母親が「思う」「知っている」などの心的状態を表す表現を頻繁に使えば使うほど、他者理解が促進されるという報告がこれまでに多くなされてきた (Dunn et al., 1991; Ruffman et al., 2002)。より最近わかってきたことは、母親が会話の中で複数の別の視点を紹介することが、子どもの誤信念理解能力の発達を助けるようだということである (Lohman & Tomasello, 2003; Hale & Tager-Flusberg, 2003)。「これは石鹸のように見えるけれども本当はスポンジなのよ」といった、モノが見方によって2通りに見えるというような単純な会話でも効果があると言われている。さらに、複数の視点の理解という点においては、相手によって言語を使い分けなければならないバイリンガルの子どもは、優れた能力を発揮するといわれている。中国語と英語のバイリンガルの3歳児は、中国語モノリンガル、英語モノリンガルの3歳児よりも誤信念課題の正答率が高いという結果も出されている (Geotz, 2003)。

▶ 行為と発話から推測する他者の信念

　不思議なことではあるが、心の理論研究で言語の役割が本格的に取り上げられるようになったのは、比較的最近のことである。その流れを受けて2005年に出された著書 (Astington & Baird, 2005) のタイトルが、『なぜ言語は心の理論にとって重要なのか』であることに象徴されるように、社会認知発達における言語の位置づけは定まっていない。心の理論研究は、元々チンパンジーが人間の行為の背後にある欲求や信念を理解できるかという問いから始まったといういきさつがある (Premack & Woodruff, 1978)。そのことも関与しているのかもしれないが、心の理論研究において、言語とかコミュニケーションといったものは、脇役的に扱われていたようなところがある。先に紹介した言語コミュニケーションが、人間の他者理解に中心的な貢献をすることを提唱する研究者は、長いこと少数の例外だった。あくまでも、行為の背後にある行為者の欲求

や信念を理解する能力が心の理論研究の対象となってきたのである。

　一方、言語学の中には、言語コミュニケーションにおける思考の理解のメカニズムを研究対象にする「語用論」という分野がある。その研究者は心の理論研究とはまったく独立した方法で、発話の背後にある話し手の欲求や信念を聞き手がどのように理解するのかを解明しようとしてきた。1950年代頃までは、言語の意味さえわかっていればコミュニケーションは成立するという学説がまかり通っていたが、60年代には、言語の意味と話し手の意図するところは別物だという考えが確立され、そのギャップを埋める推論がわれわれの認知システム内でどのようにはたらくのかということが新たな研究対象となってきた。言語を手がかりとするか、行為を出発点とするかは異なるが、他者の信念や欲求を推論によって導き出すことがゴールという点で、語用論と心の理論研究が対象としている認知メカニズムは重なっている（Sperber & Wilson, 1986/1995, 2002）。

　自閉症は、心の理論の障害をもつことで知られているが、言語を獲得する自閉症者の場合、語用能力（すなわちコミュニケーション能力）にも同様の障害が見られる（Happé, 1993）。たとえば、代名詞など、文脈によって使い分けなければならない言葉をうまく扱えなかったり、同じ話題について会話を継続することができず、脈絡のない話を始めてしまったりすることが知られている。また、文字通りの言葉の意味は理解できても、比喩や皮肉の理解は非常に困難である（Happé, 1993）。これらの事実は、心の理論とコミュニケーション能力が本質的に同じものであることを示唆していると言えるのではないだろうか。

　ただし、ある行為をもとに行為者の信念を推測するのに比べ、発話の内容を手がかりにして話し手の信念を推測するほうが、発話の情報の密度が高い分、正確さは増すように思われる。さらに、話し手が発話によってなにかを伝達しようとしていることがわかれば、通常聞き手は情報を得ようと自然とそちらに注意を向けるため、聞き手の認知労力は発話解釈に集中して用いられる（Sperber & Wilson, 1986/1995）。このように、コミュニケーションにおいて話し手の意図や信念を理解することはおそらく比較的容易であることと、2歳頃から子どもが言語コミュニケーションに日常的に参加していることを考えあわせると、誤信念課題に正答できない子どもでも、コミュニケーションにおいて話

し手の意図や信念を理解できる子どもは多くいる可能性が見えてくる。

▶ 発話を伴った誤信念課題

　定型発達児は、3歳頃までに日常会話を楽しめるようになる。複雑な嘘やジョーク、皮肉など、凝った表現はまだわからないようだが、単純な会話であれば、話し手が言っていることは話し手が信じていることだと理解していると考えられる。つまり、言語情報を媒介にして、話し手の信念を類推することが基本的にはできるということだ。筆者らはそこに目をつけて、3歳児が発話を手がかりにして、話し手の誤信念を理解することができるかどうかを調査した（Matsui et al., in press）。

　すでに二つの誤信念課題のうち、「期待はずれの中身」課題を紹介したが、ここでもう一つの「モノの予期せぬ移動」課題を紹介しよう（Wimmer & Perner, 1983）。子どもの目の前には中身の見えない赤い箱と青い箱が用意されている。そこへ登場人物Aが現れ、赤い箱にビー玉を入れてまもなく退場する。その後、Aがいない間に登場人物Bが現れ、そのビー玉を赤い箱から青い箱に移してしまう。Bが退場してまもなく、Aがビー玉を取りに戻ってくる。そこで実験者は子どもに次の質問をする。「Aはまずどこにビー玉を取りに行くと思う？」。「期待はずれの中身」課題同様、この課題でも、質問に正しく答えられるようになるのは4歳から5歳の間であり、3歳児はほぼ例外なく現在ビー玉がある青い箱のほうに取りに行くと誤答する。3歳児は自分が現在のビー玉のありかを知っているため、Aがその知識をもっていないということが理解できず、誤答してしまうと説明できる。

　実は1980年代に、この「モノの予期せぬ移動」課題を、3歳児にもできるように改良しようとして、登場人物Aの誤信念を言葉で表現する方法がとられていた。たとえば、実験者が誤信念の質問をする際、以下のような前置きが加えられた。「Aはビー玉を取りに来たんだね。Aのビー玉は本当は青い箱の中にあるね。でもAはビー玉は赤い箱にあると思ってるよ。Aはどこにビー玉を取りに行くかな」（Wellman & Bartsch, 1988）。しかし、期待とは裏腹に、このような前置きをつけても、3歳児は相変わらず「青い箱に取りに行く」と答え、誤信念の理解は改善されなかったのである。他にもいくつか似たような実験があ

るが、それらすべてにおいて結果は同じであった。その一方、子ども自身はビー玉のありかを知らないというコントロール条件では、「Aはビー玉が赤い箱に入っていると思っている」と言われると、「Aはどこにビー玉を取りに行くかな」の質問に対して、子どもは「赤い箱に取りに行く」と答えることができた。この条件においては、現実バイアスがないため、子どもは問題なく発話内容を話し手の信念や行為と結びつけることができる。逆に、現実バイアスがあると、誤信念を発話として明示化しても、発話内容と話し手の信念を結びつけることが非常に困難であるということは、そのバイアスの強さを物語っていると言えよう。

　筆者らは、3歳児の強い現実バイアスを考慮し、それに負けないくらい顕著な形で誤信念を明示化できないだろうかと考えた。そこで目をつけたのが、3歳児が話し手の確信度を表す文末助詞の「よ」や「かな」の意味を理解することである（Matsui et al., 2006）。文末助詞の「よ」は、話し手の強い確信度を伝える機能をもち、それが聞き手の注意をより発話内容に向けさせるという効果につながると考えられている。筆者らは、誤信念発話に「よ」を加えて話し手の確信度の高さを伝達すれば、子どもがその発話内容により注意を向けることになり、誤信念を認知することが容易になるのではないかという仮説を立てた。逆に、発話に「かな」をつけると、話し手の確信度の低さが伝達されるため、誤信念を認知する必要性そのものが低くなり、子どもの現実バイアスはそのまま維持されると考えた。つまり、「よ」のついた発話の場合、話し手は発話どおりの行動を取るが（「ビー玉は赤い箱にあるよ」と言ったら赤い箱に取りに行く）、「かな」のついた発話の場合は、話し手自身が確信をもっていないことから、発話どおりの行動（「ビー玉は赤い箱にあるかな」と言ったら赤い箱に取りに行く）を取るか取らないかはわからない、と判断するのが妥当だと予測した。

　実験では誤信念を発話で明示化する条件（誤信念条件）と、子どもが現実のビー玉のありかを知らない条件（不知条件）とを行い比較した。3歳児はパスできないとわかっていたが、確認のために標準的な誤信念課題も行った（Matsui et al., in press）。その結果、「よ」のついた誤信念発話を聞いた3歳児の正答率は、チャンスレベルを超えることはなかったものの、発話のない標準的な課題と比較して有意に高かった。これは、3歳児は知識の呪縛にとらわれる強い傾向をもつ

が、発話者がより強く意図を伝えれば、それに注意を向けることができ、結果として知識へのとらわれから自由になる過程を映し出していると考えられる。より一般的には、標準的な誤信念課題にパスできない3歳児にとって、非言語的な他者の心の理解はまだ困難であるものの、すでに機能しているコミュニケーションにおける伝達意図の理解が、言葉を通じての心の理解を促進している可能性を示唆していると考えられるだろう。

「かな」のついた誤信念発話を聞いた場合の正答率は、「よ」のついた誤信念発話を聞いた場合より有意に低かったが、標準的な誤信念課題の正答率と有意な差はなかった。このことから3歳児が「よ」と「かな」の意味を理解し、強い確信度を伴って誤信念が伝達された場合にのみ、話し手の誤信念を認知することが示唆された。現実のビー玉のありかを知らない条件では、現実バイアスが生じないことから、3歳児は発話内容と話し手の信念を、「よ」「かな」の意味に対応させつつ、ほぼ問題なく結びつけることができた。さらに、「期待はずれの中身」課題を用いて同条件で実験を行ったところ、同様の結果が得られた。

▶ 異言語間の差異

先に述べたように、英語圏の3歳児は、発話つきの誤信念課題でも正答率の改善が見られなかったが、日本人の3歳児は「よ」のついた誤信念発話を聞いた場合に正答率が上がった。このことは、幼児が話し手の信念を発話から類推するにあたっては、異言語間の差が生じることを示唆している。母親が「思う」や「信じる」といった心的状態を表す語彙を頻繁に使って会話をすることが、子どもの心の理論発達に貢献するという結論は、英語圏の子どもを対象とした調査から出てきたものがほとんどであるが、子どもがこれらの心的語彙を理解できるのは4歳以降であるとされている。つまり、英語圏の3歳児には「思う」「信じる」という語彙の意味がうまく理解できないということになる。それならば、発話をつけた誤信念課題の正答率が上がらなくても不思議はないと言える。対照的に、日本人の3歳児は、「よ」「かな」の意味を区別することができ、そのことが筆者らの行った実験の正答率の上昇につながっていると言えるだろう。

筆者らは異言語間の差の有無を直接に検証するため、日本語で行った実験

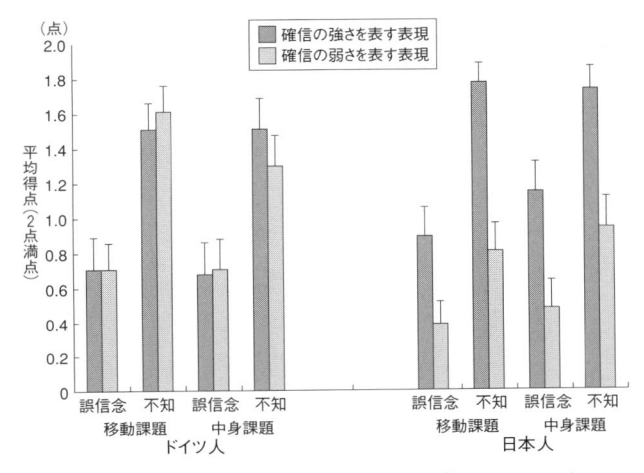

図 10–1　発話つき誤信念課題の平均得点の日独比較（Matsui *et al.*, in press）

を、そっくりそのままドイツ語で行うことにした。「よ」「かな」の代わりに、意味の似通ったドイツ語の助動詞を用いた。その結果、発話つき誤信念課題と標準誤信念課題の正答率に有意な差がないばかりか、「よ」条件に匹敵する確信度の高い条件と、「かな」条件に相当する確信度の低い条件の間にも差が出なかった（図 10–1）。このことは、ドイツの 3 歳児が、確信度の高低を表す助動詞の意味を正確に把握できなかったことを示唆していると考えられ、異言語間の差が確かにあることが確認された。おそらく、日本人 3 歳児の場合も、「ビー玉は赤い箱にあるよ」という発話ならわかるが、「ビー玉は赤い箱にあると確信している」とか「ビー玉は赤い箱にあるに違いない」という発話になると、理解が難しく、正答率も上がらないと推測できる。発話は話し手の信念を理解するために強力な手がかりになりうるが、言語表現そのものの意味がわかっていることが大前提であり、3 歳児をテストする際には言語表現の選択が重要だということになる。

3　社会的な関係性と自発的な他者理解

言語コミュニケーションが子どもの心の理論発達に重要な役割を果たしてい

ることは前に述べたが、ここでは特にコミュニケーションが提供する社会的な関係性に焦点をおいて考えてみたい。日常的なコミュニケーションの場面が、実験室で行われる誤信念課題と異なる重要な点は、そこにはおそらく自発的な他者の心の理解が起こっている可能性が高いということである (Carpendale & Lewis, 2004)。家族や兄弟、友達との会話は、子どもが直接関与する出来事がほとんどであり、たとえば会話の相手が自分に賛同しているのか、反対しているのか、怒っているのか、喜んでいるのかを知ることは、子どもが次の行動を決める重要なきっかけになっているはずだ。誤信念課題に正答できない2–3歳児でも、会話においては、自己や他者の心の状態について理解が始まっていると推測される (Dunn, 1988; Meins et al., 1998; Symons, 2004)。さらに、実際のコミュニケーションでは、相手が親なのか、年上あるいは年下の兄弟なのか、同年代の友達なのかによって、子ども自身と相手の関係性が変わってくることに敏感に対応する必要がある。4歳児は年下の子どもに対してなにか説明する時には、同年代の子どもや大人に同じ説明をする時よりも短い文を使ったり、「わかる？」とか「よく聞いて」と確認の言葉を頻繁に差し挟むことがわかっている (Shatz & Gelman, 1973)。3歳児でも、年下の兄弟に向かっては母親に対してよりも短い文を用いて話をする (Dunn & Kendrick, 1982)。一般的に、年齢の高い人ほどものごとをよく知っていることを推測し、逆に年下の乳幼児にはわからないことが多いと認識するようになるのは、4歳頃と考えられている (Taylor et al., 1991)。単純に大人は何でも知っていると考えているわけではなく、情報へのアクセスの有無を考慮して判断することができることもわかっている (Pillow & Weed, 1997)。さらに、専門家の知識というものを理解できるようになるのも、4–5歳の頃のようである (Lutz & Keil, 2002)。

　日常的なコミュニケーションにおいて、家族や友人と協力的な関係を築けることと、誤信念の理解が相関することも報告されている (Dunn et al., 1991)。2–3歳の子どもが、特に協力的な関係を積極的に作ろうとすることはよく知られており、この時期がその後の他者理解に重要な意味をもつことは想像に難くない。親との関係は親の側の働きかけで構成されることが多いのに対して、同年代の友達との関係作りは子どもの自主性に任される部分が大きいという意味で、子どもの社会的発達のより厳密な検証の場を提供すると言えるかもしれな

い。同年代間の協力的な行為は 2–3 歳の間にスタートする (Brownell *et al.*, 2006; Eckerman *et al.*, 1989)。困っている大人を自発的に助けようとする行為は 1 歳児にも見られるが、相手の意図や目的を理解して手を貸すことができるのは、2 歳以降である (Ashley & Tomasello, 1998; Smiley, 2001)。近年、トマセロらのグループによって、2 歳児が困っている大人を自主的に助けようとすることを実験によっても検証された (Liszkowski *et al.*, 2006; Warneken & Tomasello, 2006)。物理的に手を貸すことから、探しものの場所を指差しで示すことまで、状況は様々だが、いずれの場合も、2 歳児は他者の必要としていることを理解できることが示唆されている。

　2–3 歳児は実際に困っている人を見ると、手を差しのべることはわかってきたが、果たして「おそらくこれから困ってしまいそうな人」に対しても、そのことを予測して同じように手を差しのべることはできるだろうか。自分より年下の兄弟に対して、長い文では理解できないだろうから短い文で説明しようとする 4 歳児の選択には、そのような予測が含まれていると考えられる。自分がよく知っているおもちゃの操り方を、初めて使う友達に教えるという 3 歳児の教示行為にも、同じような予測が不可欠だろう (Ashley & Tomasello, 1998)。自分が知っていることを、それを知らない人に教えるには、相手の知識を推測することが必要である (Olson & Bruner, 1996; Strauss *et al.*, 2002)。教えることで、相手の知識の状態が変わるということも理解できていなければならない (Miller, 2000; Ziv & Frye, 2004)。2–3 歳児が自発的に教示行為を始めるには、相手が自分の知っていることを知らないという理解が前提となっていると考えられる。ということは、教示行為と知識の呪縛が同時に成立することはないということにならないだろうか。筆者らは、この仮説を検証するため、「相手の知らない情報を教える」というコミュニケーションにごく近い教示行為を含むように改良した誤信念課題を使って、3 歳児の理解がどのように変わるか検証することにした (Matsui *et al.*, 2007)。この年代の子どもが、自発的に他者を助けるということも考慮し、知識を与えることで人助けができるというシナリオを用いることにした。

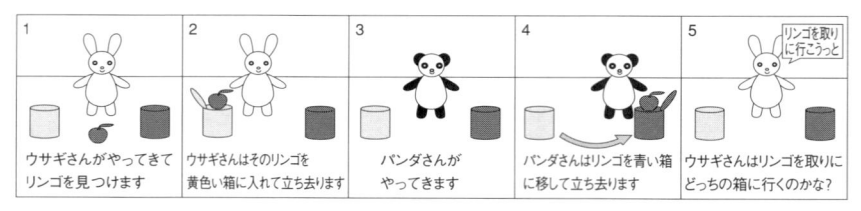

| 1 ウサギさんがやってきてリンゴを見つけます | 2 ウサギさんはそのリンゴを黄色い箱に入れて立ち去ります | 3 パンダさんがやってきます | 4 パンダさんはリンゴを青い箱に移して立ち去ります | 5 ウサギさんはリンゴを取りにどっちの箱に行くのかな？ |

図10–2 「モノの予期せぬ移動」課題のシナリオ

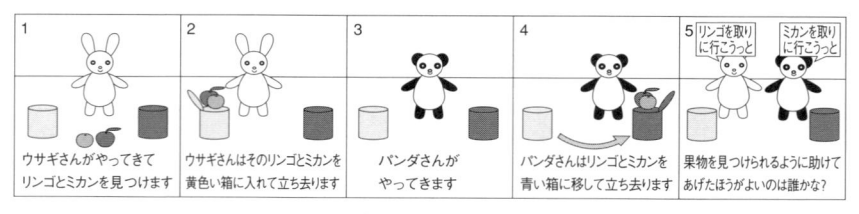

| 1 ウサギさんがやってきてリンゴとミカンを見つけます | 2 ウサギさんはそのリンゴとミカンを黄色い箱に入れて立ち去ります | 3 パンダさんがやってきます | 4 パンダさんはリンゴとミカンを青い箱に移して立ち去ります | 5 果物を見つけられるように助けてあげたほうがよいのは誰かな？ |

図10–3 「助っ人」課題のシナリオ

▶ 誤信念理解と社会的文脈

　「モノの予期せぬ移動」課題(図10–2)をモデルにして、筆者らが「助っ人」課題(図10–3)と名づけた誤信念課題は次のようなものである。登場人物Aが赤い箱にビー玉を隠して退場し、その後登場人物Bがそれを青い箱に移し退場する、というところまでは「モノの予期せぬ移動」課題と同じである。違うのは、その後AとBが別々の方向からではあるが、同時に再登場するというところからである。実験者は、その時点でビー玉が青い箱に入っていることを確認する質問を子どもにした後、次のように続ける。「戻ってきた2人はどちらの箱にビー玉を取りに行くかな？　間違ってしまいそうな人を選んで、青い箱にあるよ、って教えてあげよう」。子どもはどちらか1人にしか教えてあげることができないといわれており、ここで「間違いそうな人」、すなわち赤い箱に取りに行ってしまうであろう人を選ぶことが期待されている。登場人物Aを選んで教えてあげることができれば正解である。

　ただし、このシナリオにはいくつか注意すべき点があった。「モノの予期せぬ移動」課題では、必ず最初に登場する人物が誤信念をもつというシナリオになっている。「助っ人」課題では、2人の登場人物のうち、ビー玉を取りに行く場所を「間違いそうな人」を選ぶように子どもに仕向けるが、「間違いそうな

図 10–4 「助っ人」課題のコントロール課題のシナリオ

人」はいつも最初に登場する人物 A なので、単に「最初に登場した人」を選んだ場合も正解となってしまう。そこで、子どもの選択が登場した順番によるものではなく、A がビー玉の本当のありかを知らずに誤信念をもっていることを正しく認識した結果であることを確認する必要があった。また、子どもはビー玉を移した人物 B は悪者で、最初に登場した人物 A はかわいそうな被害者ととらえていて、同情から A にビー玉のありかを教えてあげている可能性もあった。登順する順番や同情心からではなく、A の誤信念を理解したから教えてあげたことを証明する必要があったので、以下のようなコントロール条件を用意することにした（図 10–4）。登場人物 B がビー玉を青い箱に移して退場したあと、実験者がビー玉を赤い箱に戻し、その後 A と B の両方が再登場する。この条件では、誤信念をもっているのは 2 番目に登場した B となるため、もし子どもが最初の登場人物を単に順番から、もしくは同情心から選んでいる場合は、不正解となることが予測された。逆に、コントロール条件と実験条件の正答率に差がなければ、実験条件での正答が誤信念の理解に基づいていると解釈できる。

「助っ人」課題は 3–5 歳の子どもを対象に、「モノの予期せぬ移動」課題と組みあわせて行われた。「モノの予期せぬ移動」課題では、「登場人物 A はどちらにビー玉を取りに行くかな」という質問に正しく答えられたら 1 点、「助っ人」課題では、「間違いそうな人に教えてあげよう」といわれ、正しく A に教えてあげられたら 1 点を得点することにした。それぞれの課題を 3 回実施し、各年齢グループの子ども 20 人の得点を平均した結果が図 10–5 である。どの年齢グループでも、「モノの予期せぬ移動」課題よりも、「助っ人」課題の得点が有意に高かった。また、「助っ人」課題の得点については、年齢グループ間の有意な

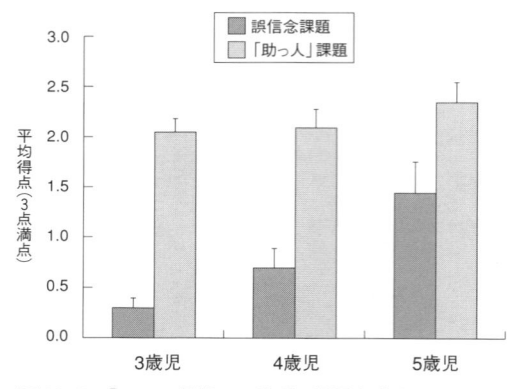

図10-5 「モノの予期せぬ移動」課題と「助っ人」課題の平均点（Matsui *et al.*, 2007）

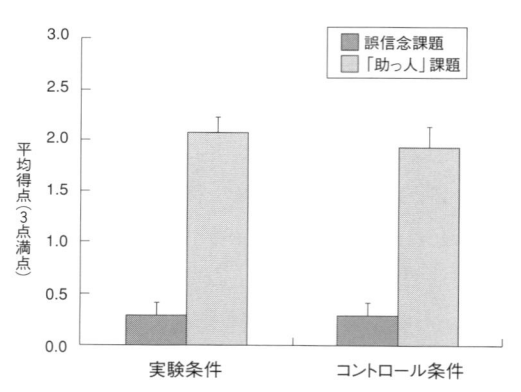

図10-6 「モノの予期せぬ移動」課題と「助っ人」課題のコントロール課題の平均点

差は出なかった。コントロール条件と実験条件の間にも有意差はなかったことから、子どもの正答は誤信念の理解に基づくものであると解釈できる（図10-6）。これらの結果から、標準的な誤信念課題に正答できない3歳児が、「助っ人」課題では5歳とほぼ変わらない理解を示したことが明らかになった。

「助っ人」課題の正答率が、「モノの予期せぬ移動」課題より有意に高かったことは、筆者らの仮説を支持するものと解釈できる。現実バイアスが強い3歳児でも、自分の知識を伝達することによって他者を助けるという状況が与えられると、その知識がなければ間違ってしまう人、つまり誤信念をもっている人を選択して助けることができることが明らかになった。3歳児でも、コミュニケーションという、より自然なコンテキストにおいては、相手の誤信念を理解し、その後の行動を予測できることが示唆された。子どもの自発的な他者理解が起こりうる環境を課題に取り込んだことで、標準的な誤信念課題では引き出すことのできない子どもの社会的能力がうまく引き出せたと考えている。これまでの研究により、1歳児、2歳児でも誤信念の理解が可能であることが示唆されていることをふまえると（Onishi & Baillargeon, 2005; Southgate *et al.*, 2007）、今後は2歳児にも対人的コミュニケーションにおいて相手の誤信念に基づいた行動

が予測できるのかどうかを検証する必要があるだろう。また、コミュニケーションには文化的影響が色濃く現れることを考えると、今回のような実験を異文化間で行い、なんらかの差異が出るのかどうかを見るのも興味深い。

標準的誤信念課題に関しては、これまでに日本人の子どもが正答する時期が他国の子どもと比較して遅いことが指摘されており、その原因の一つとして、個人の信念の理解よりも、社会的規範を理解・習得することを重要視し、それを話題として取り上げる日本独特のコミュニケーションスタイルが挙げられている (Naito & Koyama, 2006)。この考え方を採ると、日本人の3歳児が「助っ人」課題に正答できたのも、もしかすると「困った人がいたら助けるべし」という社会的規範を親が繰り返しいい聞かせたからだと説明できるのかもしれない。筆者らは、日本人3歳児の正答は、人間に普遍的な信念の理解に基づいていると考えているが、もし他国の3歳児には「助っ人」課題ができないということになれば、文化的な要因も絡んでいる可能性は高くなるだろう。

▶ 教示的コミュニケーションを介した人間関係の特殊性

動物、中でも進化上ヒトに最も近いとされる大型類人猿の社会的知性とわれわれ人間の他者の信念を推測する能力（心の理論）との進化的関係については、高い関心が寄せられてきた (Humphrey, 1976)。多くの研究者が、社会における競争がより高度な社会的知性の進化を促したと考えている (Byrne & Whiten, 1988)。その一方で、人間の社会性を特徴づける協同行為は、類人猿社会にはあまり見られない。チンパンジーの他者理解能力は、競争的状況では機能するが、協同的なやりとりにおいてはうまくはたらかないことも近年明らかになっている (Hermann & Tomasello, 2006; Hare & Tomasello, 2004)。

人間の社会性の発達を見ると、チンパンジーの他者理解とは正反対に近いことが起こっているのがわかる。遅くとも2歳までには、子どもは自発的に他者を助ける行動を起こし、コミュニケーションという共同作業に積極的に参加する。アイコンタクト、指差し、そして言語を介したコミュニケーションを通して他者の意図を理解し、その期待に応えようとして反応する。このような早期のコミュニケーションの特徴をふまえ、人間のコミュニケーションが、相手に自分がもっている知識をシェアするという協同的な目的のために進化したとい

う仮説も出されている (Tomasello *et al.*, 2005)。また、コミュニケーションを広い意味での知識の授受を目的としたものととらえると、一種の教示行為と考えることもでき、教示行為こそが人間の社会認知の基盤であるという仮説もある (Csibra & Gergely, in press)。模倣による学習はあっても、人間のような明らかな教示行為が類人猿の社会では見られないことも、人間の社会認知の特殊性を裏づけていると言えるだろう (Tomasello *et al.*, 1993)。

われわれの調査 (Matsui *et al.*, 2007) では、3歳児でも教示行為というコンテキストにおいては、他者の誤信念を正しく把握することができるということがわかった。このことは、教示的コミュニケーションの理解が3歳までにすでにできあがっており、相手が知らないことを自分は知っているという認識もこのコンテキストではすでに可能であることを示唆している。人間の社会認知の特殊性が、その協同性にあるという進化的仮説を支持する結果が出たといえるだろう。ただし、教示的コミュニケーションの理解が、進化によって生得的に備わった能力として現れたのか、それとも日々のコミュニケーションの経験を積むことによって、後天的に獲得されたのかはまだわかっていない。この点についても、より年少の子どもを対象にした実験を行うことと、異文化間の比較的調査を行うことによって、手がかりを得ることが可能であろう。

引用文献

Akhtar, N., Carpenter, M., & Tomasello, M. (1996). The role of discourse novelty in early word learning. *Child Development*, **67**, 635–645.

Anselmi, D., Tomasello, M., & Acunzo, M. (1986). Young children's responses to neutral and specific contingent queries. *Journal of Child Language*, **13**, 135–144.

Ashley, J., & Tomasello, M. (1998). Cooperative problem solving and teaching in preschoolers. *Social Development*, **7**, 143–163.

Astington, J. W. & Baird, J. A. (Eds.) (2005). *Why Language Matters for Theory of Mind*. Oxford University Press.

Bernstein, C. M., Atance, C., Meltzoff, A. N., & Loftus, G. R. (2007). Hindsight bias and developing theories of mind. *Child Development*, **78**, 1374–1394.

Birch, S. A. J., & Bloom, P. (2003). Children are cursed: An asymmetric bias in mental-state attribution. *Psychological Science*, **14**, 283–286.

Brownell, C. A., Ramani, G. B., & Zerwas, S. (2006). Becoming a social partner with peers: Cooperation and social understanding in one and two year-olds. *Child Development*, **77**, 803–821.

Byrne, R. W., & Whiten, A. (Eds.) (1988). *Machiavellian Intelligence: Social Expertise and the Evolution of Intellect in Monkeys, Apes and Humans*. Clarendon Press.

Carlson, S. M., & Moses, L. J. (2001). Individual differences in inhibitory control and children's theory of mind. *Child Development*, **72**, 1032–1053.

Carpendale, J. I. M., & Lewis, C. (2004). Constructing and understanding of mind: The development of children's understanding of mind within social interaction. *Behavioral & Brain Sciences*, **27**, 79–151.

Csibra, G., & Gergely, G. (in press). Social learning and social cognition: The case of pedagogy. In M. H. Johnson, & Y. Munakata (Eds.), *Attention and Performance XXI: Processes of Change in Brain and Cognitive Development*. Oxford University Press.

Dunn, J. (1988). *The Beginnings of Social Understanding*. Harvard University Press.

Dunn, J., Brown, J., Slomkowski, C., Tesla, C., & Youngblade, L. (1991). Young children's understanding of other people's feelings and beliefs: Individual differences and their antecedents. *Child Development*, **62**, 1352–1366.

Dunn, J., & Kendrick, C. (1982). The speech of two- and three-year-olds to infant siblings: "Baby talk" and the context of communication. *Journal of Child Language*, **9**, 579–595.

Eckerman, C. O., Davis, C. C., & Didow, S. M. (1989). Toddler's emerging ways of achieving social coordinations with a peer. *Child Development*, **60**, 440–453.

Geotz, P. J. (2003). The effects of bilingualism on theory of mind development. *Bilingualism: Language & Cognition*, **6**, 1–15.

Gopnik, A. (1993). How we know our minds: The illusions of firs person knowledge of intentionality. *Behavioral & Brain Sciences*, **16**, 1–14.

Gopnik, A., & Graf, P. (1988). Knowing how you know: Young children's ability to identify and remember the sources of their beliefs. *Child Development*, **59**, 1366–1371.

Hale, C. M., & Tager-Flusberg, H. (2003). The influence of language on theory of mind: A training study. *Developmental Science*, **6**, 346–359.

Happé, F. (1993). Communicative competence and theory of mind in autism: A test of relevance theory. *Cognition*, **48**, 101–119.

Hare, B., & Tomasello, M. (2004). Chimpanzees are more skilful at competitive than cooperative cognitive tasks. *Animal Behavior*, **68**, 571–581.

Harley, E. M., Carlsen, K., & Loftus, G. R. (2004). The "saw it all along effect": Demonstrations of visual hindsight bias. *Journal of Experimental Psychology: Learning, Memory, & Cognition*, **30**, 960–968.

Harris, P. L. (1999). Acquiring the art of conversation: Children's developing conception of their conversation partner. In M. Bennet (Ed.), *Developmental Psychology: Achievements and Prospects*. Psychology Press. pp. 89–105.

Hermann, E., & Tomasello, M. (2006). Apes' and children's understanding of cooperative and competitive motives in a communicative situation. *Developmental Science*, **9**, 518–529.

Hughes, C., & Russell, J. (1993). Autistic children's difficulty with mental disengagement from an object: Its implications for theories of autism. *Developmental Psychology*, **29**, 498–510.

Humphrey, N. (1976). The social function of intellect. In P. P. G. Bateson, & R. A. Hinde (Eds.), *Growing Points in Ethology*. Cambridge University Press. pp. 303–317.

Jenkins, J. M., & Astington, J. W. (1996). Cognitive factors and family structure associated with theory of mind development in young children. *Developmental Psychology*, **32**, 70–78.

Koenig, M. A., Clements, F., & Harris, P. L. (2004). Trust in testimony: Children's use of true and false statements. *Psychological Science*, **10**, 694–698.

Koenig, M. A., & Harris, P. L. (2005). Preschoolers mistrust ignorant and inaccurate speakers. *Child Development*, **76**, 1261–1277.

Leary, M. R. (1981). The distorted nature of hindsight. *Journal of Social Psychology*, **115**, 25–29.

Liszkowski, U., Carptenter, M., Striano, T., & Tomasello, M. (2006). 12- and 18-month-olds point to provide information for others. *Journal of Cognition & Development*, **7**, 173–187.

Lohman, H., & Tomasello, M. (2003). The role of language in the development of false belief understanding: A training study. *Child Development*, **74**, 1130–1144.

Lutz, D. J., & Keil, F. C. (2002). Early understanding of division of cognitive labor. *Child Development*, **73**, 1073–1084.

Matsui, T., McCagg, P., Yamamoto, T., & Murakami, Y. (2004). Japanese preschoolers' early understanding of (un)certainty: A cultural perspective on the role of language in development of theory of mind. *Proceedings of the 28th Annual Boston University Conference on Language Development.* pp. 350–362.

Matsui, T., Yamamoto, T., & McCagg, P. (2006). On the role of language in children's early understanding of others as epistemic beings. *Cognitive Development*, **21**, 158–173.

Matsui, T., Rakoczy, H., Miura, Y., & Tomasello, M. (in press). Understanding of speaker certainty and false-belief reasoning: A comparison of Japanese and German preschoolers. *Developmental Science.*

Matsui, T., Miura, Y., & Suenaga, F. (2007). A new "helping" task demonstrates children's implicit understanding of false belief. Poster presented at the SRCD Biennial Meeting.

Meins, E., Fernyhough, C., Russell, J., & Clark-Carter, D. (1998). Security of attachment as a predictor of symbolic and mentalising abilities: A longitudinal study. *Social Development*, **7**, 1–24.

Meltzoff, A. N. (2005). Imitation and other minds: The "Like Me" hypothesis. In S. Hurley, & N. Chater (Eds.), *Perspectives on Imitation: From Cognitive Neuroscience to Social Science.* MIT Press. pp. 55–77.

Meltzoff, A. N. (2007). The 'like me' framework for recognizing and becoming an intentional agent. *Acta Psychologica*, **124**, 26–43.

Meltzoff, A. N., & Gopnik, A. (1993). The role of imitation in understanding persons and developing a theory of mind. In S. Baron-Cohen, H. Tager-Flusberg, & D. J. Cohen (Eds.), *Understanding Other Minds: Perspectives from Autism.* Oxford University Press. pp. 335–366.

Meltzoff, A. N., & Moore, M. K. (1977). Imitation of facial and manual gestures by human neonates. *Science*, **198**, 75–78.

Miller, S. A. (2000). Children's understanding of preexisting differences in knowledge and belief. *Developmental Review*, **20**, 227–282.

Mitchell, P., Robinson, E. J., Isaacs, J. E., & Nye, R. M. (1996). Contamination in reasoning about false belief: An instance of realist bias in adults but not children. *Cognition*, **59**, 1–21.

Moll, H., Carpenter, M., & Tomasello, M. (2007). Fourteen-month-olds know what others experience only in joint engagement. *Developmental Science*, **10**, 826–835.

Moore, C., Pure, K., & Furrow, D. (1990). Children's understanding of the modal expression of speaker certainty and uncertainty and its relation to the development of a representational theory of mind. *Child Development*, **61**, 722–730.

Naito, M., & Koyama, K. (2006). The development of false-belief understanding in Japanese children: Delay and difference? *International Journal of Behavioral Development*, **30**, 290–304.

Olson, D. R., & Bruner, J. S. (1996). Folk psychology and folk pedagogy. In D. R. Olson, & N. Torrance (Eds.), *The Handbook of Education and Human Development*. Blackwell. pp. 9–27.

O'Neill, D. K. (1996). Two-year-old children's sensitivity to parents' knowledge state when making requests. *Child Development*, **67**, 659–677.

O'Neill, D. K., & Gopnik, A. (1991). Young children's understanding of the sources of their beliefs. *Developmental Psychology*, **27**, 390–397.

Onishi, K. H., & Baillargeon, R. (2005). Do 15-month-old infants understand false beliefs? *Science*, **308**, 255–258.

Perner, J. (1991). *Understanding the Representational Mind*. MIT Press.

Perner, J., Leekam, S. R., & Wimmer, H. (1987). Three-year-olds difficulty with false belief: the case for a conceptual deficit. *British Journal of Developmental Psychology*, **5**, 125–137.

Perner, J., Ruffman, T., & Leekham, S. R. (1994). Theory of mind is contagious: You catch it from your sibs. *Child Development*, **65**, 1228–1238.

Peterson, C., & Siegal, M. (2000). Insights into a theory of mind from deafness and autism. *Mind & Language*, **15**, 123–145.

Piaget J. (1945). *La Formation du Symbole Chez L'enfant: Imitation, Jeu et Rive, Image et Representation*. Delachaux et Niestlé.（大伴茂（訳）(1988). 幼児心理学（新装版） 黎明書房．）

Pillow, B. H. (1989). Early understanding of perception as a source of knowledge. *Journal of Experimental Child Psychology*, **47**, 116–129.

Pillow, B. H., & Weed, S. T. (1997). Preschool children's use of information about age and perceptual access to infer another person's knowledge. *Journal of Genetic Psychology*, **158**, 365–376.

Pratt, C., & Bryant, P. (1990). Young children understand that looking leads to knowing (so long as they are looking into a single barrel). *Child Development*, **61**, 973–982.

Premack, D., & Woodruff, D. (1978). Does the chimpanzee have a theory of mind? *Behavioral & Brain Sciences*, **1**, 515–526.

Robinson, E. J., & Whitcombe, E. L. (2003). Children's suggestibility in relation to their understanding of sources of knowledge. *Child Development*, **74**, 48–62.

Roth, D., & Leslie, A. M. (1998). Solving belief problems: Toward a task analysis. *Cognition*, **66**, 1–31.

Ruffman, T., Slade, L., & Crowe, E. (2002). The relation between children's and mother's mental state language and theory-of-mind understanding. *Child Development*, **73**(3), 734–751.

Russell, J., Mauthner, N., Sharpe, S., & Tidswell, T. (1991). The 'windows task' as a measure of strategic deception in preschoolers and autistic subjects. *British Journal of Developmental Psychology*, **9**, 331–349.

Sabbagh, M. A., & Baldwin, D. A. (2001). Learning words from knowledgeable versus ignorant speakers: Links between preschoolers' theory of mind and semantic development. *Child Development*, **72**, 1054–1070.

Shatz, M., & Gelman, R. (1973). The development of communication skills: Modifications in the speech of young children as a function of listener. *Monographs of the Society for Research in Child Development*, **38**, 5.

Smiley, P. (2001). Intention understanding and partner sensitive behaviors in young children's peer interactions. *Social Development*, **10**, 330–354.

Southgate, V., Senju, A., & Csibra, G. (2007). Action anticipation through attribution of false belief by 2-year-olds. *Psychological Science*, **18**, 587–592.

Sperber, D., & Wilson, D. (1986/1995). *Relevance: Communication and Cognition*. Blackwell.

Sperber, D., & Wilson, D. (2002). Pragmatics, modularity and mind-reading. *Mind & Language*, **17**, 3–23.

Strauss, S., Ziv, M., & Stein, A. (2002). Teaching as a natural cognition and its relations to preschoolers' developing theory of mind. *Cognitive Development*, **17**, 1473–1487.

Symons, D. K. (2004). Mental state discourse, theory of mind, and the internalization of self-other understanding. *Psychological Review*, **24**, 159–188.

Taylor, M., Cartwright, B. S., & Bowden, T. (1991). Perspective taking and theory of mind: Do children predict interpretive diversity as a function of differences in observers' knowledge? *Child Development*, **62**, 1334–1351.

Taylor, M., Esbensen, B. M., & Bennett, R. T. (1994). Children's understanding of knowledge acquisition: The tendency for children to report that they have always known what they have just learned. *Child Development*, **65**, 1581–1604.

Tomasello, M., Carpenter, M., Call, J., Behne, T., & Moll, H. (2005). Understanding and sharing intentions: The origins of cultural cognition. *Behavioral & Brain Sciences*, **28**, 675–735.

Tomasello, M., & Haberl, K. (2003). Understanding attention: 12- and 18-month-olds know what's new for other persons. *Developmental Psychology*, **39**, 906–912.

Tomasello, M., Kruger, A. C., & Ratner, H. H. (1993). Cultural learning. *Behavioral & Brain Sciences*, **16**, 495–552.

Warneken, F., & Tomasello, M. (2006). Altruistic helping in human infants and young chimpanzees. *Science*, **311**, 1301–1303.

Wellman, H. M. (1990). *The Child's Theory of Mind*. MIT Press.

Wellman, H. M., & Bartsch, K. (1988). 'Young children's reasoning about beliefs', *Cognition*, **30**, 239–277.

Wellman, H. M., Cross, D., & Watson, J. (2001). Meta-analysis of theory mind development: The truth about false-belief. *Child Development*, **72**, 655–684.

Whitcombe, E. L., & Robinson, E. J. (2000). Children's decisions about what to believe and their ability to report the source of their belief. *Cognitive Development*, **15**, 329–346.

Wimmer, H., & Perner, J. (1983). Beliefs about beliefs: Representation and constraining function of wrong beliefs in young children's understanding of deception. *Cognition*, **13**, 41–68.

Ziv, M., & Frye, D. (2004). Children's understanding of teaching: The role of knowledge and belief. *Cognitive Development*, **19**, 457–477.

心の理論 -- keyword 12

「心の理論 (theory of mind)」の研究が対象とするのは、「直接目で見ることのできない自己や他者の心的活動に関する理解」である。日常場面において、人は言葉を使わずとも、その場の雰囲気や顔の表情などを通して、他者の心の状態を推論することができる。このような理解のメカニズムがうまく機能しないと、他者とのコミュニケーションに支障をきたすばかりでなく、自分自身の行為を客観的に振り返ることにも困難が生じる。「心の理論」の能力の発達は、社会性を実現するために必要不可欠なのである。

「心の理論」という用語が初めて用いられたのは、プレマックらの 1978 年の論文である (Premack & Woodruff, 1978)。この論文には「チンパンジーは心の理論をもっているか」というタイトルがつけられており、この刊行がきっかけとなって、心の理論に関する研究が一つの分野として確立されるに至った。「心の理論」という用語は、小さい頃から子どもが「心の世界とはいかなるもので、どのように働くものなのか」ということについて仮説をもち、それを理論として検証するかのように理解を発達させるのではないか、というとらえ方をもとに用いられるようになった。現在、心の理論に関する研究は、「素朴心理学 (naive psychology)」とも呼ばれており、発達心理学を中心として、発達障害学や認知神経科学など、幅広い分野からの注目を集めている。

心の理論の理解を調べる課題は、これまでに多くのものが提案されている。ここでは、次節以降で述べる心の理論の障害についてわかりやすく理解するために、比較的広く用いられている誤信念課題について述べる。

誤信念課題とは、物語や実演を通して、登場人物の信念についての理解を調べる課題であり、「スマーティ課題」や「サリーとアンの課題」などがこれに該当する。ここでは「サリーとアンの課題」を例に挙げる。この課題では、まず次のような物語を人形を用いて伝える (Baron-Cohen *et al.*, 1985)。

「サリーはバスケットをもっていて、アンは箱をもっています。サリーはボールを自分のバスケットの中に入れました。サリーは外に散歩に出かけました。サリーがいない間に、アンはバスケットからボールを取り出し、自分の箱の中に入れました。さて、サリーが帰ってくる時間です。サリーは自分のボールで遊ぼうと思いました。サリーはボールがどこにあると思うでしょう。」

この課題では、サリーはボールが移されたという事実を知らないので、バスケットを探すというのが正答である。この課題に正答するためには、現状とは異なるサリーの信念を理解することが必要となる。そのためには、物語で述べられた事実の正確な表象、すなわち、現状 (ボールは箱の中) とは異なるサリーの頭の中の表象 (ボールは

バスケットの中）を形成することが求められる。このような表象を形成できるのは4歳以降とされており、それまではこの課題の遂行が困難であるとされる。[梅田 聡]

Baron-Cohen, S., Leslie, A. M., & Frith, U. (1985). Does the autistic child have a "theory of mind"? *Cognition*, **21**, 37–46.
Premack, D., & Woodruff, G. (1978). Does the chimpanzee have a theory of mind? *Behavioral & Brain Sciences*, **4**, 515–526.

第 **11** 章

ロボットに心は宿るか——他者に心を見出す過程

板倉昭二

　近年のロボットブームには目を見張るものがある。各地のイベント会場で催されるロボット展示会やロボットショーでは、著しく進化したロボットを見ることができる。ロボットというと、人間の代わりに製品の部品を組み立てたり、危険な場所での作業をしたりといういわゆる産業ロボットのイメージが強いかもしれないが、日本は世界一のヒト型ロボット（Humanoid Robot）大国なのである。ロボットを単に人の代わりに作業するものとして位置づけるのではなく、あくまでも人間に近いロボットを製作する。そしてその過程で、ヒトを研究するためのツール（道具）、すなわち、人間科学のツールとしても使用する。それと並行して、日常活動型ロボット構想というものもある。すなわち、ロボットは、日常的に人間の周りにいて、ある種、人の社会的なパートナーの役割を担うものだと考える。この場合、見かけは特に人に似ている必要はなく、スムースなコミュニケーションが可能な機能的形態をしていればそれでよい。こうした日常活動型ロボットは、一人ぐらしを余儀なくされている人のパートナーだとか、人づきあいは苦手だけれどロボットなら気楽でいいという人のパートナーになりうるかもしれない。長いこと車椅子を使用していた老人が、ロボットを見たとたん立ち上がって、手を差し出したという逸話も残っている。今後、ますますロボットが日常的に身近になると考えられる時代に、われわれはロボットをどのようにとらえるべきなのであろうか。
　本章では、「ロボットに心は宿るか」と題して、乳幼児がロボットをどのように認識しているかを中心に論じる。乳児はナイーブなチューリングテストの審査員になりうる。ここである意図をもって極端な記述にするが、筆者の中心命題を明示しておく。「心」が現れ出るのはわれわれがその対象に「心」を認める（感じる）時だけである。すなわち、ロボットに心が宿るのはヒトがそれに心を感じる時である。そうしたコンセプトで本章の論考を続けていくことにする。

1 メンタライジングの発達

メンタライジングとは、対象に心的状態を付与することである。以下に、メンタライジングの発達を概観する。

▶ 生後 0–3 ヶ月: 社会的知覚の萌芽

たとえ生まれたばかりの乳児でも、社会的知覚の原初的なものは十分に認められることが知られている。さらには、胎児期から社会的な知覚は成り立っている可能性が示されている。ドゥ・キャスパー (De Casper, 1900) は、妊娠期間中にお腹の胎児に向かって韻文の朗読を行い、誕生後、朗読によって聞かせた文章と新奇な文章を聞かせ、その時の新生児の反応を分析したところ、前者に対して、より大きな反応が得られたという。つまり、母親のお腹の中で聞いていた（と思われる）文章を覚えていたということになる。実際には羊水を通して聞くので、フィルターがかかったような聞こえ方をしているはずであるが、確かにお腹の中でも聞いていたのである。また、キシレフスキーら (Kisilevsky et al., 2003) は、胎児に母親と見知らぬ女性の音声を聞かせ、心拍数を測定したところ、両者の音声に対して心拍パターンが異なることを示した。胎児でも母親と未知の女性の声を弁別していることがわかったのである。

さて、胎児同様、新生児もダイナミックな音刺激に対する感受性をもっており、特にヒトの音声の方向を特定できることがわかっている。それどころか、母親の声と見知らぬ女性の声とを区別し、母親の声を聴くためにサッキング（吸啜）のパターンを変化させる。また、生後すぐに、顔のように見える刺激を、同じ要素で構成されたスクランブル刺激よりもよく追視 (gaze following) する (Johnson & Morton, 1991)。生後 4 日の新生児が見知らぬ人の顔よりも母親の顔のほうを長く見ることもわかった (Bushnell et al., 1989)。こうしたことは、新生児が、社会的な存在を区別していること、それが新生児にとって注意を払うべきものであることを示す。これらの能力は非常に有効な生き残りの手段であり、生得的とは言えないまでも生物学的な側面が強調されるべきことかもしれない。

メルツォフとムーア（Meltzoff & Moore, 1983）によって発見された新生児模倣は、大きな論争を呼んだが、多くの研究室でも追試可能なことが確認されており、確かに存在する現象である。大人が、新生児に向かって舌を出せば、それを見ている新生児も同じように舌を出す。ヒト新生児だけではなく、チンパンジーにも同様のことが報告されている（その系統発生的起源については topic 16 参照）。誕生間もない新生児が、大人の表情を模倣する。新生児模倣は、舌出し以外の様々な動作、さらに情動的な表情にまで及ぶ。ここにも、他者の心を見出すことの萌芽を見ることができそうである。

霊長類の新生児模倣 2：その系統発生的起源　　topic 16

　ヒト同様チンパンジーにおいても、生後 1 週齢に満たない時期からモデルの提示する口開けや舌出しに対して明瞭な対応する反応を示すことが明らかとなった（topic 6 参照）。さらに、この反応がヒト同様 2 ヶ月頃から消失することもわかった。また、別の研究グループも同様にチンパンジーで新生児模倣を見出していることから（Bard, 2007）、ヒト科（ヒトと大型類人猿）のレベルでは共有された能力なのだと考えられる。
　とすると、次はその系統発生的起源を明らかにする必要がある。友永らのグループは、ニホンザル乳児や、リスザル、テナガザルの新生児を対象に、新生児模倣の実験を行った（友永ら，2003）。明和（Myowa-Yamakoshi, 2006）とほぼ同じ手続きで実験を行ったが、チンパンジーとは異なり、これらの種では明瞭に新生児模倣であると断定できる反応傾向は観察されなかった。ただし興味深いことに、すべての種において、モデルが表情を提示している間に児が口を開けたり舌を出したりする（図）頻度は、モデルが手の開閉を提示した場合よりも有意に多いことがわかった。この結果は、メルツォフのいう感覚様相間の情報を能動的に統合する能力ではなく、比較的低次の反射的な共鳴動作様のメカニズムがこれらの種に備わっている可能性を示唆している。このメカニズムを基盤として新生児模倣を可能にするより能動的なメカニズムが生まれてきたのかもしれない。

ニホンザル　　アジルテナガザル　　コモンリスザル

図　霊長類各種における新生児模倣（友永ら，2003）
チンパンジーのような模倣反応は観察されなかったが、ジェスチャー提示中に口の動きが増加する傾向がすべての種で認められた．

最近、イタリアの研究グループがアカゲザルで新生児模倣が観察されたと報告した（Ferrari et al., 2006）。しかし、結果の図表やビデオクリップを見る限り、チンパンジーほどの明瞭な反応ではなく、口がもごもご動くというわれわれの研究でもよく観察されていた反応に近いように思われる。少なくとも、頑健な結論ではない。今後さらに新生児模倣の系統発生的起源を探る必要があるだろう。[**友永雅己**]

▶ 生後3–6ヶ月： 社会的随伴性への気づき

この時期の乳児は、ヒトに対する反応と、モノに対する反応が異なるようになってくる。ヒトに対しては、モノに対する場合よりも笑いかけや発声の頻度が高くなる。これを証拠として、社会的刺激に対する選好が生得的に組み込まれているのだと考える研究者もいる。顔の中の目に対する選好も、この時期に認められるようになる。それだけではなく、関節部分に光点をつけて、その光点の動きを呈示する、いわゆるバイオロジカルモーションと、ランダムに動く光点の動きを区別できるようになる。すなわち、生物的動きに対して感受性をもつようになるのである。また、自己推進的に動く物体を追視するようにもなる。視線に対しても敏感であり、自分を見ている視線と、どこか他のところを見ている視線を区別する。

社会的随伴性に対して感受性が増すのもこの時期である。社会的随伴性とは、社会的パートナーが自分の反応に時間的に近接して行う応答のことである。マーレイとトリバーセン（Murray & Trevarthen, 1985）は、ダブル・ビデオ・パラダイムにより、6–12週齢の乳児が、随伴性の欠如した母親の映像に困惑することを報告した。このパラダイムを用いたいくつかの研究により、乳児は、社会的随伴性への感受性を3ヶ月齢ですでにもっていることが示されている。

▶ 生後6–9ヶ月： 自己推進的な運動への着目

この時期になると、乳児は、物体がひとりでに動き出すと驚くが、ヒトが自発的に動き始めても驚かない。このことから、この時期の乳児は、自己推進的な運動から、行為者を区別していることがわかる。しかしながら、ここでは、自己推進的に動くものは、生物である必要はない。おもちゃの車のように、なんらかのメカニカルな仕掛けがあってもよいのである。この時期の乳児にとっ

て行為者として重要なことは、生物的な存在であるか否かというよりも、自分の意志で予測できない動きをするかもしれないということであろう。

▶ 生後 9–12 ヶ月：合理性の原則

乳児は、行為者が目標志向性をもつことを理解し、目的に近づくためのより合理的なあるいは節約的な動きを予測するようになる。いわば、「合理性の原則」とでもいうべき特徴を示すのである。すなわち、行為者のもつゴールと、それに到達するための方法を分けて表象することができるということである。こうした能力は、将来的には、他者の意図を表象する能力へと導かれると考えられている。

▶ 生後 12–18 ヶ月：相互作用の重視

たとえ見かけがヒト以外の行為者、たとえば、オランウータンの着ぐるみを身に着けた実験者であっても、他者との相互交渉を観察することで、そのものを、意図をもつ行為者としてとらえるようになる。筆者ら (Itakura *et al.*, 2008) が、ヒト型ロボットに相手を見るという行動を付加しただけで、2–3 歳児の反応が劇的に変化したこともこのことを支持する。また、他者の見ているところに自分も視線を向ける、いわゆる追視ができるようになる。さらに、他者の注意の状態に応じて、コミュニカティブな働きかけを変えることができるようになる。他者が目を閉じている場合と目を開けている場合とで視線追従の頻度を比べると、明らかに後者の状態でよりよく追従が起こる。目はやはり重要なのである。

▶ 生後 18 ヶ月–3 歳：他者理解の進展

実質的には乳児期の終わりであり、他者理解の基礎となる能力が急速に発達する時期である。話者の意図を読み取ることから語彙獲得も急速に進み、意図を読むことによる模倣もこの時期から確実に始まる。また、「ふり」も理解できるようになる。共同注意に関しては、自分の視野内にないターゲットに対しても、他者の視線を追従することができるようになる。つまり、自分が直接には見えないところにも、他者が視線を向けた場合には、そこにあるものを表象で

きるようになる。これは、バターワースら (Butterworth & Jarrett, 1991) が共同注意の発達段階における表象的メカニズムとして示したことであり、真の共同注意ができるようになるということである。

▶ 3–5 歳:「見る—知る」の関係への気づき

日常的な観察によると、3 歳以前から、幼児は、心的状態を表すことばを使用するようになるという。3 歳は、知る、考える、推測するということの違いを理解し始める原初的な時期である。写真が両側に印刷されている場合は、相手が見えているものと、自分の見えているものが違っていることを指摘できる。すなわち、「見る—知る (seeing-knowing)」の関係に気づき始める。この時期は、当然ながら誤信念課題の成功へと近づく段階である。誤信念課題の場所課題 (location task) で、指さしでは間違った解答をするにもかかわらず、視線を指標とすると正しく答えられる子どもがいることも報告されている。

▶ 5 歳以降:「心の理論」の成立

90% 近くの子どもたちが、誤信念課題を通過できるようになる。これで、一応「心の理論」の成立へ到達したわけであるが、他者の心の理解は、これで終わるわけではない。心の理論研究の隆盛により、社会的認知の発達では、なんとなく誤信念課題にパスすることがゴールであるような観があるが、われわれの社会的な発達はさらに続く。たとえば、二次的な心の理論ということも言われているし、さらにより複雑で高次な嘘の理解（他者のためにつく嘘など）、比喩の理解、皮肉の理解などは、心の理論の成立後にみられることである。

以上、誕生直後に始まる社会的認知から 5 歳以降に成立する心の理論へのプロセスを大まかに記述してきた。しかし、これらはすべて横断的なデータからの推測であり、確かな発達の経路を記述するには、非常な困難を伴う。ここで羅列的に挙げられた項目の発達経路を、縦断的な研究を行うことにより、正確に把握する必要がある。

2 子どもはロボットをどう見ているか

▶ ロボットの視線を追う

　共同注意は、心の理論の先駆的行動だと考えられている。バターワースらは、視覚的共同注意を、「他者の見ているところを見ること」(Butterworth & Jarrett, 1991)と定義している。このシンプルな定義には賛否両論があり、すべての研究者の見解の一致を見ているわけではないが、ここではこの定義に準じて話を進めることにする。要するに、他者が注意を向けている物や場所、人などに、自分も注意を向けることだと理解してほしい。他者が見ているものは、今現在の他者の心の状態、すなわち注意がどこにあるかを示すものだと考えられる。ヒトの乳児が他者の注意の方向を理解する能力は、どのように発達していくのだろうか。先のバターワースらは、生後6–18ヶ月の乳児を対象に緻密な実験を重ね、次に述べるような結論を得た。視覚的共同注意の発達には3段階あり、母親の見ている一般的な方向(乳児の視野内の右方向または左方向)を見ることができる6ヶ月の時期(生態学的メカニズム)、やはり視野内にある特定の刺激を見ることができる12ヶ月の時期(幾何学的メカニズム)、最後に、乳児の視野外にある刺激、たとえば乳児の後方にある刺激を振り返って見ることができる18ヶ月の時期(表象的メカニズム)である。乳児における他者の視線に対する反応は、基本的にはこのような順序で生起するらしい。

　さて、ここでジョンソンら(Johnson *et al.*, 1998)の実験を紹介する。図11–1を参照してほしい。ジョンソンらは、図11–1に示された新奇な事物が、乳児の視線追従を誘発するための条件を検討した。基本的には、バターワースの課題に準じている。

　ジョンソンらは、図11–1のようなロボットを用いて、どのような条件で、乳児がこのロボットの見た方向を追視するのかを検討した。ロボットは、ビーチボールの大きさくらいで、二つの次元からデザインされていた。一つの次元は、顔があるかないかである。図11–1のように左のものには顔がないが、右のものには目と鼻らしきものがついている。もう一つの次元は、行動的な特徴である。すなわち、対象となった乳児の働きかけに応じて、随伴的な応答をす

図 11–1 乳児の視線追従を調べる実験ロボット (Johnson *et al.*, 1998)

るかどうかである。そうしたインタラクティブな行動は、リモコン操作によるビープ音と、ロボットの内側に仕込まれた発光装置によって創出された。乳児が声を発するとロボットもビープ音を発し、乳児が動くとこれに応じてロボットも光を発する。これが随伴的なインタラクションである。

　乳児が実験室やその環境に馴れるために、60秒の時間が与えられた。その間に、乳児の一方のグループは、乳児の声や動きにロボットが随伴的な応答をするところを見せられ、もう一方のグループは、乳児の反応とは関係なくそのロボットが自発的にビープ音を発したり光ったりするところを見せられた。最後に、乳児の注意を引くために、もう一度ビープ音と光が発せられた。そして、ロボットの前にある二つのターゲットのうちどちらか一方に、ロボットの前側が向けられた。つまり、そのロボットが二つのターゲットのうちどちらかに注意を向けた、という状況を作り出したわけである。乳児が、ロボットにより注意を向けられたものと同じターゲットを、反対側のものよりもより長くそしてより頻繁に見た場合に、乳児がロボットの視線を追従したと判断された。結果を概略すると、ロボットに顔がある場合や随伴的に応答する場合に、より多く、ロボットの視線に追従したことがわかった。すなわち、乳児の視線追従行動を誘発するためには、顔という形態的要素と、随伴的な応答というコミュニカティブな要素が重要であることが示されたのである。

▶ ロボットに意図を付与する

　ヒトは5、6歳を過ぎるころには、明示的に、他者に心的状態を帰属させるようになっているのであるが、それはいつから始まるのだろうか。また、どのような対象に対してそのようなことをするのだろうか。乳児は、ヒトに対してだけ心をもっていると思うのだろうかということである。心を構成する要素と

して、「意図」が挙げられる。意図とは、「① 考えていること。おもわく。つもり。② 行おうとめざしていること。また、その目的」。以上が、『広辞苑』（第五版）による定義である。別の言い方をすると、意図とは、プランニングを含んだ目標のことであると言ってよいかもしれない。ゲルゲリーら（Gergely et al., 2002）は、乳児の意図理解に関するきわめてユニークな実験を行っている。彼らは、模倣パラダイムを用いて、実に巧妙な実験を考案したのである。以下、簡単に紹介する。乳児には、半円球型のランプ自体を手で押さえることによってスイッチが入り、点灯することが示された。実験は、基本的には模倣場面であるが、次の二つの条件が設定された。2条件とも、大人であるモデルが手の代わりに額でランプを押さえるのだが、一つは両手が使えるのにもかかわらず額で押さえる条件、もう一つは寒くて体に毛布を巻いており、両手が使えない状況で仕方なく額で押さえる条件であった。この両条件で、乳児はどのような模倣パターンを示すかが分析された。その結果、前者では、乳児は額で押すことをまねしたが、後者では、額で押さないで手で押したのである。ゲルゲリーらは、これらの結果を次のように解釈した。両手が使えるにもかかわらず、モデルが額でランプのスイッチを押す条件では、乳児は額で押さえるという行動に特別な意味を見出し、それを模倣する。しかし、モデルの両手が毛布に包まれて使えない状況では、そのモデルは手が使えないから額で押したのであり、モデルの目的はスイッチを押してランプを点灯させることにあると解釈し、そのことは手でスイッチを入れても変わるものではないと乳児は考えたのであろう。したがって、モデルの行動とは異なって、乳児は手でランプを押したのである、と。乳児を対象とした実験は、その指標が非常に限られているため、ロジックが大変重要となる。この実験は、ロジックをきちんと立てて行われた実験のよい例であると思われる。

　さて、次にやはり模倣を利用したメルツォフ（Meltzoff, 1995）の実験の一部を紹介することにしよう。メルツォフは、行為再現課題（reenactment of goal paradigm）という巧妙な方法を用いて、18ヶ月齢の乳児が、モデルの意図を読み取って模倣を行うこと、また、人のモデルでなければ、そのような行動は見られないことを報告した。図 11–2 の上段を参照してほしい。

　大人のモデルがダンベルのようなおもちゃを二つに分解しようとしている

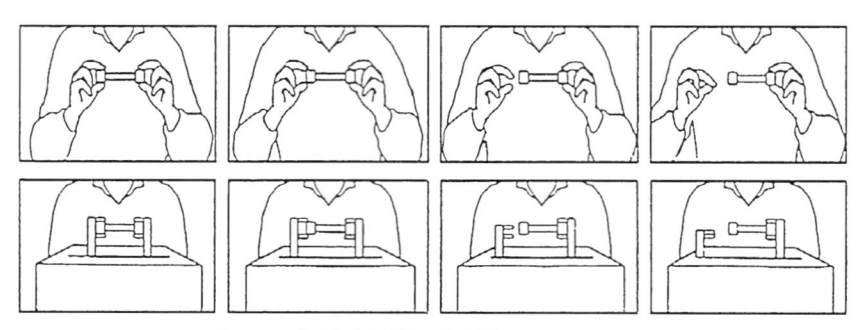

図 11-2　行為再現課題の実験場面(Meltzoff, 1995)

が、失敗してしまう（時間経過は左から右）。18ヶ月齢の乳児は、最終的なダンベルの状態――この場合は、ダンベルが二つに分かれること――を見なくても、モデルがダンベルを外そうとする意図を読み取って、最後まで「二つに分ける」という行為を遂行する。しかしながら、下段に示されているように、メカニカルピンサーと呼ばれる機械の腕のようなものが同じ動作をしても、18ヶ月齢の乳児はその行為を完遂しない。メルツォフは、18ヶ月齢の乳児は、人にしか意図の付与はしないのだと結論づけた。けれども、メカニカルピンサーは、機械の腕のようなもので、それが当然ながら機械的に動くだけである。ヒト型ロボットのように顔や目や腕や胴体があり、自律的に動くものに対しては子どもはどのような反応を示すのだろうか。筆者らの実験の報告をする前に、関連する先行研究を紹介しよう。これは、先述した、ジョンソンらが行ったものである。ジョンソンら(Johnson et al., 2001)は、オランウータンのきぐるみを着た人間をモデル（ウータンと名づけられた）として、先に紹介したメルツォフの実験の追試を行った。まず、オランウータンのきぐるみを着た実験者が、対象となった乳児とコミュニケーションを取った。すなわち、乳児に声をかけたり、モノを介したやりとりを行ったりして、そのウータンがコミュニカティブな存在であることを印象づけたのである。用いた対象物や方法はメルツォフと同様であった。その結果、乳児は、ヒトではない行為者にも意図を想定し、失敗した行為を見せられても、そのままそれをまねするのではなく、失敗せずに最後まで同じ行為を完遂した。すなわち、メルツォフが得た結果と同様の結果を得たのである。しかしながら、ウータンは、きぐるみではあっても動きやコ

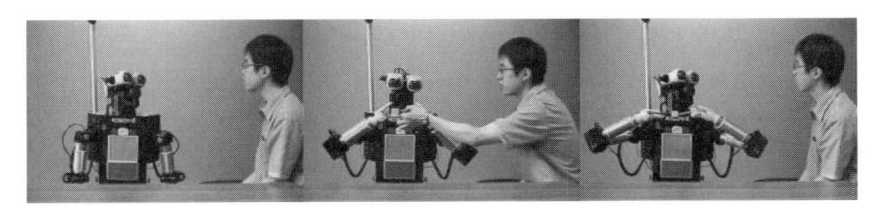

図11-3 ロボビーの実験刺激の一部 (Itakura *et al.*, 2008)

ミュニケーションのタイミングは、人間そのものである。それを果たして、ノンヒューマンな行為者と呼んでもいいのだろうか。ウータンとロボットでは大きな違いがあるように思われる。

そこで筆者ら (Itakura *et al.*, 2008) は、ヒト型ロボットを用いて同様の実験を企てた。対象は2-3歳児であった。図11-3に実験に使用したロボット、ロボビーを示す。日常活動型ロボビーは、ATR知能ロボティクス研究所で、人とのコミュニケーション機能に重点を置いて制作されたヒューマノイドロボットである。高さ120 cm、半径50 cm、重さおよそ40 kgと、人間の大人よりは一回り以上小さなサイズである。頭の部分を回転させることができ、また、腕もかなり自由に動かすことができる。そして、コミュニケーションに必要な様々な機能が搭載されている。ロボビーが注視する方向は、目の部分に入っている両眼ステレオカメラを制御することによって変えることができる。この目の部分には、360度すべてを甘受できる全方位視覚センサが搭載されている。耳としては、ステレオマイクロホン。そして、全身を覆うようにして接触センサが搭載されている。つまり、視覚、聴覚、触覚を使って人とコミュニケーションをとることのできるロボットというわけである。

このロボビーを用いて行われた実験は、基本的には先述のメルツォフのパラダイムと同じであった。ダンベルなどに対するロボットの行為をすべてビデオに記録し、それを実験に用いるモデルとした。このビデオ刺激を呈示し、子どもがモデルであるロボットの行為をビデオを見た後に完遂するかどうかを調べたわけである。実際に目の前でやって見せるのと、記録したビデオを見せるのとでは効果が異なるのではないかとの懸念もあったが、すでに先行研究でビデオ刺激からも子どもが模倣をすることが確かめられていた。呈示したビデオ

は、それぞれ次のような行動の連鎖からなる4種類であった。① 成功デモンストレーション＋視線あり条件：ロボットがとなりにいるパートナー（ヒト）の顔を見る→物体を受け取る→行為を完遂する→再びパートナーの顔を見る、② 成功デモンストレーション＋視線なし条件：ロボットはまっすぐ前を向いたまま物体を受け取り、行為を完遂する、③ 失敗デモンストレーション＋視線あり条件：ロボットがとなりにいるパートナー（ヒト）の顔を見る→物体を受け取る→行為を完遂しようとするが失敗する→再びパートナーの顔を見る、④ 失敗デモンストレーション＋視線なし条件：ロボットはまっすぐ前を向いたまま物体を受け取り、行為を完遂しようとするが失敗する。ロボビーがやろうとしている行為には、ダンベルのようなおもちゃを二つに分けるもの、ビーズのネックレスをマグカップに入れるもの、髪留めの輪ゴムを棒にかけるもの、という3種類があった。上記のようにロボビーが、ターゲットとなる行為に成功する、あるいは失敗するビデオを見せる条件のほかに、ビデオを見せない統制条件も設定しておいた。統制条件では、ビデオ刺激を呈示せずに、単に対象物を子どもに渡し、ターゲットとなる行為が自発的に出現する頻度を記録した。

　ロボビーをモデルとした実験の結果は、以下のようになった。まず、統制条件では、ターゲットとなる行為はほとんど見られなかった。ただ対象物を渡しただけでは、子どもは、ダンベルを二つに分けたり、ビーズをカップに入れたりはしなかったということである。では、モデルの行為を見た後で対象物を渡された、テスト条件ではどうだろうか。成功デモンストレーション条件では、ロボットがパートナーや物体に視線を向けていようが、まっすぐに前を向いたままであろうが、子どもはいずれの条件でもロボットの見せた行為を完遂した。ところが、失敗デモンストレーションでは、興味深い違いが現れた。子どもは、ロボットの視線がパートナーや物体に向かっている時は、ロボットが試みて失敗した行為を完遂したが、ロボットがまっすぐ前を見たままの時には、完遂しなかったのである。つまり、子どもは、ロボビーの視線からロボビーがコミュニケーション可能であることを顕著に認めた時、メルツォフの解釈でいう、意図を読み取ったのである。正確に言うと、意図を付与したのであろう。そして、モデルであるロボットが失敗したが意図していた（と思われる）行為を、自分で完遂した。ここで大事なことは、ロボットの動きの中に、意図が

読み取られるようなわかりやすい要素が含まれていた、ということである。こうした要素が含まれていれば、2–3歳児は、ヒト以外のエージェントにも意図を見出しうるのだ。もちろん、モデルがヒトであった時との違いは無視できない。ヒトがモデルとなったメルツォフの実験では、モデルがまっすぐ前を見たまま、ターゲットとなる行為の失敗を示した場合も、被験児はその行為を完遂していた。しかしながら、ロボットがモデルになると、モデルがパートナーに視線を送らない場合は、行為の完遂はあまり見られなかった。実際にロボットがターゲットの行為に取り組む様子を見ていると、視線を交わさないロボットだけが無表情であるかのように見えた。

▶ ロボットの誤信念課題

　他者の心的状態を推測する「心の理論」を獲得できるのは、ヒトの子どもでは、5、6歳頃だとされている。この「心の理論」の獲得については、ウィンマーとパーナー (Wimmer & Perner, 1983) が、誤信念課題を用いた研究を数多く行って報告している。では、ヒトの幼児が他者に誤信念を帰属するのは、ヒトに対してだけなのだろうか。ロボットという自律的に動くエージェントについて、幼児はどのような理解をもっているのだろうか。

　筆者ら (Itakura et al., 2007) は、ヒト型ロボット、先述のロボビーを用いて、就学前の幼児 (4–6歳児) が、このようなエージェントの心的状態を推測するかどうかを調べた。実験は、標準的な誤信念課題を用いて行われた。以下、手続きを紹介する。まず、刺激ビデオを被験児に呈示し、その後、いくつかの質問を行った。呈示された刺激ビデオには、ロボット条件と、ヒト条件が用意されていた。

　たとえば、ロボット条件の刺激ビデオでは、① ロボビーがおもちゃのぬいぐるみをもって部屋に入ってくる、② 部屋の机には赤い箱と青い箱が置いてあり、ロボビーはぬいぐるみを青い箱の中に隠して部屋を出て行く、③ その様子をのぞき見ていた人が、部屋に入ってきて、青い箱の中のぬいぐるみを赤い箱に移し替えて出て行く、④ ロボビーが再び部屋に戻ってくる。ここで、ビデオの映像は停止される。その後、実験者から子どもに、四つの質問が発せられた。内容は、① 戻ってきたロボビーがどちらの箱を探すかを問う予測質問、② ロ

ボビーが、どちらに入っていると思っているかを問う表象質問、③ ぬいぐるみは最初どちらの箱に入っていたかを問う記憶質問、④ 今、ぬいぐるみがどこに入っているかを問う現実質問、であった。ヒト条件の刺激でも、まったく同じように、人がぬいぐるみを隠して出て行く一連の映像を呈示した後、同様の質問を行った。

結果をまとめると、以下の通りであった。現実質問と記憶質問のいずれに対しても、ロボット条件、ヒト条件の両方で、ほとんどの子どもが正答した。また、予測質問でも、70％の被験児が正答していた。しかも、ロボット条件、ヒト条件では差はなかった。しかし、表象質問では、ロボット条件よりもヒト条件のほうで、正答者が多かった。すなわち、「思う」といったような心理動詞（mental verb）を使用して質問をした場合、子どもは、ロボットとヒトに対して異なる反応を示したのである。このことから、子どもが、ロボットには心理動詞を帰属させない可能性のあることがわかった。子どもは、「行動が予測できる」ということと「そのように考えて行動する」ということを、相手がヒトの場合では容易に連合できるが、ロボットでは連合しにくいのかもしれない。

▶ フォークロボティクス

それでは、そもそも、子どもたちは、ロボットをどのような存在としてとらえているのだろうか。意外なことに、実はそうした研究は少ない。小森ら（Komori et al., 2008）は、ロボットを含む5枚の写真を5歳児、6歳児、および成人に呈示し、様々な質問をした。用いた写真刺激は、ヒト（成人女性）、ロボット、ウサギ、冷蔵庫、自動車の5種類であった。写真を5枚並べて、① 生きているものはどれか、② 目があるのはどれか、③ 移動するのはどれか、④ 成長するのはどれか、⑤ 死ぬのはどれか、⑥ 心臓があるのはどれか、⑦ 骨があるのはどれか、⑧ 痛いと思うのはどれか、⑨ 熱いと思うのはどれか、といった質問を与え、写真を選ばせた。その後、クラスタ分析を行った。結果の概略を図11–4に示した。

成人の場合は、クラスが二つ生成された。一つは、ヒトとうさぎといった生物群、もう一つは、自動車・冷蔵庫・ロボビーの機械群であった。ところが、5–6歳児では、成人同様、大きなクラスが二つ生成されたが、機械群の中でさ

```
    ヒト           ヒト
    ウサギ         ウサギ
                   ロボット
    ロボット
    自動車         自動車
    冷蔵庫         冷蔵庫
     成人          5-6歳児
```

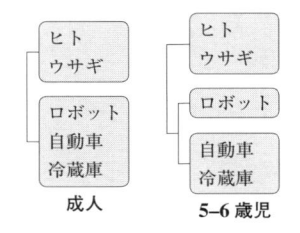

図 11-4 ロボットをどのような存在としてとらえるか: クラスタ分析の結果

らにロボットと自動車・冷蔵庫に分かれたのである。どうやら5-6歳児は、ロボットを単なる機械とは考えていないらしいことがわかった。小森らは、こうしたロボットに対する姿勢を「フォークロボティクス」と呼んでいる。

▶ もう一つの不気味の谷

ある機械が知的であるか否かを判断するテストをチューリングテストという。チューリングテストとは、コンピュータとヒトが対話する時、コンピュータがどこまでヒトに近い応答をしているかを試すものである。これをアンドロイドに応用して、姿形や動作まで含めて(つまりトータルに)テストを試みるのがトータルチューリングテストである。

さて、トータルチューリングテストを目指す過程で問題となるのが、「不気味の谷」というものの存在である。この概念については、まだ議論の続くところであるが、ここで簡単に紹介しておこう。

「不気味の谷」は、1970年代に森(1970)によって提唱されたものである。図11-5に示したように、横軸に、ロボットがどれほどヒトに似ているかという尺度、縦軸に親近感をとってある。ロボットの形態がヒトに近ければ近いほど、そのロボットに対する親近感は高くなる。ところが、横軸をずっと右に進み、ロボットのヒトに対する類似度が非常に大きくなると、逆に、親近感が急激に損なわれる。その谷を、不気味の谷と呼ぶのである。この「不気味の谷」では、人は、ロボットを「動く死体」を見るかのように見ているのだと、森らはいう。アンドロイド(topic 9参照)も、非常にヒトに似ているが、姿形が不完全であったり、動作が十分でなかったりして、何かが微妙に違うというようなレベルに達すると、この不気味の谷に陥る。しかし、逆に言えば、姿形を完璧

図 11–5　不気味の谷

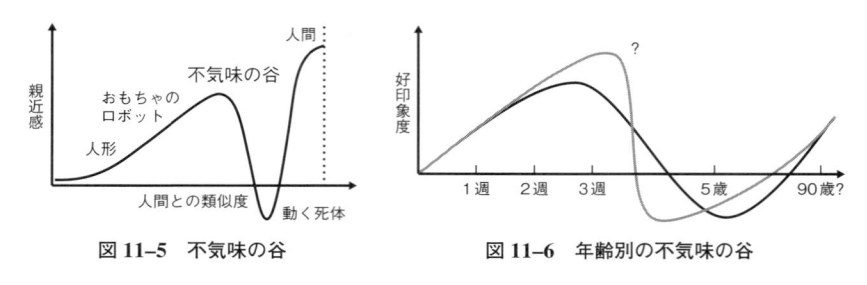

図 11–6　年齢別の不気味の谷

にヒトに近づける、またヒトらしい動作を与えることで、この不気味の谷を越えることができるかもしれないということである。

では、不気味の谷を構成している要素とは、なんだろうか。見かけと動作や表情とのアンバランスが不気味さの要因となっていることは、ほぼ間違いないだろう。人にそっくりな見かけに、それ相応の動作や表情が伴わない場合に、不気味さを強く感じるのかもしれない。しかし、ただ単にそのような単純な食い違いだけで生じる現象ではないと考えられる。これは、今後の課題である。

さて、この「不気味の谷」は、ロボットの形態のヒトへの類似度と、親近感との関係を示したものだった。ところが、石黒ら（私信）は、各種ロボットに関するイベント会場での観察から、ロボットに対する親近感とそれを見る人の年齢との間に、まさに「不気味の谷」と同じような曲線を描けるのではないかと考えた。つまり、彼らの予備的観察結果によれば、アンドロイドの見かけに関して、幼児は不気味の谷の谷底にいるが、乳児、児童、大人は、幼児ほどには負の親近感を覚えないようなのだ。したがって、同一のアンドロイドを用いて、横軸に年齢変化をとったグラフを描いてみれば、ある年齢で現れる不気味の谷、いわば「もう一つの不気味の谷」が存在する可能性がある（図11–6）。

このもう一つの不気味の谷の可能性は、筆者らの予備的な観察とも合っている。乳児と母親に、子ども型アンドロイドを見てもらったが、乳児は、ニコニコしながら平気で見ていた。ところが、6歳になる娘に同じアンドロイドを見せたときには、わけもなく、漠然とした怖さを感じている様子だったし、言語的にもそのような報告をした。

年齢による不気味の谷が存在するかどうかを明らかにするため、予備的に次のような実験を試みた。11ヶ月齢の乳児を対象として、選好注視法という方法

を用いて、ヒトに対する、あるいはノンヒューマンの行為者に対する選好を調べたのだ。選好注視法とは、同一画面上に二つの異なる刺激を呈示し、それぞれの刺激に対する乳児の注視時間を計測する方法である。二つの刺激に対する乳児の注視時間が異なれば、乳児はそれらの刺激を区別していると解釈される。この実験では、成人型アンドロイド、子ども型アンドロイド、先述したロボビー、成人女性それぞれを同時に見せる刺激として組み合わせ、静止画と動画の両方を乳児に提示した。

結果は、まだ予備的な段階でしかないが、興味深いものとなった。まず静止画では、二つの刺激に対する乳児の注視時間に差は見られなかった。すなわち、ロボビーであろうとアンドロイドであろうと、人間であろうと、それぞれのペアでの注視時間には違いがなかったのである。けれども、刺激が動画の場合は、いずれの刺激とペアにされていても、ロボビーの映像がより長く注視された。その他のペアでは、大きな差はなかった。静止画の時、つまり動きがない時には、形態が異なっても、注視時間に影響はなかった。ところが、ひとたび動きが付与されると、人間やアンドロイドと、ロボビーの違いが増幅されたのである。すなわち、人間やアンドロイドは動いても奇妙ではないが、ロボビーが動くということは、その奇妙さの顕著性が高くなることを意味しているのかもしれない。この結果を突破口として、これから、年齢を変数とした「不気味の谷」を解明したいと考えている。

3　ディヴェロップメンタル・サイバネティクス構築に向けて

本章では、「ロボットに心は宿るか」という、いささかパラドキシカルなタイトルで、ヒトの乳幼児がヒト以外の行為者（エージェント）をどのように認識するのかを、いくつかの実験を紹介しながら論じてきた。すなわち、子どもがどのようにして他者を自分と同じような「心」をもつ存在として認識するようになるのかを、数多くの先行研究および筆者らの研究を紹介しながら論じてきた。ロボットを用いた乳幼児の社会的認知実験、ヒトの見かけと動作の問題を考える不気味の谷の問題などである。その結果、文脈や動きによっては、ロボットにも意図や心のようなものを付与する傾向があること、一方で「思う」とい

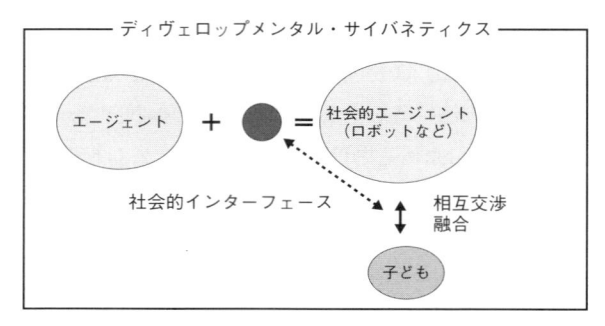

図11-7 ディヴェロップメンタル・サイバネティクスの概念図

う心理動詞は、どうやらロボットには付与しないこと、などがわかった。

　現在の筆者の関心は、ヒトが心を見出していく過程、心を他者に創り出していく過程やメカニズムにある。そのために、アニメーション映像や、ヒト型ロボット、アンドロイドなどをツールとして、乳幼児がそうした対象をどのように見ているのかについて、またその中に社会性や心をどのように付与していくのか、といったことを実験的に分析している。筆者は、ここで「ディヴェロップメンタル・サイバネティクス (Developmental Cybernetics)」という新しい研究領域を提唱しようと思う。「サイバネティクス」ということばにはあまり馴染みのない方も多いと思う。ちなみに、広辞苑では、「(「舵手」の意のギリシャ語に由来)通信・自動制御などの工学的問題から、統計力学、神経系統や脳の生理作用までを統一的に処理する理論の体系。1947年頃アメリカの数学者ウィーナーの提唱に始まる学問分野」と定義されている。筆者の考える「ディヴェロップメンタル・サイバネティクス」の定義は、「子どもとロボット（ヒト型ロボットやアンドロイドロボット）のインタラクションや統合に関する研究」である。図11-7に基本的なスキーマを示した。

　ヒト以外のエージェントが存在し、それになんらかの要素が加わり、社会的なエージェント（あるいは社会的であると判断されるエージェント）になる。そのなんらかの要素をここでは社会的インターフェースと呼ぶことにする。筆者らの実験の例で言うと行為再現課題におけるロボットの視線がそれにあたる。すなわち、パートナーとアイコンタクトを取るというきわめて微妙な社会的行動が、乳児とロボットの社会性のチャンネルを開き、乳児の模倣を誘発するのである。

このモデルでは、社会的エージェントが子どもとインタラクションしたり融合したりして、そのフィードバックにより、エージェント自身も子ども自身も、そしてさらに社会的インターフェース自体も変化することを想定している。このように変化を遂げながら、新しい社会に適応していく子どもを期待したい。

さて、このディヴェロップメンタル・サイバネティクスには、二つの大きな意味が含まれている。一つは、そうしたロボットを用い、ロボットの外見や振る舞いのパラメータを操作する実験を構成論的に行うことによって、子どもが他者に心を見つけていくプロセスとメカニズムを特定することである。これは、発達科学への貢献であろう。もう一つは、近年のロボット工学の発展に伴い、ロボットという存在がかなり身近になってきたということである。ペットロボットもブームになったし、二足歩行ロボットは、われわれを大いに感動させた。また、至るところでロボットの展示会が行われ、老若男女で賑わっていると聞く。近未来には、様々なタイプのロボットが日常的に存在するようになるかもしれない。今はやりのユビキタスである。そうしたことを考えると、ロボットが、冷蔵庫や食器洗い機のように、今後ますますわれわれの生活に入り込んでくるであろうことは想像に難くない。もっと夢物語のようなことをいうと、ロボットは、単に家事をこなす単純な存在だけでなく、子育てや教育にかかわるような存在、すなわちそれ自体とコミュニケーションを取らなければならないような存在になるかもしれない。それがよいことか悪いことか、筆者にはまだ判断がつかないが、否が応でも子どもたちはそうした環境にさらされていくし、ある側面では、実際にそのような社会になっている。こうした社会において、子どもたちはどのようにヒト以外のエージェントを認識するのか、子どもたちにとってよりよいロボットを製作するにはどのようなことが必要なのか、といったことはきわめて重要な課題となる。これは、ロボットを製作する側への貢献となるだろう。すなわち、子どもの発達を理解することと、ロボットを製作することの双方向において、新しい知見が得られるに違いない。ロボットが日常的に生活の中に存在するような時代が本当に来る前に、子どもたちのために確認しなければならないことがたくさんある。科学は未来を見据えて遂行されなければならない。ディヴェロップメンタル・サイバネティクスは、そんな新しい学問領域になると信じている。

引用文献

Bard, K. A. (2007). Neonatal imitation in chimpanzees (*Pan troglodytes*) tested with two paradigms. *Animal Cognition*, **10**, 233–242.

Bushnell, I. W. R., Sai, F., & Mullin, J. (1989). Neonatal recognition of the mother's face. *British Journal of Developmental Psychology*, **7**, 3–15.

Butterworth, G., & Jarrett, N. (1991). What minds have in common is space: Spatial mechanisms serving joint visual attention in infancy. *British Journal of Developmental Psychology*, **9**, 55–72.

De Casper, A. J., Le Canuet, J. P., Bushnell, M. C., & Granier-Deferre, C. (1994). Fetal reactions to recurrent maternal speech. *Infant Behavior & Development*, **17**, 159–164.

Ferrari, P. F., Visalberghi, E. *et al.* (2006). Neonatal imitation in rhesus macaques. *PLoS Biology*, **4(9)**, 302.

Gergely, G., Bekkering, H., & Kiray, I. (2002). Rational imitation in preverbal infants. *Nature*, **415**, 755.

Itakura, S., Ishida, H., Kanda, T., & Ishiguro, H. (2007). To what extent do infants and children find a mind in nonhuman agents? In K. Fujita & S. Itakura (Eds.), *Diversity of Cognition: Evolution, Development, Domestication, and Pathology*. Kyoto University Press. pp. 315–330.

Itakura, S., Ishida, H. *et al.* (2008). How to build an intentional android: Infant's imitation of a robot's goal-directed actions. *Infancy*, **13**, 519–532.

Johnson, M. H., & Morton, J. (1991). *Biology and Cognitive Development: The Case of Face Recognition*. Oxford University Press.

Johnson, S. C., Slaughter, V., & Carely, S. (1998). Whose gaze will infants follow? Features that elicit gaze-following in 12-month-olds. *Developmental Science*, **1**, 233–238.

Johnson, S. C., Booth, A., & O'hearn, K. (2001). Inferring the goals of non-human agents. *Cognitive Development*, **16**, 637–656.

Kisilevsky, B. S., Hains, S. M. J. *et al.* (2003). Effects of experience on fetal voice recognition. *Psychological Science*, **14**, 220–224.

Komori, N., Shimada, Y., Kitazaki, M., & Itakura, S. (2008). Parental Symbolic Behaviors in Picture Book Reading. Vancouver, Canada, March 27–29.

Meltzoff, A. N. (1995). Understanding the intentions of others: Reenactment of intended acts by 18-month-old children. *Developmental Psychology*, **31**, 838–850.

Meltzoff, A. N., & Moore, M. K. (1983). Newborn infants imitate adult facial gestures. *Child Development*, **54(3)**, 702–709.

森政弘(1970). 不気味の谷. *Energy*, **7**, 33–35.

Murray, L., & Trevarthen, C. (1985). Emotional regulation of interactions between two-month-olds and their mothers. In T. M. Field & N. A. Fox (Eds.), *Social Perception in Infants*. Ablex Publishing. pp. 177–197.

Myowa-Yamakoshi, M. (2006). How and when do chimpanzees acquire the ability to imitate? In T. Matsuzwa, M. Tomonaga, & M. Tanaka (Eds.), *Cognitive Development in Chimpanzees*. Springer. pp. 214–232.

友永雅己・田中正之・松沢哲郎(編著) (2003). チンパンジーの認知と行動の発達 京都大学学術出版会. pp. 327–332.

Wimmer, H., & Perner, J. (1983). Beliefs about beliefs: Representation and constraining-function of wrong beliefs in young children's understanding of deception. *Cognition*, **13**, 41–68.

第12章

自閉症児は心が読めない？——マインドブラインドネス仮説再考

千住 淳

1 ソーシャルブレインの非定型発達

▶ 自閉症とはなにか

自閉症（keyword 13 参照）は対人相互作用やコミュニケーションの発達に障害を抱え、また常同行動や「こだわり」と呼ばれる限局的・反復的な興味や行動のパターンを有する発達障害である。診断は通常 3 歳以降に行われるが、きわめて初期から非定型な発達のパターンを示すことも知られており（神尾, 2007）、現在、国内外の多くの研究機関で、自閉症の最初期の臨床像に関する研究が進められている。また、自閉症は単一の遺伝子異常によるものではなく、数多くの弱い効果をもつリスク遺伝子の相互作用によって引き起こされている可能性が示唆されている（Yang & Gill, 2007）。一方で、1970 年代頃まで主張されていた「養育環境説」（親の愛情不足によって自閉症が引き起こされるという説）は、数々の実証研究によってほぼ完全に否定されている。未だにメディアなどで「いじめや虐待により自閉症になる」「テレビゲームのしすぎで自閉症になる」などという、類似の主張がなされることがあるが、迷信にすぎない。

自閉症について残された謎の一つは、生物学的なリスク要因が対人行動やコミュニケーションの困難さ、こだわりなどの問題を引き起こす認知神経科学的・発達的な機序が、未だはっきりとはわかっていないことである。自閉症の原因については、特に 1980 年代以降、社会的認知の領域特異的な障害を説く心の理論障害説（Baron-Cohen, 1995）や、中枢性統合説（Frith, 1989）や実行機能障害説（Ozonoff *et al.*, 1991）など、社会的な情報処理に限らない知覚・認知の特性によって説明しようとする説などの間の議論を経て、近年では遺伝子や脳の構造・機能の特性によって行動障害の特性を説明しようとする、より生物学的な

研究手法からの提言へと重点が移り変わりつつある。こういった自閉症研究全体について論ずるのは本書の範囲を超えてしまうので、本章では、特にソーシャルブレイン研究との関連から見た自閉症について、さらには自閉症研究から得られた知見がソーシャルブレインのさらなる理解に与える影響について、可能な範囲で考察したい。

▶ ソーシャルブレイン研究とのかかわり

　自閉症の主要障害三つのうち二つ（対人相互作用、コミュニケーション）が社会行動の困難さにつながるものであることから、ソーシャルブレインの障害は自閉症に特徴的な臨床像であると言える。したがって、ソーシャルブレイン研究者が自閉症に関する研究を数多く行い、また自閉症研究者の中にソーシャルブレインを専門とするものが少なくないのは、当然の帰結であろう。

　さらに、ソーシャルブレイン研究から見た場合、自閉症という障害は、「研究成果を応用可能」な、きわめて重要な分野であると言える。科学研究成果の社会的還元が重要視されている現代、ソーシャルブレイン研究の成果が自閉症の障害理解・予測に貢献し、さらに有効な治療・介入法の提案につながるのであれば、それは科学的のみならず、社会的に大きな意義のあることである。また同時に、自閉症の認知発達や脳機能の特徴を明らかにすることは、定型発達者におけるソーシャルブレインの発達的・認知的基盤についても、重要な示唆を与えてくれる。

　同時に、自閉症研究にとっても、ソーシャルブレインの理解はきわめて重要なものである。ソーシャルブレインの定型発達、特にその初期発達に関する知見の積み重ねは、自閉症におけるソーシャルブレインの非定型発達のさらなる理解につながるのみでなく、自閉症の発達的な兆候を早期に発見・同定し、さらには早期介入につなげる手法を開発するためにも不可欠である。

　本章では、これまでに自閉症者を対象として行われてきたソーシャルブレイン研究のうち、特に注目を集めている心の理論研究、さらに、心の理論との関連が議論されているミラーニューロンシステム、視線処理に関する研究の進展について概観する。その後、自閉症のソーシャルブレイン障害に関する認知的、神経科学的基盤についてこれまでになにがわかってきたのか、また今後ど

のような研究が必要なのかについて考察する。

2 誤信念課題が解けない？

▶ マインドブラインドネス仮説

　自閉症のソーシャルブレイン障害に関してこれまでになされた研究のうち、最も影響の大きかったものを一つだけと請われれば、おそらく多くの研究者がバロン‐コーエンの研究(Baron-Cohen et al., 1985)を挙げるであろう。この研究は、自閉症児の誤信念課題における成績が、言語能力の等しい他の発達障害の子どもよりもきわめて低いことを示し、自閉症の社会性障害が言語能力や認知能力などの一般的な障害ではなく、「心の理論」(keyword 12 参照) の領域特異的な障害である可能性を示したものである。自閉症研究の分野を越える数多くの研究領域に影響を与え、これまでに1000本近くの学術論文に引用されている。さらに、論理的には誤信念課題と同一である「誤写真課題」では、自閉症児は定型発達児と変わらない成績を見せることが報告され (Leslie & Thaiss, 1992)、自閉症の障害の領域特異性がますます強調される結果となった。

　その後、バロン‐コーエン (Baron-Cohen, 1995) は、心の理論の発達に関するモデルを呈示し、自閉症では他者の視線方向を検出する視線方向検出器 (Eye Direction Detector: EDD) や、自己推進運動に「意図」を付与する意図検出器 (Intentionality Detector: ID) などの入力系には障害をもたないが、自己―他者―対象の3項関係を表象する注意共有機構 (Shared Attention Mechanism: SAM) が欠損しているため、その結果として、他者の心的状態を表象する心の理論機構 (Theory of Mind Mechanism: ToMM) の発達が阻害される、というマインドブラインドネス仮説を提案した。このモデルは、「心の理論」の特異的な障害が自閉症の障害の基盤にあるという強い主張であるがこの議論に反対するような、自閉症の心の理論障害は他の一次障害 (情動障害、知覚障害、実行機能障害など) によって引き起こされる二次的な障害であるという諸説も、自閉症者は心の理論に障害をもつという点では一致している。では、自閉症者は本当に他者の心的状態を表象することができないのだろうか。

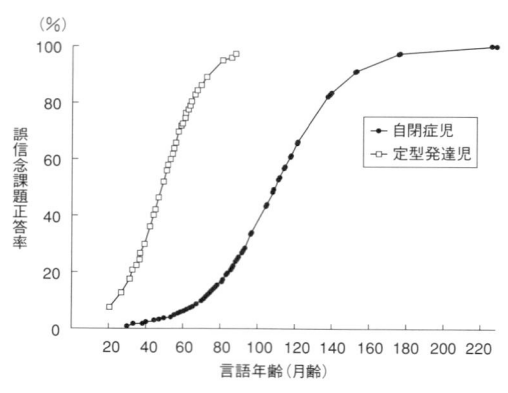

図12-1 自閉症児および定型発達児の言語年齢と誤信念課題正答率との関連(Happé, 1995を改変)

▶ 誤信念課題は解けるようになる

実は、自閉症者もある程度の発達年齢に達すると誤信念課題が解けるようになる。ハッペ(Happé, 1995)によるメタ分析の結果(図12-1)を見ればわかるように、言語年齢が11歳を超えている自閉症者では、そのほとんどが誤信念課題を解くことができるのである。しかしながら、こういったいわゆる「高機能自閉症者」においても、対人行動やコミュニケーション行動の困難さは存在する。研究者によっては、「自閉症者は心の理論でない処理を用いて誤信念課題を解いている」という主張をすることもある(Ozonoff & Miller, 1995)が、誤信念課題が「心の理論」の有無についての最も厳密なテストである(Dennett, 1978)以上、この主張には説得力はない。では、彼ら高機能自閉症者には「心の理論」の障害は見られないのだろうか。

筆者らは、アイトラッカーを用いて、学齢期の自閉症児および定型発達児がビデオ呈示された誤信念課題場面を観察している時の眼球運動を計測した(Senju et al., 2008)。刺激として用いたビデオ画像では、登場人物が見ていない間にボールが箱の中から動かされ、その後登場人物がボールを取りに行こうとする直前で画像が静止した(図12-2)。先行研究により、このビデオを視聴した2歳の幼児は、ボールが実際にある場所ではなく、登場人物が誤信念に基づいて「ボールがある」と思っている場所に手をのばすことを予期し、その場所に視線を向けることが確認されている(Southgate et al., 2007)。われわれの実験では、定型発達児は先行研究と同様、登場人物の誤信念に基づく予期的な注視行動を示すことが確認された。一方、自閉症児では、そのような予期的な注視行動は確認されなかった。さらに興味深いことに、IQが高く、言語課題では誤信念課題に通過するような「高機能」な自閉症児でさえ、誤信念に基づいた注視

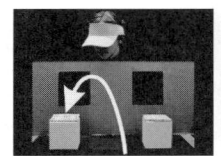

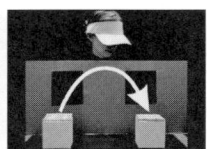

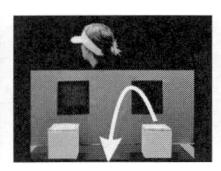

図12-2 誤信念課題での眼球運動の測定で用いられた刺激例（Senju *et al.*, 2008）
① ボールがまず左の箱に入れられ，② 次にそこから取り出されて右の箱に入れられる．③ その後，登場人物が見ていない間に，ボールが持ち去られる．④ その後，登場人物が正面を向き直す．ボールは実際にはどちらの箱にも入っていないが，登場人物は持ち去られていることを知らないため，ボールが右の箱に入っていると思っている．定型発達児は右側をよく見るが，自閉症児ではそのような傾向は見られない．

行動を見せることはなかったのである．

　この結果はなにを意味しているのだろうか．通常の誤信念課題とは異なり，この実験では，子どもたちにはなにも教示が与えられていない．そのため，ここでの眼球運動は教示に対する反応ではなく，自発的な反応を記録しているものであると言える．つまり，自閉症児は誤信念課題が「解ける」のにもかかわらず，教示なしには心の理論を「自発的に用いない」ことを，この結果は示唆しているものと考えられる．

　なぜ自閉症児が心の理論を自発的に用いないのかについては，現時点ではわからない．もしかしたら，本章の最後で議論するように，自閉症児は社会的な場面に自発的に注意を向けることや，社会的場面を理解しようとする動機づけに障害があるのかもしれない．今後の研究では，構造化された実験場面ではわからない，自閉症者の自発的な他者理解について，さらなる検討を進める必要がある．

3　模倣ができない？

▶「壊れた鏡」仮説とその矛盾

　これまでの章で取り上げられてきたとおり，近年のソーシャルブレイン研究において，ミラーニューロン研究はきわめて重要な位置を占めるようになった．こういったミラーニューロン研究の隆盛に伴い，自閉症をミラーニューロンシステム（第5章参照）の障害としてとらえよう，という議論（「壊れた鏡」仮説：Oberman & Ramachandran, 2007）までもが提案されている．第4・5章にも詳述さ

れているように、ミラーニューロンは元々他者の動作の認識に関するメカニズムとして研究されてきたが、近年では心の理論や共感、さらには言語発達の基盤としてミラーニューロンを挙げる研究者も増えてきている。この「壊れた鏡」仮説は、これらの議論をさらに拡張し、自閉症者の模倣、心の理論、共感、言語発達の障害などのすべてを、ミラーニューロンシステムの障害によって説明しようという壮大な仮説である。

この「壊れた鏡」仮説は非常に魅力的な仮説であり、学術誌以外の一般誌で取り上げられたり (Ramachandran & Oberman, 2006)、臨床への応用が提案されたりもしている (Altschuler, 2008)。しかし一方、この仮説は実証データの裏づけが乏しく、また自閉症の障害を説明するには不十分な点も多いため、認知神経科学者や発達心理学者からは少なからぬ批判が寄せられているのも事実である (Bird *et al*., 2007; Dinstein *et al*., 2008; Hamilton *et al*., 2007; Southgate & Hamilton, 2008)。

「壊れた鏡」仮説の最も重要な基盤となっているのは、自閉症者において模倣障害が見られる、という知見である (Williams *et al*., 2004)。しかし、近年の研究では、明確に教示を与えれば自閉症者も定型発達者と同程度に正確な模倣ができるという報告もあり (Dapretto *et al*., 2006; Hamilton *et al*., 2007)、自閉症者の模倣障害は自発的なものに限られる、という可能性も示唆されている。また、自閉症ではミラーニューロンシステムに障害が見られる、という脳機能イメージングからの知見も、研究間で結果が一致しないことが多く、「壊れた鏡」仮説を支持するには至らない (Dinstein *et al*., 2008; Southgate & Hamilton, 2008)。これらの実証的な知見を考慮すると、「壊れた鏡」仮説を支持する実証データはきわめて乏しく、自閉症者の模倣障害に関してはさらに洗練された理論が構築される必要がある、と言えるだろう。

▶ なぜ模倣しないか

では、自閉症者の模倣障害はどのようなかたちで説明できるのであろうか。一つの可能性は、心の理論と同様、自閉症者は模倣が「できる」が、「自発的に行わない」というものである。先にも述べたように、自閉症者の模倣障害が最も多く報告されるのは、教示に基づいた模倣ではなく、自発的な模倣の頻度が

調べられた場合である (Rogers et al., 2003)。最近の研究でも、あくび (Senju et al., 2007) や表情 (McIntosh et al., 2006；表情の伝染については topic 17 参照)、モノをつかむときの握りのかたち (Becchio et al., 2007) など、定型発達者においては伝播しやすい (他者の行動を見ることによって生起しやすくなる) 行動について、自閉症者では行動伝播が見られないことが報告されている。

　しかしながら、別の研究では、自閉症者においても表情 (Magnee et al., 2007) や手の動き (Bird et al., 2007) などの行動伝播が見られることが報告されており、自閉症児が自発的な模倣を行わないわけではないということも示唆されている。興味深い点として、これらの研究では、教示や刺激呈示の方法などの課題の構造によって、他者の運動に注意を向けることが促されている。こういった課題構造が存在しない場合は行動伝播が起こりにくい、という先の研究からの知見とあわせて考えると、自閉症者はある程度の模倣能力を有しているが、自発的に他者の行動に注意を向ける傾向が弱いため、自発的な模倣が起こりにくい、という可能性が考えられる。

　もう一つの可能性は、自閉症者は複雑な運動を生成することが難しいため、結果として複雑な運動の模倣もできないというものである (Smith & Bryson, 1994)。実際、自閉症者は行為のプランニングや注意の切り替え、抑制などからなる実行機能に障害を抱えることも報告されているため (Ozonoff et al., 1991)、実行機能障害が複雑な運動の模倣を困難にしているのかもしれない。さらに、近年の研究では、自閉症者では他者の運動を観察している時だけでなく、自分で同様な運動を実行しようとする際にも、次の動きを先取りするような筋肉の活動が起こらないことから (Cattaneo et al., 2007)、これまで自閉症者において報告されてきたミラーニューロンシステムの障害は、他者の運動を理解する能力に限られたものではなく、複雑な運動系列を理解・生成する能力の障害から派生している可能性も示唆される。

　これらの知見から、自閉症者の模倣障害はミラーニューロンシステムの特異的な障害というよりは、社会的な注意や動機づけ、実行機能などの障害によって複合的に引き起こされたものであると考えたほうが妥当なのかもしれない。

表情の伝染　　　　　　　　　　　　　　　　　　　　　　　topic 17

　他者の感情表情を知覚することで、自らにも同一の表情が生起する「表情の伝染」という現象が、様々な研究によって広く知られている（Dimberg, 1982 ほか）。しかもこの現象は、表情刺激が閾下呈示される場合においても生じることが確認されている。これらの研究が示すように、表情の伝染は非常に一般的な身体反応であるが、そもそもなぜ人はこのような行動特性をもつのだろうか。

　トムキンス（Tomkins, 1962）は表情のフィードバック（facial feedback）仮説を提唱することで、この問題の検討を進めている。この仮説では、他者の感情表情を知覚した際に自動的に自らも同一の表情を表出することで、相手の感情状態をよりすばやく把握できると考える。すなわち、自動的に生じた自分の表情によって、その表情を引き起こす感情が逆に喚起され、さらに、自分に生じた感情を参照することで相手の心理的状態を理解するという可能性である。実際に、ある感情表情が伝染した場合、その表情を引き起こす感情が生起するという実験結果も得られている（Hess & Blairy, 2001）。

　しかしながら、表情のフィードバック仮説は現時点ではまだ、その理論の正否が完全には明らかにされていない。なぜならば、他者の感情表情を知覚した際に、まず表情の伝染が生じるのか、あるいは他者の表情を見ることで同一の感情が生じ、その結果として表情が表出されるにすぎないのか、現在までの研究では区別が困難なためである。今後、近年発展が著しい神経生理学的な研究手法により、他者の表情を知覚した後に、感情の喚起と表情の伝染がどういった順序で生じるかという問題が解明されることが期待される。　［田村　亮］

4　視線が読めない？

▶ 他者が見ているものへの反応

　第7章でも議論されているとおり、他者の視線方向はその人の注意や意図についての重要な情報源であり、心の理論を用いる上でも欠くことのできない手がかりである。定型発達においては、新生児においてすでに他者の視線方向に注意を向けることが知られており（Farroni et al., 2004）、生後3ヶ月頃までには他者の視線方向に目を動かすという「視線追従」あるいは「視覚的共同注意」行動が見られるようになる（D'Entremont et al., 1997）。一方で、自閉症児においてはこういった視線追従行動が起こりにくく（Loveland & Landry, 1986）、また発達初期の共同注意行動の障害がその後の心の理論の障害を強く予測する（Charman et al., 1997）といった報告もあり、視線追従行動の障害が心の理論発達の障害に関与するという可能性が示唆されてきた（Baron-Cohen, 1995; Charman et al.,

1997)。しかし一方で、自閉症児は訓練によって視線追従行動を獲得できる、さらにある程度年齢が高い自閉症児は自発的に視線追従を行う(Leekam et al., 1998)などの知見もあるため、自閉症児であっても視線追従は可能であると考えられる。

そこで、筆者らは、実験心理学的手法を用い、自閉症児が他者の視線方向に注意を向ける傾向があるかどうかについて検証した(Senju et al., 2004)。

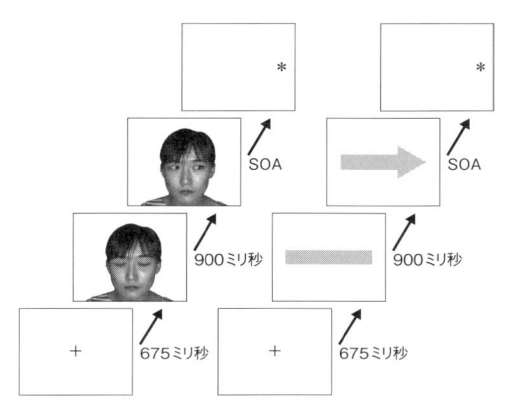

図 12–3　視線方向への注意シフトの検討に用いた刺激例(Senju et al., 2004)

SOA: 刺激呈示の時間差. 自閉症児, 定型発達児の両群とも, 視線方向, 矢印方向の両者に対して注意のシフトを起こす. しかし, 定型発達児では視線刺激は矢印刺激よりも注意を引きつけやすいが, 自閉症児ではそのような傾向は見られない.

この研究では、画面中央に提示された顔刺激の視線方向を無視し、左右いずれかに提示される標的刺激に対して、できるだけ早く反応する、という課題が課された(図12-3)。その結果、自閉症児も定型発達児と同様、顔刺激の視線が向けられた側に標的刺激が現れた時に反応が早くなる、つまり視線が向いた側に自動的に注意を向けている、ということが示された。この知見は、他の複数の研究グループにおいても再現されている(Nation & Penny, 2008)。しかし一方、筆者らの研究により、定型発達児では、視線は矢印などの非社会的な刺激よりもより強く注意を引きつけるのに対し、自閉症児ではそういった視線の優位性が見られないことも確認されているため、視線追従の基盤となる認知メカニズムが、定型発達児と自閉症児では異なっている可能性も示唆されている。

さらに、近年の研究により、自閉症者は視線を「追う」ことはできても、対人コミュニケーション場面で視線を「参照する」ことができないのではないか、という可能性が提案されている。たとえば、バロン‐コーエンら(Baron-Cohen et al., 1997)は、自閉症児は定型発達児と異なり、他者から新しいモノの名前を教わる場面において、新しく聞いた名前を、他者が見ているモノではなく、自分が見ているモノの名前として学習してしまいやすいことを示している。さら

に、近年の脳機能イメージング研究でも、定型発達者は他者がモノを見ているか見ていないかによって上側頭溝の活動が変化するのに対し、自閉症児ではそういった視線と対象物との関係性が脳活動に影響を与えないことが報告されている (Pelphrey *et al*., 2005)。第6・8章でも議論されているとおり、上側頭溝は他者の視線や動き、意図などの処理に重要な機能を果たしていることから、自閉症者ではこういった視線の「意図」を読み取っていない可能性がある。定型発達においては、こういった視線の参照性についての理解は生後1年以内に起こることから (Senju & Csibra, 2008; Senju *et al*., 2008)、今後は自閉症の初期発達において、視線の参照性の理解がどのように発達するのか(あるいは障害されるのか)についてさらなる検証を行う必要がある。

▶ アイコンタクトへの反応

視線追従・共同注意の発達障害と並んで、自閉症者の視線処理に関するもう一つの特徴に、「目があいにくい」というものがある。アイコンタクトの質的な障害は自閉症の診断基準となる症候群の一つであり (American Psychiatric Association, 2000)、発達の初期から見られる行動特徴であることも知られている (Maestro *et al*., 2005)。かつて、この行動特徴から自閉症者が他者の視線をネガティブなものとしてとらえ、避けているという視線忌避説が唱えられたこともあった (Coss, 1979; Hutt & Ounstend, 1966) が、その後の実証的研究の蓄積により、視線忌避は自閉症一般に見られるものではないことが明らかとなっている (Buitelaar, 1995)。しかしながら、なぜ自閉症者におけるアイコンタクト障害が起こるのかについては、未だ不明な点が多い。

筆者らは、自閉症者における非定型なアイコンタクト行動の認知的基盤について調べるため、実験心理学的手法を用いた一連の検討を行った (Senju *et al*., 2005, 2008)。実験では、複数の顔画像が画面上に提示され、特定の視線方向(自分を見ている目、もしくはよそを見ている目)をできるだけ早く見つける課題が課された。一連の実験の結果、定型発達児では、顔刺激が正立している時にのみ「自分に向けられた視線」に対する検出の促進が見られたが、倒立顔が刺激として用いられた際には視線方向は検出に影響を与えなかった(図12–4)。顔刺激の倒立提示は顔特異的な処理を阻害することが知られている (Yin, 1969) ことか

定型発達児	○	×	○	×
自閉症児	○	○	×	×

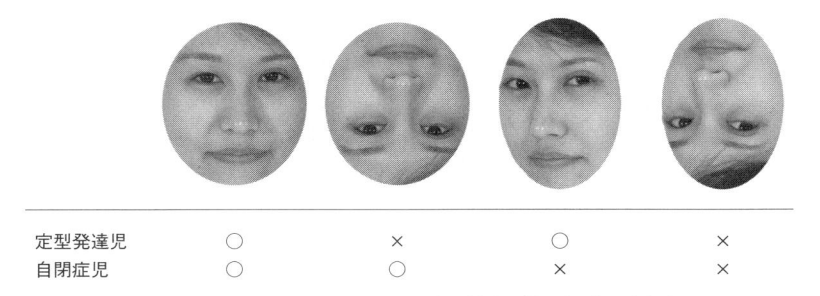

図12–4　自分に向けられた視線に対する検出促進の有無

定型発達児では，顔が正立呈示された場合にのみ検出促進が起こるが，倒立顔では起こらない．一方，自閉症児は顔の正立・倒立にかかわらず，正面向きの顔の場合のみ検出促進が起こり，斜め向きの顔では起こらない．

ら、定型発達児は顔処理に用いるのと同じメカニズムを用いてアイコンタクトを検出していることが示唆された。一方、自閉症児では、顔刺激の正立・倒立にかかわらず、正面向きの顔が呈示された場合にのみ「自分に向けられた視線」に対する検出の促進が見られ、斜め向きの顔刺激が刺激として用いられた場合には刺激の視線方向は検出に影響を与えなかった。これらの結果から、自閉症児にもアイコンタクトの検出は可能なこと、ただしこれは顔処理ではなく、左右対称性などの図像的な手がかりにより、要素的に処理されていることが示唆された。

　定型発達者では、アイコンタクトは紡錘状回、上側頭溝、前頭前野内側部など、ソーシャルブレインを構成する主要な脳部位の活動に影響を与えることが知られている(Senju & Johnson, in press)。今後の研究では、自閉症者におけるアイコンタクト処理のメカニズムの特徴が、ソーシャルブレインの機能・発達にどのような影響を与えるかについて、さらなる検討を加える必要がある。

5　自閉症研究から見えてきたこと

▶ マインドブラインドネス仮説を越えて

　本章では、バロン - コーエンによって提案された「マインドブラインドネス仮説」を中心に、自閉症者を対象とした心の理論研究や、心の理論と関連の深い模倣研究、視線処理研究の進展について概括した。これら近年の研究では、

自閉症者でも発達年齢が高くなると誤信念課題が解けるようになること、心の理論と関連が深いと考えられる模倣や視線処理に関しても、自閉症児は定型発達児と遜色ない能力を有していることが示唆されている。これらは、心の理論（およびそれと関連の深い能力）のモジュール的な障害を主張する、マインドブラインドネス仮説とは矛盾する知見である。しかしながら、自閉症者が心の理論などの運用に困難を抱えていることも、これらの研究から明らかになってきた。特に、より自発的な行動発現を検討する研究では、自閉症者は心の理論や模倣、視線処理において定型発達者とは異なる行動を示すこともわかってきている。たとえば、自閉症児は、明確な教示なしには他者の誤信念に基づいた自発的な行動予測を行わず（Senju et al., 2008）、教示や刺激の提示方法によって他者の行動に注意を向けるよう促さなければ自発的な模倣を行わない（McIntosh et al., 2006; Senju et al., 2007）。さらに、他者の視線方向に注意を動かすことがあっても、コミュニケーション場面や教示場面で他者の視線方向を参照しない（Baron-Cohen et al., 1997）。これらの行動特徴は、自閉症者における心の理論や、より広いソーシャルブレインの障害が、社会的情報の処理を行う能力のモジュール的な障害ではなく、自発的に社会的な情報に注意を向けるための、社会的注意（Schultz, 2005）あるいは動機づけ（Dawson et al., 2005）の障害とより強く関連していることを示唆している。マインドブラインドネス仮説を呈示したバロン - コーエン自身も、近年では他者の心の理解のみでなく、それへの適切な反応をも含む動因としての「共感」（emphasizing）の障害として、自閉症の社会性の障害に関する新しい理論を提案している（Baron-Cohen, 2003）。

　これら、社会的注意や動機づけの障害の神経科学的基盤について、有力な候補の一つとして挙げられているのが扁桃体の機能障害である。たとえば、ジョンソンら（Johnson, 2005; Johnson et al., 2005）は、発達初期から扁桃体は上丘や視床とともに顔への定位反応の基盤となるネットワークを形成しており、後の社会的刺激に特化した皮質のモジュール化の発達的な基盤になる、と議論している。また、シュルツ（Schultz, 2005）も、扁桃体の機能障害により、発達初期に他者の顔などに対して適切な定位反応が起こりにくくなることが、自閉症者における顔処理の障害の発達的基盤になっている可能性について議論している。一方、ドーソンら（Dawson et al., 2005）は、扁桃体の障害によって社会的刺激に報

酬価を付与することができなくなり、結果として社会的学習への動機づけが弱くなることが、自閉症におけるソーシャルブレインの非定型発達につながる可能性について議論している。神経科学的な研究からも、自閉症者における扁桃体の構造や発達が定型発達者とは異なることがわかってきており (Schumann et al., 2004)、そういった扁桃体の非定型発達が、先に述べたような社会的注意・動機づけに影響を与え、結果としてソーシャルブレインの非定型発達につながるのではないか、と考えることができる。ただし、自閉症の初期発達に関しては現時点ではわからない点が多いが、世界中で研究が進められているため、それらの研究の進展からソーシャルブレインの定型・非定型発達に関して今後さらなる知見が得られることが期待される。

▶ もっているだけでは使いこなせない認知能力

従来の認知心理学研究、特に乳児やヒト以外の動物を対象とした研究では、様々な認知能力について「できるかできないか」という問いが立てられることが多かった。そういった認知研究の手法は目覚ましい成果を上げ、たとえば従来は4歳前後にならないと解けないと言われていた誤信念課題でさえ、適切な課題および行動指標を用いることにより、早くて1歳代の前半、遅くとも2歳までにはすでに解くことができる、という驚くべき知見が報告されている (Onishi & Baillargeon, 2005; Southgate et al., 2007; Surian et al., 2007; 第10章参照)。また、ヒト以外の霊長類においても、誤信念理解の証拠こそ得られていないものの、見ることと知ることの関係の理解 (Hare et al., 2001)、欺き行動 (Hare et al., 2006) など、他者の心についてかなり高次の理解をしていることが知られるようになってきた。

しかしながら、本章にて概括された自閉症研究の知見をふまえると、ソーシャルブレイン研究を始めとする認知研究において、こういった「能力」の研究に加えて、実際の社会的場面でそれらの能力をどれだけ使いこなすことができるかという「運用」についての理解が、今後ますます重要になっていくのではないかと、筆者は考える。自閉症者は、誤信念課題や模倣、視線処理においては相当の能力を有しているが、対人コミュニケーションの場面でそれらの能力を自発的に、有効に使うことに困難を抱えているようである。このことは、

ソーシャルブレインの定型発達においては、心の理論などの能力を有するだけでなく、社会的な文脈でそれらの能力を適切に用いることができることが、実際の社会的場面への適応にきわめて重要な役割を果たしていることを示唆している。こういった、社会的場面におけるソーシャルブレインの適切な「運用」がどのような神経基盤の上に成り立っているのか、またそれらはどのような進化的・発達的な変遷の上に成立するのか、未だ謎は多い。

引用文献

Altschuler, E. L. (2008). Play with online virtual pets as a method to improve mirror neuron and real world functioning in autistic children. *Medical Hypotheses*, **70**, 748–749.

American Psychiatric Association (2000). *Diagnostic and Statistical Manual of Mental Disorders (4th ed.: Text revision)*. Author.

Baron-Cohen, S. (1995). *Mindblindness: An Essay on Autism and Theory of Mind*. MIT Press.

Baron-Cohen, S. (2003). *The Essential Difference: The Truth about the Male and Female Brain*. Perseus Publishing.

Baron-Cohen, S., Baldwin, D. A., & Crowson, M. (1997). Do children with autism use the speaker's direction of gaze strategy to crack the code of language? *Child Development*, **68**, 48–57.

Baron-Cohen, S., Leslie, A. M., & Frith, U. (1985). Does autistic child have a "theory of mind"? *Cognition*, **21**, 37–46.

Becchio, C., Pierno, A., Mari, M., Lusher, D., & Castiello, U. (2007). Motor contagion from gaze: The case of autism. *Brain*, **130**, 2401–2411.

Bird, G., Leighton, J., Press, C., & Heyes, C. (2007). Intact automatic imitation of human and robot actions in autism spectrum disorders. *Proceedings of the Royal Society B: Biological Sciences*, **274**, 3027–3031.

Buitelaar, J. K. (1995). Attachment and social withdrawal in autism: Hypothesis and findings. *Behaviour*, **132**, 319–350.

Cattaneo, L., Fabbri-Destro, M. *et al.* (2007). Impairment of actions chains in autism and its possible role in intention understanding. *Proceedings of National Academy of Science of the United States of America*, **104**, 17825–17830.

Charman, T., Swettenham, J. *et al.* (1997). Infants with autism: An investigation of empathy, pretend play, joint attention, and imitation. *Developmental Psychology*, **33**, 781–789.

Coss, R. G. (1979). Perceptual determinants of gaze aversion by normal and psychotic children: The role of two facing eyes. *Behaviour*, **69**, 228–254.

Dapretto, M., Davies, M. S. *et al.* (2006). Understanding emotions in others: Mirror neuron dysfunction in children with autism spectrum disorders. *Nature Neuroscience*, **9**, 28–30.

Dawson, G., Webb, S. J., & McPartland, J. (2005). Understanding the nature of face processing impairment in autism: Insights from behavioral and electrophysiological studies. *Developmental Neuropsychology*, **27**, 403–424.

Dennett, D. C. (1978). Beliefs about beliefs. *Behavioral & Brain Sciences*, **1**, 568–570.

D'Entremont, B., Hains, S. M. J., & Muir, D. (1997). A demonstration of gaze following in 3- to 6-month-olds. *Infant Behavior & Development*, **20**, 569–572.

Dimberg, U. (1982). Facial reaction to facial expression. *Psychophysiology*, **19**, 643–647.

Dinstein, I., Thomas, C., Behrmann, M., & Heeger, D. J. (2008). A mirror up to nature. *Current Biology*, **18**, R13–18.

Farroni, T., Massaccesi, S., Pividori, D., & Johnson, M. H. (2004). Gaze Following in Newborns. *Infancy*, **5**, 39–60.

Frith, U. (1989). *Autism: Explaining the Enigma*. Blackwell.

Hamilton, A. F., Brindley, R. M., & Frith, U. (2007). Imitation and action understanding in autistic spectrum disorders: how valid is the hypothesis of a deficit in the mirror neuron system? *Neuropsychologia*, **45**, 1859–1868.

Happé, F. G. (1995). The role of age and verbal ability in the theory of mind task performance of subjects with autism. *Child Development*, **66**, 843–855.

Hare, B., Call, J., & Tomasello, M. (2001). Do chimpanzees know what conspecifics know? *Animal Behaviour*, **61**, 139–151.

Hare, B., Call, J., & Tomasello, M. (2006). Chimpanzees deceive a human by hiding. *Cognition*, **101**, 495–514.

Hess, U., & Blairy, S. (2001). Facial mimicry and emotional contagion to dynamic emotional facial expressions and their influence on decoding accuracy. *International Journal of Psychophysiology*, **40**, 129–141.

Hutt, C., & Ounsted, C. (1966). The biological significance of gaze aversion with particular reference to the syndrome of infantile autism. *Behavioral Science*, **11**, 346–356.

Johnson, M. H. (2005). Subcortical face processing. *Nature Reviews Neuroscience*, **6**, 766–774.

Johnson, M. H., Griffin, R. et al. (2005). The emergence of the social brain network: Evidence from typical and atypical development. *Development & Psychopathology*, **17**, 599–619.

神尾陽子(2007).自閉症の初期発達 心理学評論.**50**, 6–12.

Leekam, S. R., Hunnisett, E., & Moore, C. (1998). Targets and cues: Gaze-following in children with autism. *Journal of Child Psychology & Psychiatry*, **39**, 951–962.

Leslie, A. M., & Thaiss, L. (1992). Domains specificity in conceptual development: Neuropsychological evidence from autism. *Cognition*, **43**, 225–251.

Loveland, K. A., & Landry, S. H. (1986). Joint attention and language in autism and developmental language delay. *Journal of Autism & Developmental Disorders*, **16**, 335–349.

Maestro, S., Muratori, F. et al. (2005). How young children treat objects and people: An empirical study of the first year of life in autism. *Child Psychiatry & Human Development*, **35**, 383–396.

Magnee, M. J., de Gelder, B., van Engeland, H., & Kemner, C. (2007). Facial electromyographic responses to emotional information from faces and voices in individuals with pervasive developmental disorder. *Journal of Child Psychology & Psychiatry*, **48**, 1122–1130.

McIntosh, D. N., Reichmann-Decker, A., Winkielman, P., & Wilbarger, J. L. (2006). When the social mirror breaks: deficits in automatic, but not voluntary, mimicry of emotional facial expressions in autism. *Developmental Science*, **9**, 295–302.

Nation, K. & Penny, S. (2008). Sensitivity to eye gaze in autism: Is it normal? Is it automatic? Is it social? *Development and Psychopathology*, **20**(**01**), 79–97.

Oberman, L. M., & Ramachandran, V. S. (2007). The simulating social mind: The role of the mirror neuron system and simulation in the social and communicative deficits of autism spectrum disorders. *Psychological Bulletin*, **133**, 310–327.

Onishi, K. H., & Baillargeon, R. (2005). Do 15-month-old infants understand false beliefs? *Science*, **308**, 255–258.

Ozonoff, S., & Miller, J. N. (1995). Teaching theory of mind: A new approach to social skills training for individuals with autism. *Journal of Autism & Developmental Disorders*, **25**, 415–433.

Ozonoff, S., Pennington, B. F., & Rogers, S. J. (1991). Exective function deficits in high-functioning autistic individuals: Relationship to theory of mind. *Journal of Child Psychology & Psychiatry*, **32**, 1081–1105.

Pelphrey, K. A., Morris, J. P., & McCarthy, G. (2005). Neural basis of eye gaze processing deficits in autism. *Brain*, **128**, 1038–1048.

Ramachandran, V. S., & Oberman, L. M. (2006). Broken mirrors: A theory of autism. *Scientific American*, **295**, 62–69.

Rogers, S. J., Hepburn, S. L., Stackhouse, T., & Wehner, E. (2003). Imitation performance in toddlers with autism and those with other developmental disorders. *Journal of Child Psychology & Psychiatry*, **44**, 763–781.

Schultz, R. T. (2005). Developmental deficits in social perception in autism: The role of the amygdala and fusiform face area. *International Journal of Developmental Neuroscience*, **23**, 125–141.

Schumann, C. M., Hamstra, J. et al. (2004). The amygdala is enlarged in children but not adolescents with autism: The hippocampus is enlarged at all ages. *Journal of Neuroscience*, **24**, 6392–6401.

Senju, A., & Csibra, G. (2008). Gaze following in human infants depends on communicative signals. *Current Biology*, **18**, 668–671.

Senju, A., Csibra, G., & Johnson, M. H. (2008). Understanding the referential nature of looking: Infants' preference for object-directed gaze. *Cognition*, **108**, 303–319.

Senju, A., Hasegawa, T., & Tojo, Y. (2005). Does perceived direct gaze boost detection in adults and children with and without autism? The stare-in-the-crowd effect revisited. *Visual Cognition*, **12**, 1474–1496.

Senju, A., & Johnson, M. H. (in press). The eye contact effect: Mechanism and development. *Trends in Cognitive Sciences*.

Senju, A., Kikuchi, Y., Hasegawa, T., Tojo, Y., & Osanai, H. (2008). Is anyone looking at me? Direct gaze detection in children with and without autism. *Brain & Cognition*, **67**, 127–139.

Senju, A., Maeda, M. et al. (2007). Absence of contagious yawning in children with autism spectrum disorder. *Biology Letters*, **3**, 706–708.

Senju, A., Southgate, V. et al. (2008). Administration of a completely non-verbal false belief test for children with ASD. Poster presented at the 7th International Meeting for Autism Research (IMFAR), London, UK.

Senju, A., Tojo, Y., Dairoku, H., & Hasegawa, T. (2004). Reflexive orienting in response to eye gaze and an arrow in children with and without autism. *Journal of Child Psychology & Psychiatry*, **45**, 445–458.

Smith, I. M., & Bryson, S. E. (1994). Imitation and action in autism: A critical review. *Psychological Bulletin*, **116**, 259–273.

Southgate, V., & Hamilton, A. F. (2008). Unbroken mirrors: Challenging a theory of Autism. *Trends in Cognitive Sciences*, **12**(**6**), 225–229.

Southgate, V., Senju, A., & Csibra, G. (2007). Action anticipation through attribution of false belief by 2-year-olds. *Psychological Science*, **18**, 587–592.

Surian, L., Caldi, S., & Sperber, D. (2007). Attribution of beliefs by 13-month-old infants. *Psychological Science*, **18**, 580–586.

Tomkins, S. S. (1962). *Affects, Imagery, and Consciousness. Vol. 1. The Positive Affects.* Springer.

Williams, J. H. G., Whiten, A., & Singh, T. (2004). A systematic review of action imitation in autistic spectrum disorder. *Journal of Autism & Developmental Disorders*, **34**, 285–299.

Yang, M. S., & Gill, M. (2007). A review of gene linkage, association and expression studies in autism and an assessment of convergent evidence. *International Journal of Developmental Neuroscience*, **25**, 69–85.

Yin, R. K. (1969). Looking at upside-down faces. *Journal of Experimental Psychology*, **81**, 141–145.

自閉症スペクトラム障害 ------------------------------------ keyword 13

　自閉症スペクトラム障害（Autistic Spectrum Disorders: ASD）とは、対人相互反応、コミュニケーション、想像遊びの障害、および限局された行動や興味の範囲によって定義される症候群であり（Volkmar *et al.*, 2005; Wing & Gould, 1979）、国際的な診断基準である DSM-IV（American Psychiatric Association, 2000）や ICD-10（World Health Organization, 1992）が定義する自閉症（自閉性障害：Autistic Disorder）、アスペルガー障害（Asperger Disorder）、非定型自閉症（Atypical Autism）を含む特定不能の広汎性発達障害（Pervasive Developmental Disorder Not Otherwise Specified: PDDNOS）などの障害が、これに含まれる。自閉症スペクトラム障害という概念は、これらの障害をそれぞれ均質で相互に無関連なものとしてではなく、連続的なものとして（スペクトラムは「連続体」という意味）とらえるべきであるということを示している。また、研究者によっては、自閉症スペクトラム状態（Autism Spectrum Condition: ASC）の用語を用いることもある（e.g. Scott *et al.*, 2002）。

　ほかに紛らわしいものとして、臨床研究の文脈では、自閉症の臨床像が典型的な自閉症（Autism）よりも軽度な状態を自閉症スペクトラム（Autism Spectrum）と呼ぶことがある（e.g. Lord *et al.*, 1993, 2000）。この場合、自閉症・自閉症スペクトラムの両者とも、自閉症スペクトラム障害（ASD）に含まれる。

　自閉症スペクトラム障害の生起頻度は人口1万人当たり37人程度（そのうちの過半数が PDDNOS）であると推計されているが、近年の調査ではこれよりも高い生起頻度を報告している研究も多くある。自閉症スペクトラム障害が実際に増加しているかについてはいまだ議論が続いているが、診断件数の増加の主要な要因は社会全体、特に医療現場での障害に対する理解の向上、および診断基準・手法の改善であると考えられている（Fombonne, 2005）。また、自閉症スペクトラム障害は男性において女性よりも多く見られる（男女比は約4：1）。

　自閉症スペクトラム障害の原因はいまだはっきりとはしていないが、双生児研究や家系研究などの蓄積により、生物学的要因による中枢神経系の発達障害である、という合意が得られるようになってきている。近年の遺伝子研究の進展により、自閉症スペクトラム障害に関連する遺伝子が多数発見されているが、それぞれの遺伝子単独では自閉症スペクトラム障害全体の 1–2% 以上を説明することができないため、自閉症スペクトラム障害は単一あるいは少数の遺伝子によって規定される障害ではなく、多数の遺伝子が関与する、遺伝的にはヘテロな症候群である、と考えられている（Abrahams & Geschwind, 2008）。［千住 淳］

Abrahams, B. S., & Geschwind, D. H. (2008). Advances in autism genetics: On the threshold of a new neurobiology. *Nature Reviews Genetics*, **9**, 341–355.

American Psychiatric Association (2000). *Diagnostic and Statistical Manual of Mental Disorders* (4th ed., Text revision). Author.

Fombonne, E. (2005). Epidemiology of autistic disorder and other pervasive developmental disorders. *Journal of Clinical Psychiatry*, **66**, 3–8.

Lord, C., Risi, S. *et al.* (2000). The autism diagnostic observation schedule-generic: A standard measure of social and communication deficits associated with the spectrum of autism. *Journal of Autism & Developmental Disorders*, **30**, 205–223.

Lord, C., Storoschuk, S., Rutter, M., & Pickles, A. (1993). Using the ADI-R to diagnose autism in preschool children. *Infant Mental Health Journal*, **14**, 234–252.

Scott, F. J., Baron-Cohen, S., Bolton, P., & Brayne, C. (2002). Brief report: Prevalence of autism spectrum conditions in children aged 5–11 years in Cambridgeshire, UK. *Autism*, **6**, 231–237.

Volkmar, F. R., Paul, R., Klin, A., & Cohen, D. (2005). *Handbook of Autism and Pervasive Developmental Disorders* (3rd ed.). John Wiley & Sons.

Wing, L., & Gould, J. (1979). Severe impairments of social interaction and associated abnormalities in children: Epidemiology and classification. *Journal of Autism & Developmental Disorders*, **9**, 11–29.

World Health Organization (1992). *International Classification of Diseases* (10th ed.). Author.

あとがき——ソーシャルブレインの探求

　さて、ソーシャルブレインズの冒険旅行はいかがだっただろうか。ツアーの企画者としては、同行者の皆さんが「どきどき、はらはら」してくれればツアーは大成功である。

　この冒険旅行は、始まったばかりである。本書では、社会の基本的構成要素として「自己」と「他者」に焦点があてられているが、社会はさらに深遠だ。本書で取り上げることができなかった、「間主観性」や「集団心理・行動」に関する研究は、今後企画されるかもしれないソーシャルブレイン探検ツアーに必要不可欠なシーニックスポットとなるはずだ。もしも、本書を読んで自ら冒険家として社会脳を探求したいと思い立った読者がいたならば、ぜひとも新たなガイドブック作成に貢献してもらいたい。

　最後に、各章とトピック・キーワードをご執筆頂いた冒険家の皆さんと、社会脳冒険ツアーのコンダクターとしての重責を担ってくれた東京大学出版会の小室まどかさんに感謝の意を表したい。小室さんは、時として集合時間に遅刻しがちな冒険家たちを手際よく統率してくれ、われわれを遭難の危機から救ってくれた。冒険家の方々は、地図も日程も定かでない無謀な企画のために貴重な時間をついやしてくれた。彼らの冒険心がなければ本書は非常につまらない団体旅行になってしまったに違いない。

　　2008 年 12 月

　　　　　　　　　　　　　　　　　　　　　　　　　　　　　編　者

用語解説

(本文中の＊印の語句に対応．五十音順)

オペラント

ヒトおよび動物の自発的行動で、随意行動に類似しているが、厳密には行動の記述によってではなく、その機能または結果によって定義される。たとえば、オペラント箱内のラットのレバー押しは右手でも左手でもレバーを押すという機能を持っていれば、一つのオペラントと定義される。すなわち、オペラントは個々の運動の記述ではなく、それらをまとめた行動のクラスとして定義される。この用語は B. F. スキナーが心理学に導入したものである。[渡辺 茂]

視覚系の二つの経路

脳の中では視覚系は、網膜から二つの経路に分かれて処理される。一つは頭頂葉へ至る背側経路で、空間情報 (Where pathway) を処理する。背側経路は運動前野と強い解剖学的結合があり、ゴールでは空間情報を使いながら、手指や腕、目の運動の制御にかかわる。その空間情報も位置情報のみならず、物体の持つ3次元的な特徴を表現する。いかに運動するかという意味で、How pathway とも呼ばれる。もう一つは側頭葉に至る腹側経路で物体の形状や色 (What pathway) を処理する。腹側経路は最終的には物体の持つ意味情報を処理する。[村田 哲]

随伴性

ある行動の結果としてある事象が起きることを随伴性という。ラットがレバーを押して餌を得た場合にレバー押し（オペラント）と餌提示（強化）の間に随伴性があるという。自然界での随伴関係を自然随伴性という。一方、実験的にある反応によってある結果が生じるようにしたものは実験的随伴性という。偶然にある反応の後にある事象が起きてしまうのを偶発随伴性といい、迷信的行動の起源とされる。また、「弁別刺激―オペラント―強化」の関係を三項随伴性という。[渡辺 茂]

体部位局在性

第一次体性感覚野や第一次運動野では、身体の部位によって支配する領域が異なっており、一番外側に口や顔があり、指、手、腕、体幹、足の順に内側の方へ分布する。これを体部位局在性という。顔や手などの触覚の敏感なところは、体性感覚野において広い面積に分布する。こうした体部位局在性は、第一次体性感覚野や第一次運動野以外でも、視床や第二次体性感覚野、高次運動領野で認められる。[村田 哲]

脳波と事象関連電位

神経の活動は生化学的な電気的活動として計測できる。脳波（Electroencepharography: EEG）とは、多数の神経活動が複合して生じる脳の電位の揺らぎのことである。ヒトの脳波の計測は、頭部手術などに際して脳表面から直接記録されることもあるが、通常は頭皮上から記録される。さらに、脳が特定の情報処理（なにかを見る、判断する、ボタンを押すなど）を行う事象が生じた瞬間には、脳波の中に一過性の変動パターンが生じる。この脳波上の変動を、事象関連電位（Event-related potential: ERP）と呼び、脳の情報処理過程を比較的簡便に、かつ時間的に詳細に調べる指標として利用される。
［福島宏器］

バイオロジカルモーション

十数個の光点運動情報のみから生物の運動を知覚可能な現象。特にヒトの各関節に光点を装着し提示した場合、その光点運動のみから行為の種類、性別、知人か否かなどの情報を特定することが可能である。近年、バイオロジカルモーション知覚処理には上側頭溝（Superior Temporal Sulcus）が関与することが指摘されており、視線の知覚処理などいわゆる社会的知覚との関連が指摘されている。［平井真洋］

弁別・マッチング

2種類の刺激に対して異なる反応（反応頻度をふくむ）が自発されることを弁別という。実験的にはある音がした時にある反応をすれば餌が与えられ、別の音では餌が与えられない訓練をすれば、前者の音で多くの反応をし、後者の音では反応しなくなる。弁別訓練後には弁別刺激に類似した刺激にも反応が生じるようになり、これを刺激般化という。マッチング（見本あわせ）では、最初に見本となる刺激が提示され、ついで2つの選択刺激が提示される。選択刺激のうち見本刺激と同じものを選べば餌が与えられる（見本がAならばA, Bの選択刺激からAを選ぶ）。他方、非見本合わせ課題では逆に見本でない選択肢を選ばせる。象徴見本合わせでは、ある見本に対して任意の選択刺激を選ばなくてはならない（AならばB, CのうちBを選ぶ）。異種感覚マッチングでは、ある音の時はある図形を選択するといったように見本刺激と選択刺激の感覚が異なる。［渡辺 茂］

ポップアウト効果

われわれが外界を視覚的に探索するとき、ある種の刺激は特に選択的な注意を払わなくとも見つけ出すことができる。このような現象をポップアウトと呼ぶ。具体的には、視覚探索と呼ばれる知覚実験課題において、探索画面上に提示される刺激の数が増えても当該の刺激（標的刺激という）を見つけ出すのに要する時間（反応時間）がほとんど変わらないならば、そこでは標的刺激がポップアウトしている、あるいは並列的な探索が行われていると考えられる。ポップアウトを引き

起こす刺激は数多く報告されているが(たとえば、他の刺激より明るいかまたは大きい刺激、あるいは、垂直線分の中の傾斜線分や正円の中の楕円など)、これらの刺激はすべて視覚情報処理過程の初期に前注意的に処理される「特徴(features)」である。これら前注意的に処理された特徴を選択的注意で統合してオブジェクトの認知に至る、というのがこれまでの考え方(特徴統合理論)であったが、最近では、顔刺激や自分のほうを見つめている視線といったきわめて複雑な刺激でも「ポップアウト」することが報告されている。したがって、並列探索とそれに対置する選択的注意を要する逐次探索、という単純な二分法ではなく、効率的探索から非効率的探索へと連続的に変化するメカニズムが想定されるようになってきている。［友永雅己］

類 人 猿
ヒトに最も近い霊長類のグループである。テナガザル、オランウータン、ゴリラ、チンパンジー、ボノボが類人猿に属する。チンパンジーとボノボの2種が、ヒトに最も近い関係にある。ゴリラがこれに次いでヒトに近く、その次がオランウータン、さらにその次がテナガザルである。類人猿の中でも小型でヒトに遠い関係のテナガザルを小型類人猿、それより体が大きくてヒトに近いオランウータン・ゴリラ・チンパンジー・ボノボを大型類人猿と呼ぶ。［平田 聡］

霊 長 類
簡単には、広い意味でサルの仲間である。ヒトも霊長類に含まれる。分類学上は、動物界・脊椎動物門・哺乳網・霊長目となる。キツネザル、メガネザル、マーモセット、ニホンザルなど、現在では世界中に200～240種の霊長類が生息する。約6500万年前に最初の霊長類が出現したと推定されている。他の哺乳類の仲間に比べて相対的に脳が大きいという特徴がある。［平田 聡］

人名索引

あ行

アーソン，H. H. 61
アムステルダム，B. 40
入來篤史 100
岩村吉晃 88
ウインマー，H. 228, 257
ウォルパート，D. M. 60
ウッドラフ，G. 134, 226, 243
エイドルフス，R. 166, 187
エプシュタイン，R. 8
大神英裕 146

か行

川人光男 107
ギブソン，J. J. 79
ギャラガー，S. 62, 75
ギャラップ，G. G. 6, 18, 20, 24
クリューバー，H. 163
ケーラー，W. 19
小森伸子 258

さ行

酒田英夫 88, 106
サベージ-ランバウ，E. S. 27
サックス，O. 56
シェリントン，C. S. 56
ジャンネロー，M. 76, 86
シュナイダー，A. W. 177
ジョンソン，S. C. 251, 254
ジョンソン，M. H. 138, 276
シンガー，T. 207, 208

た行

ダウン，J. 178, 179
ダマジオ，H. 174, 175, 187
タルヴィング，E. 13
トマセロ，M. 132, 133, 146, 233, 238
トムキンス，S. S. 272
トローヤ，N. F. 115

な行

ナイサー，U. 38

は行

パーナー，J. 223, 224, 228, 257
バーン，R. W. 159
バターワース，G. 154, 250, 251
ハッペ，F. 178, 179, 227, 268
バロン-コーエン，S. 134, 146, 150, 176-178, 187, 205, 207-209, 265, 267, 273, 276
ハンフリー，N. 177, 237
ビューシー，P. 163
ファインバーグ，T. E. 40
フォン・ホルスト，E. 107
ブラザーズ，L. 161, 187
フリス，C. D. 76
フリス，U. 265
フレイル，A. 116
ブレイクモア，S. J. 65, 84, 93, 94, 100, 108, 194
プレマック，D. 134, 226, 243
ペルフリー，K. A. 119, 187, 274
ポヴィネリ，D. J. 24, 35, 43, 154

ホワイトゥン，A. 159

ま行

ムーア，M. K. 67, 247
ムーニー，R. 99
メルツォフ，A. N. 67, 220, 247, 253-255
モリス，J. S. 163
森政弘 259

や・ら・わ行

ヨハンソン，G. 112
ラマチャンドラン，V. S. 269, 270
ラングトン，S. R. H. 136
リツォラッティ，G. 80, 82, 192, 193
ロシャ，P. 51, 132

事項索引

あ行

アイコンタクト 49, 274
アクティヴ・インターモダル・マッピング 67
アクティブタッチ 79
アスペルガー症候群 176-179, 282
後知恵バイアス → 現実バイアス
安全基地 133
アンドロイド 120, 259
異種感覚マッチング 10, 62
痛み 207
一次感情 162
一次の間主観性 133
一人称的経験 220
五つの自己 38
意図 218, 253
意図検出器(ID) 267
運動主体感 63, 75, 76, 86, 92, 96, 128
エピソード記憶 11, 13, 15
遠心性コピー 76, 92-94, 99, 107
オキシトシン 148, 214

か行

階層モデル 115
概念的自己 38
顔 136, 161, 167, 170, 252, 274
——検出ネットワーク 138
「鏡映し」へのバイアス 51
影の理解 26
仮現運動 111
カプグラ症候群 40
感覚運動制御 106

感覚フィードバック 99
——の抑制 94
感情の処理 165, 210
帰属的理解 220
機能的MRI(fMRI) 165, 178, 179
ギャンブル課題 174, 196, 198
9ヶ月の奇跡(9ヶ月革命) 132, 133
共感 123, 171, 191, 270, 276
　情動的—— 210
　認知的—— 210
共感化 205
——-システム化理論 205
共感覚 84
教示行為 233, 238
鏡像誤認 39
共同注意 83, 131, 133, 146, 147, 153, 174, 250, 251, 272
共同の関与 133, 147
近赤外分光装置(NIRS) 68
経頭蓋磁気刺激(TMS) 87, 113
言語コミュニケーション 220, 225
現在自己 43, 47, 52
幻肢 60, 93
現実バイアス 222, 225, 229
原始的会話 48
行為再現課題 253
行為の表象 219
行為評価電位(MFN) 197, 198, 200-206
高機能自閉症 176-178, 268
高次感情学習 179
行動指標 209
行動伝播 271

広汎性発達障害 176, 282
心の理論 131, 132, 134, 159, 175, 205, 223, 225, 237, 243, 250, 257, 267, 270
誤信念課題 177, 223, 225, 228, 250, 257, 267, 277
5野 88, 91
固有自己 43
語用論 227
「壊れた鏡」仮説 269, 270

さ行

サバン症候群 176
サリーとアンの課題 243
3項関係 133, 146, 147, 267
シールテスト 31, 41, 42
ジェミノイド 121
視覚探索課題 136, 139
時間的拡大自己 38
自己鏡像認知 6, 15, 19
　　イルカの―― 7
　　ゾウの―― 7
　　チンパンジーの―― 20, 25, 35
　　乳幼児の―― 40
　　ハトの―― 8
　　霊長類の―― 6, 20
自己指向行動 6, 19, 31, 41, 59
自己受容感覚 10, 43, 56
自己身体認識 59
　　――の変調 60
自己像認知 39
自己認識 59
事象関連電位（ERP） 114, 117, 119, 197, 199, 204, 288
システム化 205
視線 134
視線忌避説 274
視線効果 167, 181

視線追従 133, 151, 249, 252, 272
　　チンパンジーの―― 148
視線認知 131, 165, 170, 180
視線方向検出器（EDD） 134, 146, 267
自他弁別 71, 72
失言検出課題 178
実行機能 224, 265, 271
私的自己 38
自閉症 123, 138, 171, 176, 177, 187, 227, 265, 282
自閉症スペクトラム障害 134, 176, 182, 282
自閉性障害 205, 282
シミュレーション仮説 65, 82, 123
社会行動 9, 19
社会的参照 133
社会的随伴性 248
社会的知覚 123
社会的微笑 132, 145
社会的文脈 234
社会認知神経科学 161
上側頭溝（STS） 64, 81, 113, 118, 119, 124, 140, 161, 162, 169, 180, 275
情報源モニタリング 221
進化心理学 159
新奇恐怖 148
新生児模倣 67, 219, 247
　　霊長類の―― 67, 247
身体失認 60, 86, 128
身体図式の障害 86, 95, 128
身体部位失認 86, 129
身体保持感 62, 75, 86, 87
心的時間旅行 15
心理指標 209
随伴性 287
随伴性探索行動 45
随伴発射 93, 99, 107
性差 207

生態学的自己　38
生物学的指標　209
正立優位効果　136
選好注視法　42, 144
前頭前野　161, 162, 275
前頭葉眼窩部　163, 173, 187
前頭葉内側部　162, 175, 197
相貌失認　161
ソーシャルブレインマップ　187
素朴心理学　243
ソマティックマーカー仮説　175

た行

第一次体性感覚野（SI）　88
体外離脱体験　87
対人的自己　38
大脳辺縁系　210
体部位局在性　88, 287
他者理解　171, 219, 220, 225, 236, 249
　　自発的な――　231, 269
　　チンパンジーの――　237
多種感覚ニューロン　62, 84, 89
探索行動　9
知識の呪縛　217, 218, 223, 233
注意
　　――の移動　131, 145, 153
　　――の解放　145
　　――の捕捉　137
注意共有機構（SAM）　134
注意転導機能　169, 172
チューリングテスト　245, 259
ディヴェロップメンタル・サイバネティクス　262
テストステロン　205, 214
展望的記憶　15
道具作成　14
統合失調症　76, 95, 180
頭頂葉　62, 84, 86, 100

頭頂連合野　88, 95, 102, 128, 210
倒立効果　119, 135

な行

内部モデル　99, 107
2項関係　133
二次の間主観性　133
ネガティビティ・バイアス　214
脳機能イメージング　53, 111
脳波　288

は行

バイオロジカルモーション　81, 112, 169, 248, 288
背側経路　86, 113, 287
発達認知神経科学　53
半側空間無視　128
比較認知科学　159
比較認知発達神経科学　131, 154
非定型自閉症　282
皮膚コンダクタンス反応（SCR）　174
表象　224, 244
表情認識　164, 180
表情の伝染　270
病態失認　84, 86, 128
フィニアス・ゲージ　173, 187
フードシェアリング　22
フォークロボティクス　258
不気味の谷　259, 260
腹側運動前野　80, 95
腹側経路　86, 113, 287
ブレインマッピング　187
文化化　141
ペリパーソナルスペース　89
扁桃体　161, 162, 169, 180, 187, 276
　　――損傷　162, 166, 167
弁別　288
紡錘状回（FFA）　111, 118, 140, 161,

275
ポップアウト 138, 139, 142, 288
ほほえみ革命 132, 133

ま行

マークテスト 6, 18, 41, 59
 シャム・―― 23, 32
マインドブラインドネス仮説 267, 275
マキャベリ的知性仮説 134, 159
見つめあい 143
見本あわせ課題 5, 135, 288
ミラーニューロン 64, 79, 80, 98, 102, 192, 270
 鳥の―― 83, 99
ミラーニューロンシステム 65, 71, 72, 81, 83, 159, 192, 194, 210, 214, 269, 270
 乳児の―― 66
見る―知る 220, 250, 277
メタ認知 173
メンタライジング 171, 210, 246
モジュール 150, 154, 276
モニタに映る自己像の理解 27, 48
模倣 83, 85, 253, 270
 解剖―― 85
 鏡像―― 51, 85
 無意識―― 66
問題解決 175

や・ら・わ行

矢印効果 167, 181

抑制制御能力 224, 225
'like me' 仮説 219
ラバーハンド錯覚 61, 72, 75, 87, 91
利害関係 202, 207
領域固有性 160
ルージュテスト → マークテスト
ロボット 85, 119, 245
 ヒト型―― 245, 255, 257
ワラストン錯視 142

欧文

AIP 野 95
CIP 野 95
DSM-IV 282
EBA 71
EDD → 視線方向検出器
ERP → 事象関連電位
F5 80, 96
FFA → 紡錘状回
fMRI → 機能的 MRI
HVC 99
MFN → 行為評価電位
NIRS → 近赤外分光装置
PFG 野 81, 82, 85, 96
SAM → 注意共有機構
SCR → 皮膚コンダクタンス反応
STS → 上側頭溝
TMS → 経頭蓋磁気刺激
VIP 野 84, 85, 89, 90

執筆者紹介／章・keyword・用語解説(執筆順)

渡辺　茂(わたなべ しげる)　慶應義塾大学文学部教授．著書『脳科学と心の進化』(共著，岩波書店，2007)，『ヒト型脳とハト型脳』(文藝春秋，2001)ほか．

平田　聡(ひらた さとし)　林原生物化学研究所類人猿研究センター主席研究員．著書『嘘とだましの心理学』箱田裕司・仁平義明(編)(分担執筆，有斐閣，2006)，『マキャベリ的知性と心の理論の進化論Ⅱ』(共訳，ナカニシヤ出版，2004)ほか．

宮﨑美智子(みやざき みちこ)　玉川大学脳科学研究所グローバルCOEプログラム研究員．著書・論文 Comparative Social Cognition. (分担執筆，Keio University Press, 2007), Delayed intermodal contingency affects young children's recognition their current self. (共著, Child Development, 2006, **77**, 736–750) ほか．

嶋田総太郎(しまだ そうたろう)　明治大学理工学部准教授．著書・論文『知覚・認知の発達心理学入門』(分担執筆，北大路書房，2008), Infant's brain responses to live and televised action. (共著, NeuroImage, 2006, **32**(**2**), 980–989) ほか．

村田　哲(むらた あきら)　近畿大学医学部准教授．著書・論文 Representation of bodily self in the multimodal parieto-premotor network. (共著, Representation and brain. Springer, 2007所収)，「ミラーニューロンの明らかにしたもの——運動制御から認知機能へ」(日本神経回路学会誌，2005, **12**(**1**), 52–60) ほか．

平井真洋(ひらい まさひろ)　愛知県心身障害者コロニー発達障害研究所研究員．論文 Allocation of attention to biological motion: Local motion dominates global shape. (共著, Journal of Vision, 2011, **11**(**3**), 4), Developmental changes in point-light walker processing during childhood and adolescence: An event-related potential study. (共著, Neuroscience, 2009, **161**(**1**), 311–325) ほか．

友永雅己(ともなが まさき)　京都大学霊長類研究所准教授．著書 Cognitive development in chimpanzees. (共編著，Springer, 2006)，『チンパンジーの認知と行動の発達』(共編著，京都大学学術出版会，2003) ほか．

加藤元一郎(かとう もといちろう)　慶應義塾大学医学部准教授．著書『脳とこころ——神経心理学的視点から』(共著，共立出版，2002年)，『認知リハビリテーション』(共著，医学書院，1999年) ほか．

梅田　聡(うめだ さとし)　慶應義塾大学文学部准教授．著書『「あっ，忘れてた」はなぜ起こる——心理学と脳科学からせまる』(岩波書店，2007)，『境界知のダイナミズム』(共著，岩波書店，2006)，『し忘れの脳内メカニズム』(北大路書房，2003) ほか．

福島宏器(ふくしま ひろかた)　関西大学社会学部助教．論文 Association between interoception and empathy: Evidence from heartbeat-evoked brain potential. (共著, International Journal of Psychophysiology, 2011, **79**(**2**), 259–265), Whose loss is it? Human electrophysiological correlates of non-self reward processing.（共著，*Social Neuroscience*, 2009, **4**(**3**), 261–75）ほか.

松井智子（まつい ともこ）　東京学芸大学国際教育センター教授．著書 *Evidentiality: A window into language and cognitive development, a new directions for child and adolescent development*（共編，Jossey-Bass, 2009），*Bridging and relevance*.（John Benjamins, 2000, 市河賞）ほか.

板倉昭二（いたくら しょうじ）　京都大学大学院文学研究科教授．著書『心を発見する心の発達』（京都大学学術出版会，2007），『「私」はいつ生まれるか』（筑摩書房，2006）ほか.

千住 淳（せんじゅう あつし）　ロンドン大学バークベックカレッジ心理学部リサーチフェロー．著書『発達障害の臨床心理学』（共著，東京大学出版会，2010），『読む目・読まれる目』（共著，東京大学出版会，2005）ほか.

執筆者紹介／topic（五十音順，但し上記の章担当者を除く）

石黒 浩（いしぐろ ひろし）　大阪大学大学院工学研究科教授．

伊藤 匡（いとう まさる）　共愛学園前橋国際大学学生相談員．

入江尚子（いりえ なおこ）　総合研究大学院大学先導科学研究科日本学術振興会特別研究員．

上野有理（うえの あり）　滋賀県立大学人間文化学部准教授．

菊水健史（きくすい たけふみ）　麻布大学獣医学部教授．

菊池由葵子（きくち ゆきこ）　茨城大学教育学部日本学術振興会特別研究員．

田村 亮（たむら りょう）　明治大学研究推進部職員．

明和政子（みょうわ まさこ）　京都大学大学院教育学研究科准教授．

若林明雄（わかばやし あきお）　千葉大学文学部教授．

編者紹介

開 一夫（ひらき かずお）　東京大学大学院総合文化研究科教授．著書『赤ちゃんの不思議』（岩波書店，2011），『日曜ピアジェ――赤ちゃん学のすすめ』（岩波書店，2006），『乳児の世界』（共監訳，ミネルヴァ書房，2004）ほか．

長谷川寿一（はせがわ としかず）　東京大学大学院総合文化研究科教授．著書『こころと言葉――進化と認知科学のアプローチ』（共編，東京大学出版会，2008），『はじめて出会う心理学 改訂版』（共著，有斐閣，2008），『進化と人間行動』（共著，東京大学出版会，2000）ほか．

ソーシャルブレインズ――自己と他者を認知する脳

2009年1月30日　初　版
2011年5月30日　第2刷

［検印廃止］

編　者　開 一夫・長谷川寿一

発行所　財団法人　東京大学出版会

代表者　渡辺　浩
113-8654 東京都文京区本郷 7-3-1 東大構内
http://www.utp.or.jp/
電話 03-3811-8814　Fax 03-3812-6958
振替 00160-6-59964

印刷所　研究社印刷株式会社
製本所　矢嶋製本株式会社

©2009 Kazuo Hiraki & Toshikazu Hasegawa, Editors
ISBN 978-4-13-013303-6　Printed in Japan

Ⓡ〈日本複写権センター委託出版物〉
本書の全部または一部を無断で複写複製（コピー）することは，著作権法上での例外を除き，禁じられています．本書からの複写を希望される場合は，日本複写権センター（03-3401-2382）にご連絡ください．

こころと言葉──進化と認知科学のアプローチ
長谷川寿一・C. ラマール・伊藤たかね［編］　A5 判・256 頁・3200 円
人間のことばは小鳥のさえずりとどこまで同じか，声に支えられている「文法」，助数詞の言語間での意外な違いとその意味など，多彩なアプローチで言語の起源とこころの処理システムの驚異に迫る．

赤ちゃんの視覚と心の発達
山口真美・金沢　創　A5 判・208 頁・2400 円
動いているとは，形とは，奥行きとは──．あたりまえのように享受しているが，実は非常に複雑なしくみを持っている視知覚．その成立過程について，乳児を対象とした行動実験と脳科学からの知見をもとに，発達に沿って概観するテキスト．

進化と人間行動
長谷川寿一・長谷川眞理子　A5 判・304 頁・2500 円
人間もまた進化の産物であるという視点に立つと，人間の行動や心理はどのようにとらえなおすことができるだろうか．人間とは何かという永遠の問いに進化生物学的な視点から光を当てる，「人間行動進化学」への招待．

シリーズ脳科学（全 6 巻）
甘利俊一［監修］　A5 判・平均 256 頁・各 3200 円
脳の謎はどこまで解明されたのか．広大な脳科学研究をはじめて体系化！
① 脳の計算論　深井朋樹［編］
② 認識と行動の脳科学　田中啓治［編］
③ 言語と思考を生む脳　入來篤史［編］
④ 脳の発生と発達　岡本　仁［編］
⑤ 分子・細胞・シナプスからみる脳　古市貞一［編］
⑥ 精神の脳科学　加藤忠史［編］

ここに表示された価格は本体価格です．ご購入の際には消費税が加算されますのでご了承ください．